십자가를 통과한 용기

십자가를 통과한 용기

지은이 | 러셀 무어
옮긴이 | 정성묵
초판 발행 | 2021. 2. 24
등록번호 | 제1988-000080호
등록된 곳 | 서울특별시 용산구 서빙고로65길 38
발행처 | 사단법인 두란노서원
영업부 | 2078-3333 FAX | 080-749-3705
출판부 | 2078-3332

책값은 뒤표지에 있습니다.
ISBN 978-89-531-3956-5 03230

독자의 의견을 기다립니다.
tpress@duranno.com www.duranno.com

두란노서원은 바울 사도가 3차 전도 여행 때 에베소에서 성령 받은 제자들을 따로 세워 하나님의 말씀으로 양육
하던 장소입니다. 사도행전 19장 8-20절의 정신에 따라 첫째 목회자를 돕는 사역과 평신도를 훈련시키는 사역,
둘째 세계선교TIM와 문서선교단행본·잡지 사역, 셋째 예수문화 및 경배와 찬양 사역, 그리고 가정·상담 사역 등을 감
당하고 있습니다. 1980년 12월 22일에 창립된 두란노서원은 주님 오실 때까지 이 사역들을 계속할 것입니다.

THE
COURAGE
TO
STAND

길을 잃어버린 그리스도인들에게 지금 필요한 것

십자가를 통과한 용기

러셀 무어 지음 | 정성묵 옮김

두란노

Contents

PART 1

살기 위해 광야로

PART 2

예수의 방법으로 무너지고,
예수의 방법으로 일어서다

PART 3

십자가로 빚어진 용기로
다시 일어서다

절망의
한복판에서

내가 인생에서 길을 잃을 때마다 우리 집 벽에 걸린 두 장의 지
도가 길을 찾는 데 큰 도움이 되었다. 내가 길을 잃어버리는 일은
창피할 만큼 자주 벌어졌다. 하지만 그때마다 이 두 장의 지도들은
나를 바른 방향으로 이끌어 주었다. 한 지도는 미시시피 주의 지도
이다. 이 지도에는 내가 자란 해변 위에 점 하나가 붙어 있다. 다른
지도는 나니아(Narnia)라는 땅의 지도이다. 이 두 장의 지도는 내가

누구인지를 상기시켜 준다. 더 중요하게는 내가 아닌 것, 내가 될 뻔했던 것을 기억하게 해 준다. 내가 아닌 것, 내가 될 뻔했던 것은 바로 시체이다. 10대 시절의 나는 순간의 잘못된 판단으로 인해 생을 마칠 뻔했다.

바로 앞의 문장을 몇 번이나 썼다 지우기를 반복했는지 모른다. 밝히고 싶지 않았기 때문이다. 지금까지 가장 가까운 친구들에게도 꺼내지 못한 이야기이다. 하지만 이것이 바로 이 책의 주제이다. 바로, 두려움의 한복판에서 다시 일어서 길을 찾는 것이 이 책의 주제이다.

이 두 장의 지도는 그냥 종잇장에 불과하지만, 내게는 새로운 현실들로 들어가는 문이었다. 그 현실 중 하나에서 나는 죽음을 경험했다. 그리고 다른 현실은 잉글랜드의 어딘가에 있는 한 빈방의 옷장이었다. 이를 통해 여기까지 오게 되었다.

세상에서 가장 안전한 곳

수많은 사람이 어린 시절 교회에서 받은 충격과 상처에서 평생 벗어나지 못한다. 비슷한 사연을 수없이 들었지만 교단에 상관없이 골자는 대부분 비슷하다. 대학 캠퍼스 등에서 만나는 회의적인 비신자들은 대체로 공손하고 친절하다. 그런데 이유 없이 내 신앙에 대하여 적대적으로 행동하거나 조롱하는 이들을 만나서 가만히 이야기를 들어보면 대부분이, 표면 아래에 잔인하거나 실망스러운 종교에서 비롯한 거대한 슬픔이 흐르고 있다.

하지만 내 경우는 그렇지 않다. 사실, 내가 어린 시절에 다녔던 교회는 달콤한 휴식처와도 같았다. 그곳은 그때나 지금이나 내가 생각하는 가장 안전한 곳이다. 그곳의 목사님들은 진실했고 겸손했다. 지금도 그분들을 닮고 싶은 마음이 간절하다. 교인들도 하나같이 그와 같았다. 물론 그들도 타락한 인간이기 때문에 여러 모양의 흠이 있었다. 하지만 어린 내게는 복음이 왜 복된 소식인지를 잘 보여 준 사람들이었다. 그들이 "하나님의 가족이라서 너무 좋다네"라고 찬양할 때면 진심을 느낄 수 있었다. 물론 내 마음도 동일했다. 그 작은 교회를 이상화하고 싶지는 않다. 하지만 나이를 먹을수록 하나님이 그곳에서 역사하셨다는 확신이 더 강해진다. 그 교회 주일학교 교실의 곰팡이 냄새와 비슷한 냄새를 맡거나 나이가 지긋한 여 집사님들이 교회를 떠나는 내 손에 꼭 쥐어 주셨던 것과 같은 계피향 껌을 씹을 때마다 감사하게 된다. 성도의 교제에 관한 사도신경의 한 부분을 암송할 때마다 내 머릿속에 가장 먼저 떠오르는 것은 옛 교부나 종교 개혁자나 유명한 선교사들이 아니라 이 교인들이다. 예수님의 사랑을 온 몸으로 보여 주었던 트럭 운전사와 식당 종업원과 전파상 아저씨를 기억하고 있다.

그 교회는 형식을 덜 중요하게 여겼다. 로마나 캔터베리가 아닌 내슈빌에 있었지만 그 교회력은 중세 수도원만큼이나 철저히 내 삶을 통제했다. 가을과 여름 부흥회, 청소년 수련회, 주중 교육 프로그램, 전도 훈련, 성가대 활동까지 내 삶은 온통 교회를 중심으로 움직였다. 물론 성경도 빼놓을 수 없다. 때로 내게는 영어가 제2외국어이고 킹 제임스 성경의 영어가 모국어처럼 느껴질 정도였다. 나는 성경책과 함께 살고 숨을 쉬고, 그 안에서 내 존재를 찾았다. 그것을 증명해 주는 상장도 가지고 있다. 지금은 상상하기 힘들지만 당시에는 아이들이 성경 구절을 빨리 찾는 시합을 하는 '검 훈련'(Sword Drills)이 흔했다(하나님의 말씀은 "성령의 검"이고 "좌우에 날선 어떤 검보다도 예리"하기 때문에 '검 훈련'이라는 명칭이 붙었다). 나는 그 시합에서 줄곧 우승했다. 그것은 내가 또래 아이들보다 머리가 좋거나 거룩해서가 아니라 성경 이야기에 깊이 매료되어 있었기 때문이었다. 이해할 수 없는 부분들, 이를테면 사춘기 전까지 이해하지 못했던 아가서와 도무지 무슨 말인지 알 수 없는 요한계시록도 당시의 내게는 그렇게 흥미로울 수가 없었다.

방향을 잃고 헤매다

우리 교회는 트라우마의 장소가 아니었지만, 그럼에도 트라우마가 나를 찾아왔다. 열다섯 살 즈음 나는 어두운 숲에 갇혔다. 영적 위기는 나를 우울증에 빠뜨렸다. 우리 교회가 이 위기를 가져온 것은 아니었지만 당시의 나는 교회를 의지할 수 없었다. 예수님이 해결책이 아니라 문제는 아닐까 하는 의심이 들기 시작했기 때문이다. 이 위기는 교회 밖의 크리스천 세상 문화 때문이었다. 바로, 바이블 벨트(Bible Belt)의 미국 기독교가 문제였다. 이 문화적 종교가 우리가 사는 생태계였기 때문에 그 폐해를 똑똑히 볼 수 있었다. 내 눈에 미국 기독교는 볼수록 황당했고 심지어 약탈적이기까지 했다. 어쩌면 기독교가 목적을 위한 수단에 불과할지 모른다는 생각이 들기 시작했다. 다시 말하지만, 우리 교회 어른들의 복음에 대한 진정성은 추호도 의심하지 않았다. 하지만 그들이 일반적인 경우가 아니라 예외적인 경우라는 의심이 들었다. 그들의 진정성은 의심하지 않았지만 나도 그들도 속고 있을지도 모른다는 의심이 피어올랐다.

나의 혼란은 당시 예언과 말세에 관한 집회가 폭발적으로 늘어나는 상황과 관련이 깊었다. 어디를 가나 그런 집회가 열렸고 방송만 켜면 말세를 외치는 목소리가 들렸다. 심지어 교회에 가지 않는 사람들도 몇 킬로미터씩 차를 타고 와서, 이스라엘 정부의 수립이 1988년 세계 멸망의 확실한 징조라는 부흥사들의 말에 귀를 기울였다. 당시의 나는 열여섯 살이었다. 그 나이 또래라면 그런 내용에 흥미를 느껴야 정상이겠지만, 사춘기였던 나는 이해 불가한 성경 중 하나인 요한계시록을 고민하는 일에 시간을 쓰고 싶지 않았다.

1988년은 아주 조용히 지나갔다. 하지만 누구도 이에 대해 사과하지 않았다. 심지어 예언대로 되지 않는 이유를 설명해 주는 이도 없었다. 마찬가지로, 소련이 최후의 아마겟돈 전쟁을 일으키는 성경 예언 속의 곡과 마곡(겔 38장)이라는 주장이 난무했다. 하지만 결국 크렘린 궁전에서 깃발이 내려졌고, 세상이 곡 앞에 무릎을 꿇지 않은 이유를 아무도 설명해 주지 않았다. 내게 문제는 그런 예언을 한 사람들이 그들의 권위에 어울리지 않게 틀렸다는 사실이 아니었다. 그들에게 그런 예언을 뒷받침하는 성경의 증거는 부차적인 것처럼 보였다는 사실이 문제였다. 그들은 오로지 사람들의 관심을 끌 생각뿐이었다. 그들이 자극적인 주장을 뒷받침하기 위해 사용했던 성경 구절들은 전혀 맥락을 고려하지 않고 여기저기서 주워 모은 것이었다. 그 주장의 진위를 파악하기는커녕 그 구절들을 모두 찾는 것만 해도 검 훈련 챔피언이 아니면 불가능할 정도였다. 하지만 내가 누구인가? 내가 바로 검 훈련 챔피언이었다. 아무리 봐도 그들은 성경의 말씀을 진지하게 읽는 것에 관심이 없었고 다른 속셈이 있어 보였다.

그들의 다른 속셈은 무엇일까? 아마도 정치나 문화가 아닐까? 우리 교회는 그렇지 않았지만 정치인들은 지역구의 교회들에만 얼굴을 비쳤다. 그들의 '간증'은 항상 선거 기간에만 이루어졌다. 그들의 관심사는 재선이었고, 언제나 그들을 초대한 목사와 같은 정치 성향을 지녔다. 1세기의 예수님은 세리와 열성당원을 '함께' 부르셨는데 그분의 제자들, 적어도 설교단에서 세리와 열성당원 모두의 이야기를 전할 수 있는 자들은 왜 하나같이 한 부류로만 모여 있는지 이해할 수가 없었다. 물론 세리를 현대의 세무서 직원 정도로 생각하면 곤란하다. 세리는 같은 민족을 이용해 자신의 배를 불리는 로마의 앞잡이였다. 반대로, 열성당원은 로마를 몰아내기 위해 모든 수단을 동원하는 무리였다. 사회 문화적으로 이 둘만큼 극과 극인 집단도 없었다. 이렇게 완전히 다른 무리가 한데 모인 모습은 내 주변에서 거의 찾아볼 수 없었다. 감사하게도 우리 교회 안에는 이런 파벌주의 기독교를 보기 힘들었다. 하지만 내 주변은 온통 파벌주의 천지였다. 교회와 국가의 관계는 방향을 잃고 헤매는 중이었다.

내가 삶을 놓고 싶었던 이유들

그 지역 교인들의 '실세들'이 좋아하는 이슈, 심지어 감세나 국방비 지출처럼 교회와 별 상관이 없는 이슈에 대해서도 분명한 '기독교적' 입장이 존재했다. 물론 예수님은 일부만의 주님이 아니라 만유의 주이시기 때문에 우리는 그런 이슈에 대해서도 예수님의 편에 서서 목소리를 내야 한다. 하지만 흑인들이 받는 대우, 짐 크로우(Jim Crow) 법 이후 미시시피에서 중요한 문제에 관한 이야기만 나오면 토머스 제퍼슨(Thomas Jefferson)도 부끄러워할 만큼 갑작스럽게 정교가 분리되었다. 교회들은 이 문제가 '피부색 문제가 아닌 죄의 문제'이며 구원만 받으면 저절로 해결된다고 말했다. 하지만 개인적인 구원을 받는다고 해서 제자 훈련 없이 저절로 없던 도덕이 생기는 것이 아니듯, 어떻게 이 문제가 저절로 해결된다는 것인지 도무지 이해할 수가 없었다. 교회들은 말로는 된다고 했다. 그리고 가족 가치와 같은 이슈에 관해서는 이야기할 수 있었다. 하지만 인종 문제에 관해서는 말을 아꼈다.

하지만 교회의 기득권층이 싫어하는 이슈에 대해서는 말하지 않았다. 이런 이슈는 신앙생활에 '방해'가 되는 것들이라고 말했다.

그렇다면 이웃을 사랑하고 약자들을 섬기라는 성경의 가르침은 다 무엇인가. 당시 바이블 벨트 내에서는 그런 방해거리에 관한 이야기는 좀처럼 들리지 않았다. 그들은 주로 슈퍼마켓 계산대 바코드가 짐승의 표시인지에 관해서 논쟁하는 데 시간을 할애했다.

극소수의 예외를 제외하곤 대부분의 목사들은 도덕적으로 '면책 특권'을 누렸다. 그들은 누구도 비난할 수 없는 특별한 존재들이었다. 하지만 내가 느낀 기독교 문화에서는 온갖 더러운 행동을 일삼았다. 문화 전쟁의 '반대쪽'에 있는 사람이 성적인 물의를 일으키면 크리스천들은 세속주의 결말이라는 식으로 비아냥거리고 조롱했다. 내게 이런 의문은 단순히 진실을 찾기 위한 몸부림이 아니었다. 그것은 존재론적 위기감이었다. 기독교가 목적을 위한 수단일 뿐이라면, 예수님이 남부 존중 문화의 곁가지 정도에 불과하다면, 그것은 우주의 모든 것을 다스리는 원칙은 산상수훈이 아니라 적자생존이라는 뜻이다. 그렇다면 우주는 사랑이 아닌 힘으로 움직이는 곳이다. "예수 사랑하심은"이라는 찬양을 가르쳐 준 사람들이 아무리 좋은 사람들이라 해도, 성경이 아무리 그렇게 말해도, 예수님은 나를 사랑하시지 않는다. 그래서 그 시절 나는 더 이상 살고 싶지 않았다. 지금 와서 돌아보면 작가로서 나의 삶은 단편 소설이나 에세이가 아니라 살기 힘들었던 이유를 설명하는 유서로 시작되었다.

Part 1

— — — — — — —

살기 위해
광야로

Chapter 1

위기 앞에서

네가 어찌하여
여기 있느냐?

집 벽에는 미시시피 주 지도와 함께 또 다른 지도가 걸려 있다. 이 지도 덕분에 나는 생을 포기하지 않을 수 있었다.

모든 일은 어느 서점에서 우연히 'C. S. 루이스'(Lewis)란 이름을 보고서 왠지 낯익다는 생각을 하면서 시작되었다. 문득 그가 어린 시절 몇 번이나 읽었던 《나니아 연대기》(The Chronicles of Narnia)의 저자라는 사실이 기억났다. 내게 《나니아 연대기》는 단순한 책이 아니었다. 소설가 닐 게이먼(Neil Gaiman)은 이렇게 썼다. "내게 나니아 책들의 이상한 점은 대체로 사실처럼 느껴진다는 것이었다. 이 책들은 실제로 존재하는 장소에 관한 보고서였다."[1]

나도 그와 같은 느낌을 받았다. 꽤 나이를 먹은 뒤에도 옷장 뒤에 파우누스와 기둥이 있는 설원이 없다는 것을 확인해 보았다. 옷장 뒤로 손을 넣어 뒷면을 만져 봐야 할 정도였다. 주변 세상은 다 가짜 같았지만 나니아는 실제 장소 같았다. 당시 나는 크리스천이었지만 워커 퍼시(Walker Percy)의 말처럼 "인간의 타락 외에 모든 것에 대한 믿음을 잃어버린" 크리스천이었다.[2] 사춘기 시절 늘 우울했던 나는 돌탁자에 묶인 신세와도 같았다. 하지만 눈치 채지 못할 만큼 작은 쥐들이 나를 묶은 밧줄을 조금씩 갉아먹고 있었다. 그리고 아슬란이 움직이고 있었다.

루이스를 만나다

내가 선반에서 본 책은 《순전한 기독교》(*Mere Christianity*)였다. 루이스에 대한 낯익음으로 인해 그 책을 폈다가 뜻밖의 기쁨을 발견했다(그것이 기쁨인지 나중에서야 깨달았다). 내가 이 책들을 사랑한 이유는 루이스가 독자들을 같은 길을 걷는 순례자로 보며 글을 썼기 때문이다. 《순전한 기독교》도 마찬가지이다. 나는 하나님의 존재나 예수님의 신성 등에 관한 변증론을 필요로 하지 않았다. 그런 것은 이미 다 믿고 있었다. 그 책이 내 마음에 와닿은 이유를 딱히 설명할 수는 없지만 루이스가 내게 뭔가를 설득시키려 하지 않는다는 것은 분명히 알 수 있었다. 그는 단지 참된 진리이신 어떤 분을 증언할 뿐이었다.

그런 의미에서 루이스는 내게 꼭 필요한 때에 일종의 선지자가 되어 주었다. 물론 그는 하나님께 직접 계시를 받는 선지자는 아니었고, 루이스 스스로도 선지자라고 주장하지 않을 사람이었다. 아이러니하게도 이것이 내가 그의 말에 더욱 귀를 기울인 이유였다. 그는 내가 속고 있는 것 같을 때 진리를 말해 주었다는 점에서 분명 선지자였다. 아니, 그냥 선지자가 아닌 엘리야에 가까웠다. 내게 그는 마치 진정한 바이블 벨트를 차고 저승에서 갑자기 돌아온 엘리야처럼 느껴졌다.

털옷을 입은 엘리야처럼 루이스는 우리 문화에서도 유별나 보였을 것이다. 옥스퍼드대학의 망토, 입에 물린 담뱃대, 침례교도에게 벨트로 치려면 치라고 도발하면서 마음껏 카드와 춤을 즐길 것처럼 보이는 냉소적인 표정을 하고 있었지만 그의 언행은 수긍이 갔다. 엘리야에서 세례 요한까지 우리 교회 세례 장소 뒤에 그려진 요단강 장면 속 선지자들의 대열 속에 루이스도 있을 것만 같았다. 그들처럼 루이스도 자신이 아닌 그리스도를 가리켰다. "보라, 하나님의 어린양이로다."

점점 내 마음속의 겨울눈이 녹기 시작했다. 스크루테이프가 심어 준 내 두려움이 밝아져 나니아 세상으로 변했다. 루이스는 죄와 실수로 가득하지만 사랑과 섬김도 가득한 수세기 동안의 교회 모습을 가리키면서 나를 어릴 적 교회에서 배운 것으로 돌아가게 만들었다. 물론 사기와 협잡도 있었지만 우리 교회는 옳은 방향을 향하고 있었다.

사춘기 시절 나의 영적 위기는 세상 사람들에게 별로 중요하지 않다. 다들 누구나 신앙의 시련을 겪기 마련이기 때문이다. 하지만 같은 위기를 겪어도 모두가 나와 같은 상황에 이르지는 않는다. 몇 년 뒤 제임스 볼드윈(James Baldwin)이 쓴 글을 읽었다. 자신이 10대 시절에 겪은 위기에 관한 글이었다. 나와 그 시절이 너무도 닮아 있어서 깜짝 놀랐다. 볼드윈도 나처럼 지성을 통한 위기를 겪지 않았다. 그도 초자연적인 것을 의심하지 않았다. 그런 의심은 나중에 찾아왔다. 그와 내가 느낀 것은 두려움이었다. 그는 자신의 일부를 포함한 많은 사람들에게 복음이 단순히 거친 세상에서 생존하기 위한 '도구'일 뿐이라고 생각하기 시작했다. 그 이상의 무엇은 없다는 의구심이 들었다. "하나님과 안전이 동의어"처럼 보이기 시작했다. 계속해서 볼드윈은 이렇게 썼다. "열네 살 때 처음으로 두려워지기 시작했다. 내 안팎의 악이 두려워졌다."[3]

그 당시 볼드윈은 무신론자였다. 그가 만약 초자연적인 것을 반대하는 조롱의 글로 기독교를 공격했다면 나는 얼마든지 반박할 수 있었을 것이다. 그가 자신을 교회보다 도덕적으로 우월하게 내세웠다면 나는 코웃음을 쳤을 것이다. 하지만 그는 독선적이거나 교만한 모습, 심지어 냉소적인 모습을 전혀 보이지 않았다. 그도 나처럼 무너진 사람이었다. "나는 전보다 더 외롭고 더 취약했다. 어린양의 피는 나를 전혀 깨끗하게 하지 못했다."[4]

하지만 나는 신앙의 위기를 경험하지 않았다. 그보다는 용기의 위기였다. 나는 두려웠다. 거듭난 사람들이 보이는 행동들이 새 생명이 없다는 증거일까 봐 두려웠다. 어떤 희망이나 의미도, 무엇보다도 인생의 끝에 본향이 없을까 봐 두려웠다. 내가 혼돈의 우주 속에 던져진 고아가 아닐까, 나를 지켜보는 눈이 없는 것은 아닐까, 모든 것의 궁극적인 결말은 파멸이 아닐까 하는 의심이 걷잡을 수 없이 차올랐다. 내가 종교를 잃기 시작했을 때 공포가 노도처럼 밀려왔다. 종교를 잃는 것은 곧 예수님, 나, 미래를 잃는 일이기 때문이었다. 그것은 비록 내가 위기에 빠진 줄 전혀 몰랐지만 그 어두웠던 터널에서 사랑으로 나를 지탱해 준 교회 가족들을 잃는 일이었다. 나는 그렇게 심연의 밑바닥까지 떨어질 뻔했다가 다시 일어섰고 지금도 여전히 일어서 있다.

두려움과 의심을 예수께 맡기다

내 위기가 정점에 이르렀던 어느 날 밤, 나는 별빛 아래서 집 근처를 산책하다 모든 두려움과 의심과 미래를 예수님께 맡겼다. 그날 밤 무엇인가 변했다. 하지만 그날 밤이 내 위기의 끝이었다고, 나의 비겁함이 용기로 완전히 돌아섰다고 말할 수 있다면 좋으련만 그렇지는 못했다. 그날 밤이 표도르 도스토옙스키(Fyodor Dostoevsky)의 소설 속 알료샤 카라마조프(Alyosha Karamazov)의 경험과 같았다면 좋을텐데! 알료샤도 별이 총총한 하늘 아래서 바닥에 쓰러져 눈물로 땅을 적셨다.

> "하지만 그는 점점 명료해지는 것을 느꼈다. 이 창공만큼이나 확고하고 변함없는 뭔가가 실제로 그의 영혼 속으로 내려오는 것만 같았다. 어떤 생각이 그때부터 평생토록 그의 정신을 지배하기 시작했다. 그는 약한 젊은이로서 땅에 쓰러졌지만 전사로 일어나 남은 평생 확고부동하게 살았다."

도스토옙스키는 그렇게 썼다.[5] 하지만 안타깝게도 나는 그렇지 못했다.

물론 나는 다시 일어섰다. 하지만 내가 늘 확고부동한 전사로 살아왔다고 말하기는 힘들다. 사실 지금도 나는 30년 전의 약한 젊은이와 다를 바 없을 때가 너무도 많다. 다만, 오래전의 그 위기는 앞으로 삶의 모든 위기에 대항할 힘을 주었다. 이제는 예수님이 특정한 정치 집단이나 권력 집단의 마스코트나 심지어 개인적인 부도덕이나 공적 분야의 불의를 덮기 위한 수단으로 오용되는 모습을 보아도 크게 놀라지 않는다. 물론 그런 모습을 보면 예전의 나와 같은 열다섯 살 아이들에게 어떤 영향을 미치는 줄 너무도 잘 알기에 전보다 훨씬 더 분노한다. 하지만 이제는 그런 것이 예수님과 전혀 상관없다는 사실을 알 수 있을 정도로 그분을 잘 알게 되었다. 그렇다고 해서 전보다 덜 두려워하는 것은 아니다.

다만, 내 양심 속에 깊이 박힌 성경 이야기들을 내 삶으로 살아내지 못한다는 사실에 좌절할 때가 많다. 예수님을 위해서 기꺼이 일어서는 크리스천, 필요하다면 혼자라도 일어서는 크리스천이 되고 싶다. 나아가 사람들의 인정을 너무 갈구해서 그들에게서 배척을 당할까 봐 두려워하지 않고 과감히 일어설 수 있는 크리스천이 되고 싶다.

영적 위기는 끝났고, 내 믿음은 전보다 훨씬 더 강하고 회복력이 좋아졌다. 하지만 두려움, 특히 성경이 말하는 '사람에 대한 두려움'은 여전히 내 안의 깊은 곳에서 흐르고 있다. 필시 당신 안에도 그런 두려움이 있을 것이다. 그래서 나는 어디선가 갑자기 나타나 옳은 방향을 가리켜 주는 엘리야가 늘 필요하다. 내 정신 속 유월절 식사 자리에는 항상 엘리야를 위한 빈 의자가 놓여 있다.

엘리야의 흔적들

그런데 아이러니하게도 두려움이 가장 기승을 부릴 때 내가 가장 보고 싶지 않은 사람이 바로 엘리야이다. 내 인생의 어두운 순간마다 내가 매일 했던 구약성경 읽기를 무의식적으로 살짝 비켜간다는 사실을 감지했다. 사무엘상과 사무엘하를 읽고 나서 열왕기상에서 솔로몬의 생애에 관해서 읽다가 갑자기 시편 쪽으로 방향을 급선회한다. 퍼뜩 이 사실을 깨닫고는 그 이유를 곰곰이 생각해 보았다. 내가 열왕기상하의 중간 부분을 피한 이유는 거기에 누가 있는지 알았기 때문이다. 그곳에는 바로 엘리야라는 선지자가 있다. 내가 엘리야를 회피한 것은 해고를 당한 사람이 이웃에 사는 '올해의 최우수 사원'을 피하거나 뚱뚱한 사람이 마라톤 선수급의 사람을 피하는 것과 비슷했다. 자신이 진짜로 부족하든 스스로 자격지심을 가지는 것일 뿐이든, 비교 대상 앞에서는 그 부족함이 실제보다 훨씬 커 보이는 법이다. 용감한 엘리야가 되고 싶지만 나는 겨우 무너지고 두려움이 많은 겁쟁이라는 사실을 확인하고서 또다시 좌절의 늪에 깊이 빠져들었다.

이는 얼핏 보면 말이 되는 상황처럼 보인다. 엘리야 하면 우리는 목숨을 걸고 우상과 왕에게 맞선 강한 의지와 결단을 떠올린다. 주일학교 시절 누가 내게 엘리야를 그려 보라고 하면 나는 고민할 것도 없이 갈멜산에서 기도로 하늘에서 불을 내리는 장면을 그렸을 것이다. 소개하자면, 이것은 하나님의 선지자와 가나안의 바알 선지자들 사이에서 있었던 세기의 대결에 관한 이야기이다. 엘리야는 이스라엘의 하나님을 풍요의 신들과 통합하려는 악한 이스라엘의 왕 아합을 꾸짖은 뒤 그 우상의 하수인들에게 각자의 신에게 기도를 해서 어떤 신이 정말로 응답하는지 확인해 보자고 도발했다.

그 순간의 엘리야는 내가 정말 되고 싶은 인물이다. 그는 먼저 날카로운 말로 적들과 싸움을 벌였다. 그들의 무능한 신을 신랄하게 조롱했다. 그러고 나서 자신의 제물 위에 자신 있게 물까지 흠뻑 끼얹고 나서 하늘을 향해 외쳤다. 그러자 번개가 번쩍하면서 하늘에서 불이 떨어졌다. 이 얼마나 강한가! 이 얼마나 '선지자적'인가! 이런 것이야말로 용기로 일어선다는 것의 진정한 의미라는 생각이 든다. 그래서 내 삶 속의 어두운 순간마다 그 털옷을 입은 선지자를 피해서 도망치고 싶어진다.

하지만 이것이 생각만큼 쉽지는 않다. 성경에서 엘리야를 피하려고 하면 아합 왕과 이세벨 왕비가 겪었던 것처럼 전혀 뜻밖의 상황에서 자꾸만 나타나는 불쾌한 경험을 하게 될 것이다. 뜻밖인가? 하긴, 적어도 지면 할애의 측면에서 보면 엘리야는 결코 성경 이야기 속의 중심인물이 못 된다. 성경을 석양이라고 한다면 엘리야는 그 아래의 하루살이에 지나지 않는다. 그는 잠깐 나타나 빛나는 활약을 선보이다가 이내 사라진다.

성경의 나머지 부분은 온통 엘리야의 흔적으로 가득하다. 그의 겉옷과 영이 선지자들의 계보를 타고 까마득한 후대까지 전해진다. 실제로 구약성경의 마지막 말이 바로 엘리야에 관한 것이며, 그 말은 과거가 아닌 미래에 관한 것이다. 즉 하나님은 말라기 선지자를 통해 이렇게 말씀하셨다. "보라 여호와의 크고 두려운 날이 이르기 전에 내가 선지자 엘리야를 너희에게 보내리니"(말 4:5). 그러고 나서 성경은 4백 년간 침묵한다.

신약에서 성경 이야기가 재개되면서 또다시 엘리야가 암시와 비유와 이미지 등의 형태로 등장한다. 예를 들어, 세례 요한은 임박한 심판을 경고하는 야인이라는 엘리야의 모티프를 그대로 가져왔다. 예수님은 사촌인 세례 요한을 엘리야의 귀환에 관한 예언과 연결시키셨다. 또한 예수님은 자신의 사역을 처음 설명하는 자리에서 하나님 나라의 복된 소식이 언제나 국가와 민족의 경계를 뒤흔든다는 사실에 대한 증거로 엘리야와 그의 후계자인 엘리사의 사역을 제시하셨다(눅 4:25-27). 그리고 사복음서에서 과부의 아들을 되살리고 기적적으로 음식을 공급하고 사람들이 보는 앞에서 승천하신 것까지 예수님의 사역 중 많은 측면이 엘리야의 삶을 떠올리게 만든다.

나아가 많은 학자들이 바울의 삶에서 엘리야의 흔적을 발견했다. 특히 갈라디아서의 서두에서 바울이 자신의 이야기를 전할 때 그 흔적이 두드러진다. 바울은 자신이 과거 사울 시절에 다메섹에 있는 크리스천들을 쓸어버리기 위해 "열심"(zeal)으로 뛰어다녔다고 말하는데, 이 단어는 바로 엘리야가 바알 선지자들을 몰살시킬 때 사용한 단어이다. 조금 다르긴 하지만 그의 열심은 엘리야의 열심과 마찬가지로 위기를 가져왔다. 그 위기는 바로 수리아로 가는 길에서 부활하신 메시아를 만난 것이었다.

그때 바울은 엘리야와 같은 경로를 따랐다. 자신의 사명이 위험에 처했다고 생각되었을 때 그는 광야로 향했다. 그는 아라비아 사막을 통과해, 하나님이 시내산에서 그분의 백성들을 만나 주셨던 곳에 이르렀다. 엘리야처럼 거기서 그는 하나님의 임재를 경험하고서 사람들의 인정에 대한 갈구의 족쇄에서 풀려났다. 이제 그는 예루살렘의 사도(갈 2:1-10)와 자기 지지자들(갈 2:11-12)을 비롯한 사람들의 이목으로부터 자유로워졌다. 이 위기 이후에 바울은 이렇게 고백한다. "이제 내가 사람들에게 좋게 하랴 하나님께 좋게 하랴 사람들에게 기쁨을 구하랴 내가 지금까지 사람들의 기쁨을 구하였다면 그리스도의 종이 아니니라"(갈 1:10).

이 주제에 관해서 신약 학자 N. T. 라이트(Wright)는 특히 갈라디아서에서 발견되는 사도 바울과 엘리야 선지자 사이의 연관성을 이야기한다. "엘리야와의 유사성(문자적 유사성이 너무 가깝고 '열심'이란 표현이 너무 똑같아서 바울이 의도적으로 그렇게 한 것이 분명하다)은 바울이 엘리야처럼 언약이 세워진 장소로 돌아가기 위해 시내산으로 순례를 했다는 사실을 말해 준다. 그는 한 분이신 하나님 앞에 서서 자신이 '극도로 열심히' 했다는 점을 설명하고 싶었다. 하지만 거기서 그의 비전, 그의 세계관은 완전히 변했다. 이어서 그는 하나님의 지시를 받았다. '가서 새로운 왕을 선포하라.'"[6]

N. T. 라이트의 말에 전적으로 동의하지 않더라도 바울과 엘리야의 연관성은 우연이라고 하기에는 너무 강하다. 그리고 이 연관성은 깊은 의미가 있다. 더없이 충격적인 바울의 다음 고백은 우

리에게 그리스도와 위기를 동시에 보여 준다. "내가 그리스도와 함께 십자가에 못 박혔나니"(갈 2:20). 이 말은 우리를 두려움, 무리에 속하고 싶은 욕구, 무리를 따라가고 싶은 욕구에서 해방시켜 주기 위한 말이다. 하지만 이 자유와 쉼은 원한다고 해서 찾아오지 않는다. 그것은 위기를 통해 만나게 되며, 그 위기는 엘리야의 길을 통해 찾아온다.

내가 알던 엘리야가 아니다

엘리야 이야기는 용기에 관한 이야기이지만, 그 용기는 내가 늘 생각했던 용기가 아니었다. 그것은 여느 사람들처럼 나도 용기의 정의와 엘리야의 의미를 둘 다 오해할 때가 많기 때문이다. 내가 늘 존경했던 엘리야의 특징들은 사실 그 이야기의 핵심이 아니다. 나는 "이스라엘을 괴롭게 한 것"이 자신이 아니라 왕이라고 대놓고 말할 수 있는 용기를 갈망한다(왕상 18:17-18). 엘리야가 말로 비를 그치게 만들어 가뭄을 선포할 때와 갈멜산 대결에서 바알 선지자들을 몰아붙일 때는 그런 당당함이 나타났다. 엘리야는 바알 선지자들을 물리치기만 한 것이 아니라 굴욕을 주었다. 그들은 소리를 지르고 자해까지 하며 어떻게든 바알의 관심을 끌어보려고 몸부림쳤지만 "아무 소리도 없고 응답하는 자나 돌아보는 자가 아무도 없"었다(왕상 18:29). 하지만 엘리야는 그들처럼 호들갑을 떨지 않았다. 그냥 불을 불렀더니 그 즉시 하늘에서 불이 떨어졌다. 그렇게 그는 진정한 선지자적 힘을 똑똑히 보여 주었다. 그러고 나서 바알 제단을 허물고 그 제사장들을 그 자리에서 도륙했다.

내게는 이런 대담함과 확실한 승리야말로 진정 '선지자적'으로 보인다. 물론 나만 그런 것은 아니다. 두 제자도 예수님과 함께 산에서 엘리야를 본 직후에 같은 것을 기대했다. 오래전 악한 왕 아합의 땅이었던 사마리아를 통과하던 야고보와 요한은 아무도 그들의 메시지를 받아들이지 않는 현실에 화가 머리 끝까지 올라 대뜸 예수님께 이렇게 제안했다. "주여 우리가 불을 명하여 하늘로부터 내려 저들을 멸하라 하기를 원하시나이까"(눅 9:54).

솔직히 나라도 그들처럼 했을 것이다. 하지만 예수님은 오히려 그들을 꾸짖고서 계속 걸어가셨다(눅 9:55-56). 예수님은 불로 사마리아를 멸망시키지 않으셨으며 오히려 한술 더 떠서 한 사마리아인을 순종적인 주인공으로 내세운 유명한 이야기를 해 주셨다(눅 10:25-37). 엘리야를 연상케 하는 장면을 자주 연출하셨던 예수님이 왜 이번에는 그렇게 하시지 않았을까? 그것은 누가복음의 설명처럼 예수님이 "예루살렘을 향하여 올라가기로 굳게 결심"하셨기 때문이다(눅 9:51). 과연 예루살렘에서는 무엇이 예수님을 기다리고 있었을까? 엘리야는 분명 그것을 알았다. 왜냐하면 예수님이 산 위에서 빛 가운데 변형되셨을 때 엘리야가 "예수께서 예루살렘에서 별세하실 것"을 말했기 때문이다(눅 9:31). 예루살렘에서 예수님을 기다리고 있던 것은 다른 아닌 십자가였다.

갈멜산은 엘리야 이야기의 클라이맥스가 아니라 다른 것을 위한 서곡이다. 이 승리의 순간 직후 아합의 아내인 이세벨은 다음날까지 엘리야를 붙잡아 반드시 죽이겠노라 맹세했다. 성경에 따르면 덜컥 겁을 먹은 엘리야는 서둘러 "일어나 자기의 생명을 위해 도망"쳤다(왕상 19:3). 여기서부터 이야기는 암울한 방향으로 흘러간다. 곧 엘리야는 광야로 도망친다.

내가 주일학교 시절부터 그려왔던 검투사 스파르타쿠스의 당당하고 강한 모습과는 거리가 멀어도 너무 멀다. 광야의 엘리야는 애처로워 보이기까지 한다. 두려움에 빠져 도망친 선지자, 몰락 직전까지 약해진 엘리야. 외로움과 낙심과 피로가 극에 달하자 결국 엘리야는 자신의 소명과 사명을 의심하기에 이르렀다. 그는 아이 같은 모습을 보이는 수준을 넘어 자해를 할 만큼 심한 우울증에 빠져들었다. 심지어 위기가 해결되는 순간에도 하나님은 엘리야의 밝은 미래가 아니라 남들을 통해 하실 일에 관해 말씀하셨다. 당장 엘리야와는 아무런 상관도 없는 이야기를 하신 것이다.

내가 성경 공부 시간이나 설교 시간에 들은 이 이야기의 엘리야는 일종의 '심신 탈진' 상태였다. 그래서 이어진 결론은 주로 이런 소진 상태에 빠지지 않도록 과로하지 말라는 것이었다. 엘리야를 위한 하나님의 공급하심에서 볼 수 있듯이 적절한 영양 섭취와 충분한 잠과 기도와 묵상의 시간을 반드시 가져야 한다는 조언이 이어졌다. 물론 이는 꼭 필요한 조언이다. 실제로 오늘날 너무도 많은 사람이 탈진으로 인해 삶을 제대로 살지 못하고 있다. 아이나 노부모나 장애를 가진 배우자를 돌보다가 심신의 모든 힘을 잃고 주저

앉은 사람도, 평생 일만 알고 살다가 중년에 말할 수 없는 허망함과 환멸에 빠져 괴로워하는 사람도 있다.

하지만 광야에 있는 엘리야가 처한 상황은 단순한 '탈진'이 아니었다. 그것은 더 전반적인 '고장'(breakdown)이라고 할 수 있었다. 엘리야가 갈멜산에서 보였던 것, 그것을 이제 하나님께서 광야의 엘리야에게 보이신다. 이는 엘리야의 마음속에 있는 바알을 제거하시는 하나님의 방법이었다. 이제 엘리야가 우리에게 필요한 롤모델인 이유를 눈치챘는가!

복음이 정의하는 용기의 길

복음이 정의하는 용기의 길은 두려움을 모르는 강철 같은 심장이라는 이교도의 덕목이 아니다. 그 용기는 자신의 힘을 과시하는 우리 문화의 그림과는 전혀 다르다. 그래서 엘리야 이야기의 클라이맥스까지 제대로 도달하는 것이 중요하다. 그렇지 않으면 그가 궁극적으로 이른 곳이 아닌 엉뚱한 곳에 이르게 되기 때문이다. 우리는 바로 예수 그리스도의 십자가 영광에 이르러야 한다. 이 부분을 놓치면 엘리야의 용기를 잘못 알고서 우리에게 진짜 용기가 있는 것처럼 착각할 수 있다. 우리가 흔히 추구하는 용기는 고대 그리스 신화에서 현대의 액션 영화까지 세상의 모든 것이 찬양하는 종류의 용기이다. 우리가 쉽게 흉내를 내는 기사의 자신감도 이런 종류의 용기에 속한다. 어떤 이야기든 핵심적인 부분을 놓치면 심지어 나머지 부분을 정확히 안다 해도 그 이야기의 전체를 놓친 것이나 다름없다.

예를 들어, 예수님의 탕자 비유에서 우리가 탕자가 아버지의 유산을 요구하고 집을 떠나 파티와 창기에게 돈을 탕진하고 가뭄이 오자 돼지우리에서 꿀꿀이죽이나 먹게 되었다는 사실을 강조한다고 해 보자. 이 사실은 맞지만 그것이 이 이야기의 핵심은 아니다. 핵심이 빠지면 이 비유를 단지 배은망덕한 자식이 겪는 고난이나 절제심의 필요성에 관한 교훈 정도로만 보게 될 수 있다. 아버지가 돌아온 아들에게 버선발로 달려가 와락 껴안고 성대한 잔치를 여는 장면까지 보아야 전체 이야기를 제대로 음미할 수 있다.

예수님의 선한 사마리아인 비유도 마찬가지다. 사람이 강도를 만나 길가에 버려진 장면까지만 읽고 책을 덮으면 "이런 일을 당하지 않도록 조심하라"라는 경고의 이야기가 핵심이라고 제멋대로 결론을 내릴 수 있다. 하지만 그러면 이 이야기의 의미를 놓칠 뿐 아니라 이 이야기 속에서 강도 만난 사람을 못 본체 피해서 지나간 제사장이나 레위인과 똑같은 결론에 이르게 된다. 강도를 만난 사람을 향한 사마리아인의 긍휼을 보아야지만 예수님이 명령하시는 긍휼이 무엇인지 제대로 이해할 수 있다.

여기서도 마찬가지이다. 엘리야에게서 우리는 승리를 통한 용기가 아닌 십자가를 통한 용기를 볼 수 있어야 한다. 그런 의미에서 엘리야는 우리가 흔히 생각하는 용기의 '롤 모델' 혹은 본보기가 아니다. 그의 삶은 십자가를 위한 사전 공연과도 같았다. 우리의 삶이 십자가에 관한 사후 공연이어야 하는 것처럼 말이다.

예수님이 왜 사촌인 세례 요한의 삶을 '엘리야의 영'과 연결시켜 이야기하셨는지 생각해 보라. 엘리야처럼 세례 요한의 사역은 대담하고 당당하기만 한 것이 아니었다. 물론 엘리야처럼 요한은 반항적인 사람들에게 우상을 떠나 살아 계신 하나님께로 돌아서라고 외쳤다. 엘리야처럼 세례 요한은 목숨을 걸고서 악한 군주를 꾸짖었다. 엘리야처럼 세례 요한은 사람들에게 인기 없는 계시를 상관없이 전했다. 세례 요한은 갈릴리 촌구석 출신의 가난한 노동자가 '세상의 죄를 씻을 하나님의 어린양'이라는 계시를 받았다. 하지만 세례 요한은 무적의 영웅이 아니었다. 심지어 예수님께 세례를 베풀고 그분을 사랑하는 하나님의 아들로 선포하는 하늘의 소리를 들은 뒤에도 세례 요한은 자신이 틀렸을지도 모른다는 두려움에 시달렸다. 그래서 그는 감옥에서 예수님께 사자를 보내 물었다. "오실 그이가 당신이오니이까 우리가 다른 이를 기다리오리이까"(마 11:3).

자존심 강한 사교 교주나 정치인이라면 이런 말에 분명 기분 나쁜 표정을 지었을 것이다. 하지만 예수님은 그러지 않으셨다. 오히려 세례 요한을 역사상 가장 위대한 선지자로 인정해 주셨다. 예수님의 관점에서 세례 요한이 엘리야를 계승한 점은 힘과 자신감이 아니라 약함과 두려움이었다. "세례 요한의 때부터 지금까지 천국은 침노를 당하나니 침노하는 자는 빼앗느니라 모든 선지자와 율법이 예언한 것은 요한까지니 만일 너희가 즐겨 받을진대 오리라 한 엘리야가 곧 이 사람이니라"(마 11:12-14).

나중에 엘리야가 산에서 나타난 뒤에 예수님은 제자들이 엘리야에게서 기대해야 할 것에 관해 오해했다는 말씀을 하셨다. 엘리야가 잠시 모습을 드러냈다가 곧 사라져 예수님이 홀로 십자가의 길을 걷게 둔 것에 대해 제자들은 혼란스러워했다. 그들은 성경 교사들이 만물의 회복 전에 먼저 엘리야가 돌아와야 한다고 말한 이유를 물었다. 그러자 예수님은 논쟁에서 승리를 거두거나 기적을 일으킨 엘리야의 모습이 아닌 굴욕과 고난을 당한 모습을 가리키셨다. "엘리야가 과연 먼저 와서 모든 것을 회복하거니와 어찌 인자에 대하여 기록하기를 많은 고난을 받고 멸시를 당하리라 하였느냐 그러나 내가 너희에게 이르노니 엘리야가 왔으되 기록된 바와 같이 사람들이 함부로 대우하였느니라"(막 9:12-13).

실제로 성경은 세례 요한을 처음부터 끝까지 매우 약한 인물로 그리고 있다. 세례 요한의 첫 등장은 강가에서 큰 소리로 외치는 모습이 아니라 예수님처럼 태어였다. 우리에게 익숙한 담대한 선지자로서 나타날 때도 그는 고향에서 쫓겨나 초라한 음식을 먹고 사람들이 싫어하는 메시지를 전하는 모습이었다. 결국 그의 머리는 은쟁반 위에 놓이게 된다. 이 모든 상황은 엘리야의 길과 전혀 다르지 않다. 아니, 엘리야의 길과 정확히 일치한다. 이것이 고향땅이 보이는 산 절벽에서 성난 고향 사람들에게 떠밀릴 위험에 처한 예수님이 자신을 엘리야에 빗대신 이유이다(눅 4:28-30).

이는 영광의 예수님이 십자가에 달리신 그리스도에 의해 설명되는 것처럼 '하늘에서 불을 내린' 엘리야가 '광야에서 헤매던' 엘리야에 의해 설명되기 때문이다. 십자가는 영광에서 잠시 벗어난 상황이 아니다. 십자가야말로 세상의 영광과 다른 영광, 우리 스스로 추구하는 영광과 다른 영광이 발견되는 장소이다. 마찬가지로, 엘리야의 용기는 불의 힘으로 아합을 제압하는 상황보다 오히려 아합에게 쫓길 때 더 분명히 나타난다.

위기의 순간 만나게 되는 일어설 용기

위기와 추락의 순간, 엘리야는 하나님을 만났다. 바로 그 상황 속에서 그는 일어설 용기를 얻게 되었다. 그런데 '일어서다'란 표현에도 속을 수 있다. 우리는 믿는 바를 위해서 '일어선다'라고 말하며, 대개 이는 자신감 있는 자세를 의미한다. 예컨대, 허리에 두 손을 대고 어깨를 쫙 펴는 행동으로 자신감을 표출하라는 리더십 코치들의 조언을 생각나게 한다.

하지만 성경적인 영광의 자세는 이와는 다르다. 강제로 십자가에 손발이 묶여 있는 자세야말로 성경적인 영광의 자세이다. 그리스도를 위해 '일어선다'는 것은 내면의 모든 두려움을 몰아내거나 반박의 여지가 없는 완벽한 '승리'로 적들을 굴복시키는 것이 아니다. 그것은 바로 십자가의 삶을 사는 것이다. 그렇다면 용기는 더 큰 힘과 지혜로 세상의 힘과 지혜에 맞서는 것이 아니라 엘리야처럼 가고 싶지 않은 곳으로 이끌려갈 때 찾아온다(요 21:18). 성경은 우리에게 일어설 용기를 어떻게 얻게 되는지 분명히 알려 준다. 일어설 용기는 곧 십자가에 달릴 용기에서 시작된다.

이런 종류의 용기는 위기 속에서 형성되며, 때로 그런 위기(삶의 전환점)는 눈에 잘 띄지 않는다. 그런 위기는 대개 거창한 순간들이 아니라 작고 평범한 결정의 순간들이기 때문이다. 그런 결정이 쌓이고 쌓여서 우리가 누구이며 무엇을 사랑하고 무엇을 두려워하며 어떻게 두려움에 맞서는지를 형성한다. 그런 순간들은 극적이지 않다. 대신 그 작은 순간들은 '나비 효과'처럼 우리가 당시는 전혀 느끼지 못할 만큼 서서히 미래를 바꿔 놓는다.

암 환자가 용감하게 항암 치료를 받는 것만이 용기가 아니다. 건강한 사람이 샤워를 하다가 마음속의 응어리를 떨쳐내려고 사력을 다하는 것도 용기이다. 이혼한 사람이 다시 살아가려고 노력하는 것만이 용기가 아니다. 행복한 부부가 어린 자녀를 보며 어떻게 대학 학비를 마련할지 몰라 답답해하다가 다시 힘을 내서 미래를 향해 나아가는 것도 용기이다. 독재자에게 고문을 당하면서도 끝까지 그리스도를 부인하지 않는 것만이 용기가 아니다. 자유의 국가에서 특정 정당에 대한 지지를 곧 신앙으로 여기는 세태를 거부하는 것도 역시 용기이다.

그렇다면 시대를 막론하고 우리에게 필요한 용기는 우리가 흔히 생각하는 용기가 아니다. 육체적인 용감함이 아니라 소위 '도덕적인 용기'가 필요하다. 마크 트웨인(Mark Twain)은 이런 말을 했다. "육체적 용기는 그토록 흔한데 도덕적 용기는 그토록 드문 것이 참으로 이상한 일이다."[7]

이 말은 자주 인용되지만 이 말이 나온 배경을 아는 사람은 별로 없다. 과거 로마 제국은 사람들에게 옥수수와 기름을 제공하는 대가로 그들의 자유를 박탈했다. 마크 트웨인은 그 당시 미국 정부도 같은 전략으로 퇴역 군인들에게 연금을 제공하는 정책을 펴고 있다고 판단했다. 이런 판단에 동의하지 않더라도 도덕적 용기가 중요하다는 점은 모두 동의할 것이다. 그런데 트웨인은 도덕적 용기를 보기 힘들다고 안타까워하면서도 자신도 그런 용기가 부족하다고 인정했다.

트웨인은 자신이 지적한 그 연금에 관한 입장을 설명해 달라는 요청을 받았다. 청중은 같은 작가들이 아닌 퇴역 군인들이었다. 그의 시각을 달가워하지 않는 퇴역 군인 집회에서 그를 초대했다. 하지만 그는 그 초대에 응할 생각이 없었다.

"말을 하고 싶어도 그럴 만한 용기가 없었다. 나는 나만큼이나 소심한 사람들을 꾸짖으려는 불안정한 도덕적 겁쟁이일 뿐이었다."[8]

트웨인에 따르면 많은 사람이 그의 의견에 동의하지만 "사람들이 싫어하는 말을 해서" 동료들에게 따돌림을 당할까 봐 두려워서 말하지 않고 있었다. 그는 이 두려움이 인간 본성의 일부이며 그 본성은 좀처럼 변하지 않는다고 말했다. 그로부터 이제 겨우 1세기가 지났지만 정책에 관해서는 몰라도 인간 본성에 관한 그의 말은 분명 옳다. 인간 본성의 그 측면은 여전히 변하지 않았다.

예수가 보이신 참 용기

사실 마크 트웨인보다 훨씬 더 믿을 만한 분인 예수님께서 인류에게 도덕적 비겁이 그토록 흔한 이유를 말씀해 주셨다. 사도 요한에 따르면 예수님은 군중 앞에서 많은 기적을 행하셨지만 대부분의 사람들은 믿지 않았다. 이에 예수님은 선지자의 예언을 인용하여 말씀하셨다.

> "이사야가 이렇게 말한 것은 주의 영광을 보고 주를 가리켜 말한 것이라 그러나 관리 중에도 그를 믿는 자가 많되 바리새인들 때문에 드러나게 말하지 못하니 이는 출교를 당할까 두려워함이라 그들은 사람의 영광을 하나님의 영광보다 더 사랑하였더라"(요 12:41-43).

이것은 비단 1세기 유대인들에게만 해당되는 이야기가 아니다. 시대와 장소를 막론하고 누구에게나 '바리새인들', 곧 누구를 받아들이고 누구를 배척할지 정하는 자들이 있다. 누구나 '회당'에서 출교를 당할까 봐 두려워한다. 오늘날로 말하자면, 회당은 같은 정치 집단이나 종교 집단이나 같은 세대라고 할 수 있다. 즉 정치관이 같고, 종교가 같고, 나이가 비슷한 집단이라고 여길 수 있는 것이다. 혹은 세상에서 '정상' 부류에 속해 있다는 생각도 하나의 회당이 될 수 있다. 우리는 열렬한 환영까지는 아니더라도 최소한 거부와 무시를 당하지 않기를 원한다. 우리는 무리 속에서 안정감을 찾으려 노력한다. 각자 선택하는 무리만 다를 뿐이다.

성경에서 용기라고 말하는 것(열정과 친절과 겸손)이 소심하게 취급을 받는 것이 문제이다. 자신이 '있는 그대로 말하기' 때문에 '용기가 있다'고 생각하는 이들은 사실상 사납고 성난 집단에 소속되기를 바란다. 그들 스스로는 뭔가를 위해 '일어선다'고 생각하지만 그것은 용기가 아니다. 적어도 그리스도가 원하시는 종류의 용기가 아님은 분명하다. 그리스도의 길을 따르는 일은 정말 중요한 것을 위해 일어서는 일이다. 그것은 단순히 어떤 '이슈'나 '교리'에 의해 옳은 편에 서는 행동이 아니다. 그리스도를 닮은 사랑으로 행하며 사는 삶이다. 이것이 실제 그리스도와 동행하는 삶의 모습이다.

용기는 거창한 일을 하기 위해서만 필요하지 않고 조용한 일상을 정직과 사랑으로 살아내기 위해서도 필요하다. 이런 삶은 단순히 '이슈'를 분명히 아는 것만을 필요로 하지 않는다. 우리의 문제가 사실상 추상적인 이슈에 있지 않기 때문이다. 이런 삶은 용기를 필요로 한다. 끝을 알지 못해도 광야 속으로 들어가는 용기, 일어설 용기, 무너질 용기가 필요하다.

우리 집에 있는 나니아 지도는 현실에는 존재하지 않는 곳이다. 나니아는 허구이기 때문이다. 하지만 정말로 그런가? 옷장을 통해 나니아 세계에 들어갔던 루시(Lucy)가 나니아와 사자 아슬란을 떠나 집으로 돌아가야 한다는 말에 울던 장면이 생각난다. "당신을 영영 보지 않고 어떻게 살 수 있단 말인가요?" 루시가 묻자 아슬란은 다시 만나게 될 것이라며 안심을 시킨다. 그러자 오빠 에드먼드 (Edmund)는 아슬란이 "보통" 세상에도 있냐고 묻는다. 이에 아슬란은 이렇게 대답한다.

> "그렇단다. 다만 그곳에서는 이름이 달라. 그 이름으로 나를 아는 법을 배워야 한단다. 바로 그것이 너희가 나니아에 온 이유야. 여기서 나를 잠시 알아야 거기서 나를 더 잘 알게 될테니 말이야."[9]

물론 나니아 지도는 허구이다. 하지만 미시시피 지도 역시 그에 못지않게 허상이다. 나는 두 현실에서 살고 있으며 두 현실에서 예수님이 나와 함께하셨다는 사실을 깨닫게 되었다. 두 현실 속에서 두려워하지 않는 법이 아닌 두려움 가운데서도 일어서는 법을 배웠다. 군중의 소음 가운데서도 두려움 너머, 저 멀리서 들려오는 하나의 목소리, 아니 하나의 포효를 듣는 법을 배웠다.

지금 자신감이 넘치고 있는가? 아니면 두려움에 휩싸여 있는가? 어떤 경우든 엘리야처럼 당신에게는 수행해야 할 소명이 있다. 가야 할 순례의 길이 있다. 당신은 위기를 이길 용기를 발견할 수 있다. 위기 속에서 그리스도를 발견할 수 있기 때문이다. 그리고 곧 알게 되겠지만 사실상 삶의 모든 순간이 위기이다.

앞에 무엇이 있는지를 알 수 없을 때는 더 쉽지 않다. 예수님은 임박한 체포와 처형에 관한 이야기, 나아가 세상을 떠날 것이라는 이야기로 제자들을 두렵게 하셨다. 그때 예수님은 그들의 두려움을 보시고 자신이 아버지의 집에 그들을 위한 처소를 마련하러 가실 것이며 그 집에는 방이 많다는 사실을 상기시키셨다. 그러고 나서 이렇게 말씀하셨다. "내가 어디로 가는지 그 길을 너희가 아느니라"(요 14:4).

그러자 제자 중 도마가 나섰다. 우리는 '의심 많은 도마'라고 부르지만 내가 볼 때 도마의 목소리에 가득한 것은 의심이 아니라 두려움이었다. 도마는 예수님이 그분을 만날 장소와 시간, 혹은 저편으로 가는 문을 열 수 있는 비밀 주문 같은 것을 알려 주실지도 모른다는 생각에 아찔했다. 어쩌면 자신이 한눈을 팔거나, 잠을 이기지 못해 잠깐 졸 때 예수님께서 중요한 사실을 말씀하시지 않았을까 하는 생각을 했을지도 모른다. 그래서 그는 다급하게 물었다. "주여 주께서 어디로 가시는지 우리가 알지 못하거늘 그 길을 어찌 알겠사옵나이까"(요 14:5). 그러자 예수님은 이렇게 대답하셨다. "내가 곧 길이요"(요 14:6).

예수님이 보이신 이 길을 엘리야는 갔고, 당신도 가야 한다. 용기는 빛나는 승리를 거두었던 갈멜산에서 발견되지 않는다. 용기는 진짜 적이나 상상 속의 적과 싸워 이기거나, 안전하게 보호를 받고, 많은 사람에게 환영을 받을 때 나타나지 않는다. 용기는 엘리야, 그리고 그의 길을 따랐던 모든 이들처럼 스스로 설 수 없을 때, 거친 광야에서 쓰러져 있을 때, 심지어 어서 죽음을 달라고 애원할 만큼 괴롭고 답답할 때 만나게 된다. 그 순간이 오면 엘리야처럼 "네가 어찌하여 여기 있느냐?"라는 말을 듣게 될 것이다. 엘리야는 자신이 시내산으로 가고 있는 줄 알았다. 하지만 그는 갈보리산으로 가고 있었다. 당신도 엘리야와 별반 다르지 않다. 잘 생각해 보라. 당신도 엘리야처럼 시내산을 향하고 있는 것처럼 느낄 수 있으나, 돌아보면 갈보리산을 향해 가고 있을 것이다. 오직 십자가에 못 박힌 사람만이 일어설 용기를 찾을 수 있다. 두려워하지 말라.

용기라는 목적지에 도착하는 지도는 없다. 하지만 우리는 용기로 향하는 길을 알고 있다. 그 길을 우리의 롤모델이 되시는 예수님께서 몸소 먼저 보이셨기 때문이다. 우리는 그저 용기의 길로 나아가기만 하면 된다. 이제 예수님이 위기를 통해 보이신 용기의 길을 향해 출발해 보자.

Part 2

예수의 방법으로 무너지고,
예수의 방법으로 일어서다

Chapter 2
_____

두려움 앞에서

광야, 옳은 방식으로
두려워하는 법을
가르쳐 주다

악마가 출몰하는 교회는 내가 세상에서 가장 두려워하는 장소였다. 어떤 면에서 나는 줄곧 그 두려움에 빠져 있었다. 열 살이었던 그 해 여름, 나는 향수병과 시름하고 있었다. 부모님과 평생을 살던 집에서 나와 처음으로 부모님과 꽤 오랜 시간 멀리 떨어져 지냈다. 몇 주 동안 동생과 함께 테네시 주의 한 시골 교회에서 목회하는 삼촌의 집에서 지냈다. 동생과 나는 집이 그리웠다. 하지만 국립공원으로 변한 과거의 전쟁터에서 남북전쟁 당시 소총을 찾아 숲을 탐험하는 재미에 푹 빠져 있기도 했다. 그러나 그보다 더 기다려지는 시간은 매일 밤, 잠자리에 드는 시간이었다. 삼촌이 소등하기 전에 항상 이야기를 들려주었기 때문이다. 하지만 그 이야기들이 실제로 식은땀 나는 공포 체험으로 이어질 줄은 꿈에도 몰랐다.

두려움의 진짜 이유

어떤 이유에서인지 모르겠으나 삼촌은 대부분 에드거 앨런 포(Edgar Allan Poe)의 이야기를 해 주셨다. 낯선 환경에서 잠자기 직전 긴장한 아이들에게 들려주기에는 잭 런던(Jack London)이나 찰스 디킨스(Charles Dickens)나 허먼 멜빌(Herman Melville)의 이야기가 더 낫지 않았을까? 하지만 그것이 좋은 선택이든 나쁜 선택이든 간에 삼촌의 선택은 매일 밤 앨런 포였다. 지금도 나는 심장 뛰는 소리를 듣거나 흔들리는 추를 보는 것을 싫어한다. 하지만 이것은 꼭 소설 때문만은 아니다. 또 다른 이유가 있었다.

삼촌의 집에서 맞은 첫 번째 토요일 밤, 삼촌은 창문의 커튼을 살짝 걷고서 바로 옆에 위치한 불 켜진 교회 건물을 바라보며 이야기 시간을 마무리했다. 유령 이야기를 읽어 줄 때면 늘 그랬듯이 삼촌의 목소리 톤은 나지막하고 무거웠다.

"얘들아." 삼촌이 교회 쪽으로 고개를 기울이며 말했다.

"지금 저 교회에 얼마나 많은 악마가 있는지 알고 있니?"

나는 속으로 삼촌이 도대체 어떤 교회의 목사인가 하는 생각을 했다. 사이비 교회인가? 하나님의 전이라면 왜 악마들이 살고 있는 것일까? 삼촌은 우리가 영적 전쟁이 치열한 세상 속에서 살고 있음을 기억해야 한다고 말했다. 성경은 우리가 혈육이 아닌 "통치자들과 권세들과 이 어둠의 세상 주관자들"을 상대로 싸움을 벌이고 있다고 했다(엡 6:12). 다음날 아침 그 교회 건물에서 할 일(예배, 복음 선포)이 너무도 중요하지만 사탄은 이 일을 정말 싫어하기 때문에 그것을 방해하기 위해 무슨 짓이든 한다고 했다. 아마도 지금 그 악마들이 그 교회 안을 가득 채우고 있을 것이라고 했다. 이 말을 끝으로 불이 꺼졌다. "얘들아, 상상이 되니?"

물론이었다. 너무도 생생하게 상상이 되었다. 이불 속으로 쏙 들어간 내 머릿속에는 샹들리에 사이를 날아다니며 음산한 소리를 내는 유령들의 모습이 가득했다. 하지만 실제로 들리는 소리는 주체할 수 없이 두근거리는 내 심장 소리뿐이었다.

이튿날 아침 동이 트고 나서야 비로소 마음이 안정되었다. 늘 다니던 교회에서처럼 예배는 문제 없이 진행되었다. 찬송가 책에 발톱 자국 따위는 없었다. 성찬 테이블에 기괴한 점액 같은 것이 떨어져 있지도 않았다. 모든 것이 제자리에 잘 있었다. 그리고 다음 토요일 밤 삼촌이 *The Cask of Amontillado*(아몬틸라도의 술통)를 읽어 주셨다. 내게 심부름을 시키기 전까지는 별다른 일이 없었다. 그런데 숙모가 교회의 저녁식사를 위한 디저트를 준비하고 있는데 그만 교회 교제실에 케이크 접시를 놓고 왔다는 사실을 발견했다. 하필 나에게 가져오라는 말에 나는 넋이 나가 멍하니 서 있었다. 우리 가정에서는 그 누구도 어른에게 "싫어요"라고 말할 수 없었다. 교제실의 위치를 생각하자 다리가 후들거렸다. 교제실은 성전 안에서도 가장 안쪽인 설교단과 세례 장소 뒤쪽에 있었다. 그리고 교회 문은 앞쪽에 하나밖에 없었다. 케이크 접시를 가져오려면 혼자 어두운 예배당 안을 통과해야만 했다.

열쇠를 꼭 쥐고 문 앞에 섰는데 문득 전등 스위치가 어디 있는지 모른다는 사실이 생각났다. 어둠 속에서 벽을 더듬기 싫어 잠시 서서 귀신이 있는 것은 아닌지 귀를 기울였다. 문득 이런 무서운 생각조차도 비성경적이지 않나 하는 생각이 들었다. 귀신들은 타락한 천사, 곧 영이니까 실질적인 호흡기나 입이 있을 리가 없다는 사실이 기억났기 때문이다. 그러니 귀신들의 숨소리가 들릴 수는 없었다. 그렇다면 내가 무엇을 두려워하고 있었을까? 지금 생각해 보면 내가 정말로 두려워한 것은 귀신들이 아니었다. 설령 귀신들이 그곳에 있었다 해도 나는 녀석들이 내 머리를 어깨에서 떼어내거나 나를 지옥불로 순간 이동시키는 것을 두려워했던 것이 아니다. 나는 그 귀신들로 인해 내 거짓이 드러날까 봐 두려웠다. 내가 아무리 착하고 책임감 있는 것처럼 굴어도, 내가 성경과 신학을 아무리 많이 알아도, 이 어두운 영들이 나를 훤히 꿰뚫어 보고서 "내가 예수도 알고 바울도 알거니와 너희는 누구냐"라고 말할까 봐 두려웠다(행 19:15).

교리적인 추론으로 가슴이 진정되지 않자 이번에는 회의론이란 무기를 꺼내들었다. '귀신 따위는 없을 거야. 삼촌이 귀신 이야기를 꺼낸 것은 우리 동네 주민이 집에 눈먼 절름발이 치와와밖에 없는데 도둑이 얼씬거리지 못하게 집 앞에 '개조심'이란 푯말을 세워 놓은 것과 같은 이유에서일 거야. 그냥 아이들이 잘 믿는 공포 이야기를 해서 우리가 교회 안에 함부로 들어가지 못하게 하려는 거지.'

하지만 이런 논리는 귀신보다도 더 무서웠다. 삼촌이 단지 우리의 행동을 통제하기 위해 초자연적인 것을 이용했다면 모든 사람이 다 그러는 것일까? 심지어 예수님도 그러신 것일까?

결국 나는 예배당 안을 재빨리 내달려 교제실에 들어갔다가 다시 정신없이 내달려 밖으로 빠져나왔다. 사택까지 돌아오는 데 꽤 시간이 걸렸기 때문에 삼촌은 내가 케이크 접시를 찾는 데 애를 먹은 줄로 생각했다. 하지만 그렇지 않았다. 용기 있는 척, 컴컴한 길에서도 전혀 두려워하지 않은 척 마음을 가라앉히느라 시간이 걸린 것이었다. 물론 나는 두려웠다. 하지만 두려워지는 것이 더 두려웠다. 그리고 무엇보다도 내가 두려워 보이는 것이 가장 두려웠다.

두려움이 주는 메시지

당시 내가 두려움이 주는 메시지를 듣는 법을 알았다면 인생, 특히 그리스도를 따르는 삶에 관한 핵심을 배웠을 것이다. 그때 나는 성경의 영웅들과 나 자신을 비교하면서 왜 나는 그들만큼 "강하고 담대하"지 못한 것일까 고민하기는 했지만(수 1:6) 당연히 광야의 엘리야라는 개념은 떠올리지 못했다. 하지만 엘리야의 위기가 우리에게 용기에 관해 가르쳐 준다면 먼저 우리는 엘리야가 애초에 왜 광야로 갔는지를 물어야 한다. 사실, 이것이 하나님이 두 번이나 던지신 질문이다. "네가 어찌하여 여기 있느냐"(왕상 19:9, 13). 그런데 두 번 다 엘리야는 자신의 외적인 상황을 나열했다. "내가 만군의 하나님 여호와께 열심이 유별하오니 이는 이스라엘 자손이 주의 언약을 버리고 주의 제단을 헐며 칼로 주의 선지자들을 죽였음이오며 오직 나만 남았거늘 그들이 내 생명을 찾아 빼앗으려 하나이다"(왕상 19:10, 14).

하지만 하나님은 이미 우리에게 엘리야가 그곳에 간 이유를 말씀해 주셨다. 이스라엘 왕의 이방인 부인 이세벨은 엘리야가 갈멜산에서 자신의 종교와 그 선지자들에게 굴욕을 주었다는 소식을 듣고서 다음날까지 엘리야를 죽이겠노라 맹세했다. 성경은 이후 상황을 담담하게 기록한다. "그가 이 형편을 보고 일어나 자기의 생명을 위해 도망하여"(왕상 19:3).

아마 정치 거물이 당신을 살해하겠다고 맹세할 일은 거의 없을 것이다(물론 시대와 장소에 따라 이런 일은 얼마든지 가능하다). 하지만 누구나 살다보면 살기 위해 도망칠 때가 있다. 용기의 의미를 이해하려면 두려움의 의미를 제대로 알아야 한다.

우리 부부의 첫 싸움은 아내가 나의 불면증을 해결해 주려고 하다가 벌어졌다. "아직 안 자요? 어서 자야 해요. 새벽 3시에 일어나야 하잖아요." 아내는 내가 다음날 해야 할 일을 계속해서 나열했다. 아내는 평생 불면증이라는 것을 경험해 본 적이 없는 사람이다. 아내는 베개에 머리를 붙이자마자 곯아떨어진다. 처갓집 식구들이 다 그렇다. 가족 여행을 가면 나만 깬 채로 아내와 처남들, 장인어른과 장모님이 의자에서 고개를 뒤로 젖히고 입을 벌린 채 곤히 자는 모습을 지켜본다. 결국 나는 아내에게, 좋은 뜻으로 자라고 하는 것인지 알지만 아무리 그래도 잠드는 시간만 더 지연시킬 뿐이라고 설명했다. 잠드는 것이 하나의 일처럼 되어 스트레스만 가중된다고 이야기했다. 의지로 잠에 빠져들 수 있는 사람은 거의 없다. 잠은 자려고 노력하지 않을 때, 아니 아무런 노력도 하지 않을 때 찾아오는 것이다.

우리가 두려움, 최소한 남들의 두려움에 대해서 나의 아내처럼 대응할 때가 많다는 생각이 든다. 크리스천들은 성경 전체에서 가장 많이 반복되는 명령이 "두려워하지 말라"임을 자주 언급한다. 이는 분명 맞는 말이다. 하지만 두려워하지 말라고 아무리 스스로에게 주지시켜도 두려움은 좀처럼 사라지지 않는다. 두려움의 이유가 그대로 남아 있을 때는 더더욱 그렇다. 물론 두려움은 현실과 상관이 없는 비이성적인 경우도 많다. 하지만 대개 우리가 두려워하는 것은 눈앞에 있는 것을 보지 못해서가 아니라 오히려 그것을 분명히 보기 때문이다.

새끼 돼지 구이 요리법을 소개한 잡지 기사를 흥미롭게 본 기억이 난다. 무엇보다도 사과를 입에 문 돼지가 통째로 접시 위에 올려져 있는 사진이 낯설어서 눈길이 갔다. 그런데 요리법을 읽고서는 온몸에 소름이 끼쳤다. "오븐을 150도 이상으로 가열하시오. 돼지를 준비하시오. 돼지를 흐르는 찬물에 속까지 다 씻은 다음, 목욕시킨 아이를 말리듯이 귀, 겨드랑이, 흉강, 얼굴, 다리, 무릎 뒤까지 완전히 말리시오."

나는 채식주의자가 아니지만 소름이 돋았다. 돼지 구이 요리법을 설명할 때 하필 어린아이를 목욕시키는 비유를 사용하다니! 나는 친구에게 이렇게 말했다. "꼭 헨젤과 그레텔에서 마녀가 아이를 오븐에 구우려고 준비하는 장면 같군."

물론 그 이야기에서는 붙잡힌 아이들이 마녀를 그 불에 밀어넣기는 한다. 생각해 보면 그 이야기는 에드거 앨런 포의 이야기와 다르지만, 처음부터 부모가 먹고 살기 힘들어서 아이를 버리는 무서운 장면으로 시작한다는 점에서는 꽤 비슷하다. 현시대의 아이들에게 들려주고 싶은 이야기는 절대 아니다. 우리는 아이들이 부모에게 버림을 받고 숲에서 길을 잃고 마녀에게 사로잡힌다는 생각을 꿈에서조차 하지 않기를 바란다.

하지만 시대가 항상 이러했던 것은 아니다. 옛 동화와 동요는 헨젤과 그레텔의 이야기와 매우 흡사하다. 하나같이 잔혹하고 폭력적이고 무시무시하다. 하지만 옛 세대들은 이런 이야기를 통해 아이들에게 공포를 심어 주려고 했던 것이 아니라 그들이 이미 느끼는 두려움을 이해하도록 하고 싶었던 것이다. 실제로 저자 모리스 샌닥(Maurice Sendak)은 한때 자신이 아동 서적을 쓰는 것이 두려웠던 이유에 대해 아이들의 경험을 감상적으로 해석하고 싶지 않기 때문이라고 말했다. 그가 인터뷰에서 한 말을 들어보자.

> "어린 시절을 생생하게 기억한다. 어릴 적의 나는 끔찍한 것들을 알았다. 하지만 내가 안다는 사실을 어른들에게 들키지 말아야 한다는 것도 알았다. 그것을 알면 어른들이 놀랄 것이기 때문이다."[1]

아이들은 자신이 무엇을 두려워하는지 정확히 표현하지는 못하지만 자신이 혼란스럽고 끔찍한 세상에 살고 있는 매우 연약한 존재라는 사실을 직관적으로 알고 있다. 그런 면에서 아이들은 어른들이 평생 부인하려고 애쓰는 뭔가를 이해하고 있는 셈이다.

인간이 느끼는 두려움

죽는 것과 고기가 되는 것이 왜 다른가? 이는 오래전 자연생태학자 데이비드 쾀멘(David Quammen)이 사랑하는 사람이 자동차 사고로 죽은 것보다 곰에게 잡아먹힌 것이 더 끔찍하게 느껴지는 이유에 관해 숙고하면서 던진 질문이다. 우리는 대부분 동물원의 안전한 창살 밖에서나 스크린을 통해서만 육식 동물을 보기 때문에 좀처럼 그런 끔찍한 생각을 하지 않는다.

쾀멘에 따르면, 그런 생각이 그토록 끔찍한 것은 잡아먹힌다는 생각이 우리의 연약함을 가장 생생하게 자각시키기 때문이다. 유사 이래로 대부분의 인간들은 한밤중에 자신을 잡아먹을 수 있는 짐승들의 울음을 듣거나 그런 짐승이 물속에 있는지 살펴본 경험을 가지고 있다. 쾀멘에 따르면 "가장 초기 형태의 인간 자각 중 하나는 자신이 고기가 될 수 있다는 자각[2]이다." 우리는 실재하는 생물이든 신화 속 생물이든 그런 생물에 매료되며, 그런 생물은 인간이 항상 먹이사슬의 최상위에 있지 않다는 사실을 상기시키기 때문에 이야기에 꾸준히 등장한다.

쾀멘은 심지어 성경도 창조 기사부터 시작해서 위험한 동물에 대한 관심을 보이고 있다고 말한다. 성경은 '환경'이라는 추상적인 관념보다 육식 동물 같은 피조 세계의 특정한 측면들과 인간의 관계에 더 관심을 갖는다. 쾀멘에 따르면, 구약 선지자들이 언급한 비틀거리는 뱀 혹은 용인 리워야단은 "최상위 포식자들의 원형"이다. 나아가, 성경의 영웅들은 흔히 위험한 짐승들을 죽이는 자들로 그려진다. 예를 들어, 다윗과 삼손이 들판에서 사자를 만난 이야기를 생각해 보라. 이런 이야기는 1세기에 히브리서 기자가 던진 질문과 맥을 같이 한다. 인류가 "땅에 움직이는 모든 생물을 다스리"기 위해 창조되었고(창 1:28) 만물이 인류의 "발 아래"에 있다면(시 8:6) 왜 아직 만물이 우리의 발 아래에 복종하지 않고 있는가?(히 2:8)

인류와 우주에 관한 진화론적 시각을 품든 인간의 존엄성과 유일무이함에 관한 성경의 시각을 품든, 실제로 우리가 흔히 보는 세상의 모습은 그리 만만치 않다. 오히려 우주는 애초에 우리를 죽이기 위해 만들어진 것처럼 보인다. 그리고 야생과 우리의 상상 속에 있는 최상위 포식자들이 계속해서 상기시켜 주는 것처럼 우리는 약한 존재들이다. 세상은 무섭고 육신은 약하다.

심리학자나 생물학자는 두려움을 설명할 때 '싸움 혹은 도망'(fight or flight)의 메커니즘이 작용한다는 말을 자주 한다. 물론 이는 생물이 위협을 만나면 본능적으로 폭력에 맞서거나 위협의 현장에서 도망치는 반응 중 하나를 선택한다는 개념이다. 우리가 갈매기 떼를 놀라게 하면 대개 녀석들은 사방으로 날아가 버린다. 하지만 오소리 무리를 놀라게 하면 오히려 우리가 꽁무니가 빠지도록 도망쳐야 할 것이다. 이 표현은 이제 너무나 유명해져서 심지어 고등학생들도 두려운 것들에 대한 인간의 반응을 이야기할 때 흔히 사용할 정도다.

하지만 크리스천들은 이 표현에 눈살을 찌푸린다. 그것이 인간의 독특성을 부인한다고 생각하기 때문이다. 크리스천들은 우리가 본능으로 행동하는 짐승과 달리 하나님의 형상을 따라 창조되었기 때문에 이성과 상상의 힘을 지니고 있다고 말한다. 물론, 맞는 말이다. 하지만 그것은 하나만 알고 둘은 모르는 소리다. 두려움은 얼마든지 우리를 짐승처럼 변하게 만들 수 있다.

이 망가진 우주에서 두려움은 고통과 비슷한 작용을 한다. 고통을 느낄 수 없는 사람은 약하지 않은 사람이 아니라 누구보다도 연약한 사람이다. 자신이 죽기 직전이거나 스스로를 죽이기 직전인 줄 모르니 얼마나 위험한가. 같은 맥락에서 성경은 생명체들의 '싸움 혹은 도망' 본능을 하나님의 선물로 묘사한다. 예를 들어, 하나님은 노아의 가족에게 이렇게 말씀하셨다. "땅의 모든 짐승과 공중의 모든 새와 땅에 기는 모든 것과 바다의 모든 물고기가 너희를 두려워하며 너희를 무서워하리니 이것들은 너희의 손에 붙였음이니라"(창 9:2).

하나님은 왜 이렇게 말씀하셨을까? 그 이유는 공원 관리인들이 방문객들을 향해 야생 동물들에게 먹이를 주지 말라고 경고하는 것과 같은 이유이다. 사슴이 인간을, 먹이를 주는 존재로만 여겨 인간에 대한 두려움을 잃어버리면 야생에서 생존할 수 없다. 포식자들을 경계하지 않는 사슴은 얼마 있지 않아 포식자의 먹잇감이 된다. 마찬가지로 사람이 추락을 두려워하지 않으면 죽는 줄도 모르고 지붕에서 마구 뛰어내리고, 불을 두려워하지 않으면 아무렇지도 않게 뜨거운 냄비에 손을 댈 것이다.

우리의 많은 두려움이 비이성적이고 비합리적이다. 삶을 돌아보면 우리가 걱정했던 일이 대부분 현실로 이루어지지 않았다는 사실을 알 수 있다. 지금 우리가 두려워하는 것들도 대개 우리를 해칠 가능성이 낮다. 예전에 알던 한 여성은 세상에서 코코넛이 가장 두렵다고 말했다. 이유를 묻자 그녀는 어깨를 으쓱하며 코코넛이 나무에서 떨어지면 자신의 머리통을 깨뜨릴 수 있다고 대답했다. 나는 일단 열대 지방에 휴가를 가지 말라고 조언해 주었다. 그런데 이것이 좀 비합리적인 두려움이긴 해도 이 두려움조차 실질적인, 곧 죽음에 대한 두려움에 근거하고 있다. 이것이 두려워하는 사람에게 등을 두드리며 "괜찮아질 거야" 혹은 "좋아질 거야"라고 위로하는 것이 별로 위로가 되지 않는 이유이다. 세상을 어느 정도 살아 본 사람이라면 모든 상황이 괜찮아지지 않는다는 것을 잘 알고 있다.

우리는 평생의 짝을 만나지 못할까 봐 두려워한다. 결혼을 해도 가정을 유지할 수 있을지 걱정한다. 가족이 먹을 것과 입을 것을 걱정하지 않도록 평생 경제 활동을 할 수 있을까? 경쟁에서 뒤처지지 않을 수 있을까? 부모(하다못해 우리의 머릿속에 있는 가상의 부모들이라도)가 자랑스러워하는 사람이 될 수 있을까? 무능력을 실감할 때 자신과 사랑하는 이들의 삶이 무너져 내릴까 봐 걱정한다. 그리고 무엇보다도 우리는 죽음을 두려워한다. 이 모든 두려움은 상상 속의 두려움만이 아니다.

광야로 도망한 엘리야

시인 데이비드 와이트(David Whyte)는 진정한 용기가 "강한 취약성"(robust vulnerability)에서 비롯한다고 말한다. 그래서 좀처럼 그것이 용기처럼 느껴지지 않을 수도 있다. 그는 이렇게 말한다.

> "내면에서는 혼란처럼 느껴질 수 있다. 나중에서야 우리가 정말로 소중히 여기는 것을 서서히 깨닫고 우리의 외적 삶이 그쪽으로 재조정된다. 성숙해지면 그런 강한 취약성이, 전진하기 위한 유일한 길이요 유일한 진정한 초대이며 발을 내딛기에 가장 확실하고 안전한 기초처럼 느껴지게 된다. 내면에서 우리가 누구이며 무엇을 어떻게 사랑하는지, 그 사랑을 깊게 하기 위해 우리가 무엇을 할 수 있는지를 알게 된다. 외부에서 볼 때만, 되돌아볼 때만, 그것이 용기처럼 보인다."[3]

엘리야가 두려움에 빠져 광야로 도망친 것은 이성적이고 합리적인 행동이었다. 이세벨은 정말로 그를 죽일 작정이었고 그럴 수 있는 힘도 충분했다. 왕실은 군대와 정보기관과 비밀 경찰을 모두 보유하고 있는 반면, 엘리야는 맞서 싸울 작은 저항군조차 가지고 있지 못했다. 심지어 그를 숨겨 줄 만한 마을도 없었다. 하지만 이는 하나님의 계획이 어긋난 상황이 아니라 오히려 계획의 일부였다. 하나님은 엘리야를 그 이전과 이후의 수많은 사람들처럼 광야에서 만나 주실 계획이었다.

엘리야의 두려움은 용기의 상실이 아닌 용기로 가는 길이었다. 사실, 두려움이 없으면 용기를 내는 일은 불가능하다. 철학자 요셉 피퍼(Josef Pieper)는 용기에 관해서 이렇게 주장했다.

"용기는 취약성을 전제로 한다. 취약성 없이는 용기의 가능성도 없다. 천사는 취약한 부분이 없기 때문에 용감해질 수 없다. 사실, 용감하다는 것은 상처를 견딜 수 있다는 뜻이다."[4]

다시 말해, 상처를 입을 수 있고 그 사실을 스스로 알 때만 용기가 생길 수 있다. 이것이 광야에서 두려움에 떨었던 엘리야에 관한 이야기가 "이렇게 하지 말라"라고 경고하는 이야기라기보다는 하나님이 미래를 위해 종의 내면에 용기를 형성시키시는 이야기인 이유이다.

두려움에서 끝난다면 그것은 전혀 용기가 아니다. 이것이 '싸움 혹은 도망'의 개념이 인간에게 그토록 잘 적용되는 이유이다. 대부분의 사람들은 '도망'을 비겁한 행위로 본다. 위험을 피해 줄행랑을 치는 것으로 생각한다. 하지만 도망이 항상 비겁한 것은 아니다. 예수님은 군중이 그분을 억지로 왕으로 삼으려고 할 때 그들을 피하셨다(요 6:15). 고향 사람들이 그분을 벼랑 아래로 떨어뜨리려고 할 때는 고향을 떠나셨다(눅 4:29-30). 그리고 주변에서 벌어지는 논쟁에 참여하지 않을 때가 많으셨다. 예를 들어, 유산을 둘러싼 가족 분쟁에 관여하시지 않았고, 성전세를 내셨으며, 종교 지도자들과의 신학적 논쟁을 피하곤 하셨다. 하지만 주변의 논쟁에 직접적으로 참여하실 때도 있었다.

비겁한 '도망'은 성령의 인도하심이 아닌 자기보호의 욕구에서 비롯된다. 그리고 인간에게 자신을 보호하려는 욕구가 있는 이유는 타락했기 때문이다. 한 독일 신학자는 이렇게 썼다.

> "자기보호는 모든 생명의 원칙이 되었다. (죄가 세상이 들어온 뒤) 모든 생명은 자신이 죽을 수밖에 없음을 의식하고 있기 때문이다. 그래서 어떻게든 죽음을 거부하고 자신을 유지하려고 한다. 물론 그래 봐야 아무런 소용이 없다. '죽기를 무서워'하는 것에 '한평생 매여 종노릇하는' 것이 바로 이런 상황을 두고 하는 말이다(히 2:15). 죽음을 두려워하는 것이 생명의 원칙이다."[5]

주변에서 논쟁이 벌어질 때마다 사사건건 참여하는 것은 그리스도의 길이 아니다. 다만, 그런 자리를 피할 때는 두려움이 아닌 지혜로 해야 한다. 한 젊은 흑인 미국인이 내게 짐 크로우 시대에 인종 정의를 위해 목소리를 높인 남부 백인 목사들의 기념비가 없는 이유를 물은 적이 있다. 나는 기념비가 없는 것이 그런 목사가 없어서가 아니라(분명 있다) 우리가 대개 그들의 이름을 모르기 때문이라고 대답했다. 인종 정의를 위해 목소리를 높였던 목사들은 즉시 파문을 당해 식당 종업원이나 부두 노동자나 고등학교 교사 등으로 지내며 평생을 살았다. 이에 많은 목사들은 자신도 그렇게 될 수 있다는 두려움에 빠져 교인들이 기꺼이 인정하는 죄(간음, 술 취함, 불효)에 대해서는 목소리를 높였지만 성경에서 반복적으로 말하는 이슈, 곧 핍박당하는 약자들을 위해 일어설 필요성에 관해서는 이상할 정도로 침묵했다. 그들은 내심 잘못인 줄 알면서도 자신들의 영향력을 가장 효과적으로 사용하기 위해 잠시 숨을 죽이는 것일 뿐이라고 스스로를 속였다. "내가 해고되면 극단적인 분리주의자가 내 자리에 들어올 뿐이다. 말할 때가 오기 전까지 기다리는 편이 현명하다." 물론 이는 마틴 루터 킹 주니어(Martin Luther King Jr.)가 '버밍햄 감옥에서의 편지'(Letter from Birmingham Jail)에서 비판했던 비겁한 반응일 뿐이다.

자기보호의 몸짓들

두려움으로부터의 '도망'은 공공연한 퇴각과는 다른 방식으로 나타날 수도 있다. 행복한 가정에서 자란 코미디언이 별로 없다는 사실을 아는가? 그들의 자서전에는 대개 고통과 따돌림에 관한 어두운 경험이 가득하다. 그들은 깊은 고통을 이겨내기 위한 방어기제로 유머를 사용한다. 이런 유머가 고통을 누그러뜨리는 좋은 기능을 하기도 하지만, 자칫 삶으로 굳어질 수도 있다. 나도 누군가가 나를 칭찬하거나 의미심장한 말을 하면 우스갯소리로 넘기는 버릇이 있다. 이 글을 쓰기 직전에 한 친구가 내 앞에서 이렇게 말했다. "자네가 나와 내 가족에게 얼마나 중요한지 모르겠네." 나는 너무 진지한 그 순간이 어색해서 즉시 우스갯소리로 분위기를 전환시켰다.

마찬가지로, 자멸적인 부도덕도 비겁한 도망의 한 형태인 경우가 많다. 내가 극심한 고난의 시기를 지날 때 비슷한 일을 겪은 적이 있던 한 지인이 전화를 걸어와 이렇게 말했다. "자네는 나의 전철을 밟지 않기를 바라네." 그에게 어떤 행동을 했냐고 물었더니 괴롭고 고통스러운 시절에 포르노에 빠졌다고 했다. 이 외에 마약이나 술 등에 중독되는 사람도 있다. 지인의 경우, 성적 흥분을 과도하게 추구하기보다 오히려 오르가즘으로 인한 '작은 죽음'(오르가즘으로 실신과 유사한 상태 혹은 실제로 실신한 상태를 지칭하는 속어-역주) 속으로 도망쳤다. 실제로 내 주변에서 불륜으로 깨어진 가정들을 살펴본 바에 따르면 부부간의 성적 불만족이 원인인 경우는 거의 없다. 대개는 권태, 책임감에 대한 두려움, 궁극적으로는 죽음에 대한 두려움이 원인이었다. 상대방이 나를 좋아할까 고민하거나 남몰래 연애를 즐기면 죽음의 순간에서 멀어져 아련한 10대 시절로 회춘한 기분을 느낀다. 사도 바울은 죽을 때까지 두려움에 사로잡혀 사는 이런 비겁의 길을 육신의 길이라고 부르며 경계했다(롬 8:12-13).

하지만 '싸움'도 '도망'만큼이나 비겁할 수 있다. 때로는 더할 수도 있다. 다시 말하지만, 올바른 의미에서의 싸움은 하나님을 따르는 삶의 일부이다. 예수님은 양 떼를 쓰다듬는 것보다는(물론 양 떼를 쓰다듬고 먹이는 것도 목자의 중요한 역할 중 하나이지만) 위험 신호가 나타나면 도망치지 않고 도둑과 육식 동물들에 맞서 싸운다는 의미에서 자신을 목자라고 부르셨다(요 10:11-14). 특정한 종류의 '싸움'은 용감하다는 인상을 심어 준다. 조금 다르긴 하지만, 오즈의 마법사의 사자는 크기와 힘 때문만이 아니라 잠재적 위험 앞에서 보여 주는 첫 반응 때문에 토끼보다 더 용감해 보인다. 그 반응은 바로 도망치지 않는 것이다. 사자들은 좀처럼 도망치지 않는다.

또 사도 바울은 디모데에게 "어리석고 무식한 변론"에 참여하지 말라고 경고했다. 그것은 그런 변론이 "다툼"을 낳고 "주의 종은 마땅히 다투지" 말아야 하기 때문이다(딤후 2:23-25). 이런 종류의 '싸움'은 의미 있는 것을 이루기 위함이 아니라 '투사'의 이미지를 풍기거나 상대편을 굴복시켜 자신을 보호하기 위함이다. 문제는 다툼을 일으키기 좋아하는 사람들이 흔히 자신을 용감하게 생각한다는 것이다. 그들은 엘리야가 바알에게 맞서고 바울이 갈라디아 이교도들에게 맞선 것처럼 자신들이 '진리를 위해 일어서고' 있다고 착각한다. 하지만 끊임없이 다툼을 일으키는 사람들은 대개 어떤 종교에 몸을 담고 있는지와 상관없이 끊임없이 다툼을 일으킨다. 그들의 목적은 사람들을 진리 쪽으로 이끄는 것이 아니라 그냥 싸움 자체이다. 이것이 바울의 말처럼 논쟁이 어리석고 무지한 이유이다. 이런 종류의 '싸움'은 우리를 강하게 만드는 것이 아니라 더 약하게 만들 뿐이다.

모든 위협이 존재론적 위협은 아니다. 다투는 것은 더 '행동력 있는' 것처럼 보이는 반면, 영적 전쟁(분주한 활동이 아니라 영적 수단으로 하는 것, 따라서 총을 쏘는 것보다는 누룩을 키우고 씨앗에 물을 주는 것처럼 보인다)은 '항복'이나 '수동적'이게 보인다. 하지만 이것은 용기와 진정한 싸움의 의미에 관한 우리의 왜곡된 시각 때문일 뿐이다.

복음서의 예수님과 시몬 베드로의 차이를 눈여겨보라. 용기를 공격과 분주한 활동으로 보면 베드로는 용감한 반면, 예수님은 약하고 소심해 보인다. 베드로는 언제라도 '싸울' 준비가 되어 있는 사람이었다. 예수님이 임박한 죽음에 관해 말씀하시자 베드로는 강한 어조로 그분의 '약함'과 '항복'에 이의를 제기했다. 그는 감옥에 가고 심지어 목숨을 잃을 때까지 싸울 작정이었다(마 26:33-35; 막 14:29-31; 요 13:37-39). 그리고 그는 실제로 그렇게 했다. 즉 예수님이 체포당하시자 그는 대번에 검을 꺼내 로마 병사의 귀를 잘랐다. 하지만 예수님은 이 모든 열심의 한가운데 무엇이 있는지를 아셨다. 그리고 새벽닭이 울기 전에 베드로의 '싸움'이 '도망'으로 전락하리라 예언하셨다. 새벽닭의 울음소리를 들은 베드로는 주저앉아 "울었다"(막 14:72).

두려움에서 비롯한 베드로의 싸움은 무익했을 뿐 아니라 메시아의 사명에 방해가 되었다. 그래서 예수님은 의기양양한 시몬 베드로를 "사탄"이라고 부르셨다(마 16:23). 그것은 베드로의 행동이 사탄의 경우처럼 두려움에서 비롯한 광분이었기 때문이다. 사탄은 궁지에 몰린 짐승처럼 "자기의 때가 얼마 남지 않은 줄을 알므로 크게 분내"는 자이다(계 12:12). 사탄을 무너뜨리는 자들은 불같은 분노가 아니라 상대적으로 약해 보이는 수단을 사용한다. 그것은 바로 십자가의 피와 자신들의 증언이다(계 12:11).

예수님은 진정한 전쟁이 무엇인지 아셨다. 그것은 인류를 육신의 종노릇과 사탄의 참소에서 구원하고 승리를 이룰 수 있는 유일한 전쟁이다. 검과 마술이 아닌 희생으로 치르는 전쟁이다. 군중은 바라바를 원했다(눅 23:25). 바라바는 열성당원이요 반정부 '전사'였다. 그는 모욕 앞에서 다른 쪽 뺨을 돌려대고 져 줌으로써 이긴다는 '항복'의 언어를 구사하는 그리스도에 비해 훨씬 강해 보였다. 바라바를 원하는 인간 성향은 새로운 모습이 아니다. 자신을 보호하기 위해 애굽의 화력에 의존했던 이스라엘 백성들의 모습에서도 동일한 모습을 볼 수 있다(사 30-31장). 우상들이 잠식한 성전 안에 있는 것이 진짜 위험이었으나 그들은 그 사실을 무시했다. '싸우되' 적을 알고 제대로 싸우지 않는 자들은 옆방에서 가족들이 생명의 위협을 받는데 그저 분을 풀기 위해 주먹으로 벽을 치는 자와 다름이 없다. 그렇게 혼자 성을 내고 나면 자신의 기분은 풀릴지 몰라도 진짜 위험을 다루는 데는 아무런 도움이 되지 않는다.

소설 *The Moviegoer*(영화광)에서 워커 퍼시(Walker Percy)는 인생의 위기에 처한 뉴올리언스 교외의 증권 중개인 빙크스 볼링(Binx Bolling)이 우울증에 시달리다가 극심한 논란을 일으키고 있는 보수주의와 진보주의 잡지들을 읽기 위해 도서관에 간 장면을 묘사한다. 볼링은 이렇게 말한다.

"내가 진보주의자인자인지 보수주의자인지는 모르겠지만, 서로가 미워하는 것을 보니 살맛이 나는군. 사실, 내게는 이 미움이 세상에 존재하는 몇 안 되는 생명의 흔적이야. 세상이 거꾸로 뒤집혔어. 그러니까 친절하고 좋은 사람들은 죽은 것 같고 미움이 가득한 사람들만 살아 있는 것 같다니까."[6]

집을 나설 필요도 없이 우리 모두가 지금 이런 도서관에 있다. 언쟁의 본질은 다 같다. 언쟁은 상대편을 설득하거나 세상을 좋게 변화시키기 위한 것이 아니라 자신이 살아 있는 기분을 느끼기 위한 것이다.

두려움 앞에서 '싸움'과 '도망'의 본질은 사실상 같다. 둘 다 자기보호의 몸짓이다. 유진 피터슨(Eugene Peterson)은 두 가지 골격 시스템의 차이에 주목했다. "발달의 초기 단계에는 외골격을 가진(게나 딱정벌레처럼 뼈가 외부에 있는) 생명체가 위험에서 보호를 받는 데 유리하다."

하지만 장기적으로는 그렇지 않다. "기억이 없기 때문에 발전이 없다." 피터슨은 계속해서 이렇게 말했다.

"내골격을 가진(고양이나 인간처럼 뼈가 내부에 있는) 생명체는 외부 위험에 크게 노출되어서 처음에는 훨씬 불리하다. 하지만 남들의 자상한 돌봄과 보호를 통해 살아남으면 훨씬 더 높은 형태의 의식을 형성할 수 있다."[7]

피터슨은 누구보다도 예수님께 영생의 길을 물었던 부자 청년에게서 이런 '외골격' 정신이 분명하게 보인다고 말했다. "그의 물질과 도덕적 성취는 외피처럼 모두 외부에 있었고, 그것들이 그를 이웃과 하나님에게서 분리시켰다."

대부분의 사람들이 이와 같다. 자신의 주변에 방어막을 치기 원한다. 어떤 이들은 강하고 독선적인 주장으로 방어막을 치고, 어떤 이들은 벽을 쌓음으로써 방어막을 친다. 둘 다 자신을 변화시킬 수 있는 길로 가는 것이 아니라 자신을 보호하기 위해 본능에 따라 행동한다. 변화를 위해서는 모험이 필요하다. 게나 딱정벌레의 수단을 사용해서는 만날 수 없고 어린아이의 잠재력을 통해서만 만날 수 있는 모험을 필요로 한다.

두려움은 우리를 바로 이런 어린아이의 잠재력으로 이끈다. 어린아이를 떠올리면 용기나 용감함은 생각나지 않는다. 팀 이름을 '엉엉 우는 아기'로 짓는 스포츠 팀은 없다. 아이들은 겁을 먹은 친구를 보면 "아기처럼 굴지 마!"라며 놀린다. 이유는 뻔하다. 인간의 아기는 '내골격'의 전형적인 예이기 때문이다. 아기는 정수리가 취약하고 목은 꼿꼿이 서 있지 못한다. 아기에게는 세상의 대부분이 두려운 대상이다. 식탁에서 접시가 떨어지는 소리가 마치 폭탄이 터지는 소리처럼 들릴 수 있다. 엄마가 다른 방으로 갈 때마다 '헨젤과 그레텔'이 버림을 받은 것처럼 느낄 것이다. 그리고 이 모든 두려움 앞에서 아기가 할 수 있는 반응은 그저 우는 것뿐이다. 바로, 이것이 요점이다. 두려움은 우리를 이와 같은 절박감과 무기력감으로 이끌어 간다.

크리스천과 두려움

내가 이 책을 쓰는 지금, 세상은 팬데믹의 수렁에 빠져 있다. 교회도 방역을 위해 대면 모임을 멈추어야만 했다. 심지어 부활절 주일에도 비대면으로 모였다. 이번 부활절은 내 평생에 교회 밖에서 보낸 첫 번째 부활절이었다. 실제로 내가 아는 대부분의 교회 건물이 텅텅 비었다. 이 질병이 얼마나 심하게 퍼졌는지, 교회력에서 가장 거룩한 날로 지정된 때에, 대부분의 크리스천들은 교회에 갈 수 없었고 그로 인해 내면에는 두려움이 가득했다.

얼핏 두려움은 부활절과 어울리지 않아 보인다. 부활절 찬송가들도 하나같이 두려움과는 거리가 멀다. "거기 너 있었는가, 그때에"(Were You There When They Crucified My Lord)는 곡조와 가사가 둘 다 침울하지만 "주님 무덤에서 일어나"(Up From the Grave He Arose)는 애국가나 광고용 노래로 어울릴 만큼 신이 난다. 어떤 면에서는 이것이 맞다. 성금요일에 우리는 모든 것을 잃고 정오의 하늘마저 검게 변했을 때 제자들이 느꼈던 감정을 느껴야 한다. 반면, 부활절에는 새로운 동이 트는 것을 보아야 한다 "모든 슬픈 것이 회복되고 있다는" 사실을 다시 기억해야 한다.

하지만 복음서의 기록들은 두 가지 감정으로 깔끔하게 정리되지 않는다. 부활에 대한 첫 반응은 혼란과 두려움이었다. 마태의 기록에 따르면 무덤 앞에 경비병들은 천사를 보고서 "떨며 죽은 사람과 같이" 되었다(마 28:4). 물론 이들은 무덤을 "힘대로 굳게" 지키라는 명령을 받은 자들이니 문책을 받고 목이 달아날까 봐 두려워하는 것이 당연했다(마 27:65). 하지만 이들만 그런 것이 아니다. 천사가 믿음의 여인들인 막달라 마리아와 다른 마리아에게 전한 말은 다음과 같았다. "너희는 무서워하지 말라 십자가에 못 박히신 예수를 너희가 찾는 줄을 내가 아노라 그가 여기 계시지 않고 그가 말씀하시던 대로 살아나셨느니라"(마 28:5-6).

성경에 따르면 이 여성들은 "무서움과 큰 기쁨으로"(마 28:8) 무덤을 떠나 가다가 곧바로 부활하신 예수님을 만났다. 그때 예수님의 첫마디는 "무서워하지 말라"였다(마 28:10). 가장 오래된 마가복음 사본들은 여성들이 빈 무덤을 떠나 다른 제자들에게 가는 장면을 이렇게 묘사한다. "여자들이 몹시 놀라 떨며 나와 무덤에서 도망하고 무서워하여 아무에게 아무 말도 하지 못하더라"(막 16:8).

덜 충격적인 부활, 그러니까 여름이 점점 포근한 봄에 자리를 내어 주는 것 같은 자연스러운 흐름으로서의 부활을 상상해 볼 수는 있다. 하지만 진짜 부활은 다르다. 부활은 무엇보다도 먼저 두려움을 일으키는 일이었다. 어떤 이유일까?

그것은 부활이 인간의 불멸에 관한 이야기가 아니기 때문이다. 부활은 무덤에서 시작된다. 그리고 무덤은 우리 모두가 왔던 대로 돌아갈 수밖에 없다는 사실을 기억나게 한다. 이것이 예수님이 마르다에게 "나는 부활이요 생명이니"라고 말씀하신 이유이다(요

11:25). 예수님은 "자기 속에 생명"이 있는 유일한 분이시다(요 5:26).

물론, 결국 예수님의 부활은 모든 두려움을 흩어버린다. 예수님의 부활은 우리를 죽음에 대한 두려움의 종노릇에서 해방시킨다(히 2:14-15). 하지만 그 자유는 우리가 흔히 좋는 방식으로 찾아오지 않는다. 즉 해방은 현실 부인과 불멸의 환상을 통해서 찾아오지 않는다. 예수 부활의 영광과 신비를 제대로 보기 위해서는 먼저 그분을 떠나서는 우리가 죽어 마땅하다는 현실을 절실히 느껴야 한다. 부활은 그리스도 안에 숨겨진 우리의 생명을 본다는 뜻이다. 우리 스스로는 살아 있으나 죽은 상태나 다름없다는 사실을 깨닫는다는 뜻이다. 부활은 어디든 그분이 가고 그분이 계시는 곳으로 따라간다는 뜻이다. 그렇다면 부활절은 십자가를 짊어지는 삶이 끝나는 것이 아니라 오히려 시작되는 시간이다.

이것을 생각할수록 두렵다. 그리고 예수님은 우리가 이것에 대하여 생각하기를 원하신다. 그때 비로소 우리와 함께 사망의 어두운 골짜기를 통과하는 목자의 음성을 들을 수 있다. 그때 비로소 "살아 계신 주 … 걱정 근심 전혀 없네"라는 고백의 의미를 진정으로 이해할 수 있다.

사도 바울은 "육신"의 길이 "무서워하는 종"의 상태로 이어진다고 말했다(롬 8:12-15). 하지만 그의 표현을 보면 이런 상태에 있는 사람들은 대개 자신이 노예 상태나 두려워하는 상태에 있다고 생각하지 않는다. 그들은 자신의 두려움에 자기방어적인 자세로 대응한다. 그 방법은 육신의 소욕을 추구하고(롬 8:12), 이 세상의 저급한 힘들에 의존하고(갈 4:3, 8-10), 세상의 규칙들을 지키고(골 2:20-23), 끝없는 논쟁과 분쟁으로 서로를 헐뜯는 것(갈 5:15-25)이다.

반면, 성령으로 사는 사람들은 두려움을 느낀다. 그들은 자신의 내적 수단이나 외적 수단을 포기하고서 절박하게 "아빠 아버지"(롬 8:12-17)라고 부르짖기 때문에 용기가 부족해 보일 수 있다. 그러나 분명한 것은 용기는 도와달라는 외침으로 시작된다는 점이다. 이것이 엘리야가 광야로 이끌려 간 이유이며 당신이 광야로 이끌려 가게 될 이유이다.

엘리야는 어둡고 마른 땅으로 갔다. 그곳은 곧 그의 조상들이 애굽에서 나올 때 걸었고 그의 후손들이 다시 걷게 될 땅이다. 약속의 땅에 들어갈 때의 이스라엘 백성들은 사나운 가나안 주민들로 인해 두려워 떨었다. 그러자 하나님은 "그들을 무서워하지 말라 두려워하지 말라"라고 말씀하셨다(신 1:29). 그런데 이 격려는 우리 대부분이 원하는 것과 함께 찾아오지 않았다. 하나님은 두려워하지 말아야 하는 이유로 이스라엘 백성들이 가나안 주민들보다 강하다는 점을 말씀하시지 않았다. 하나님은 이스라엘의 전성기를 상기시키며 과거에 더 큰 어려움도 극복했으니 이번에도 충분히 극복할 수 있을 것이라는 식으로 말씀하시지 않았다. 오히려 강력한 요새 앞에서 하나님은 이스라엘 백성들이 집 없이 떠돌던 시절을 상기시키셨다. 거인들 앞에서 하나님은 이스라엘 백성들이 그분께 철저히 의지하던 시절을 상기시키셨다. "너희보다 먼저 가시는 너희의 하나님 여호와께서 애굽에서 너희를 위하여 너희 목전에서 모든 일을 행하신 것 같이 이제도 너희를 위하여 싸우실 것이며 광야에서도 너희가 당하였거니와 사람이 자기의 아들을 안는 것 같이 너희의 하나님 여호와께서 너희가 걸어온 길에서 너희를 안으사 이곳까지 이르게 하셨느니라"(신 1:30-31).

두려움은 엘리야를 어린아이처럼 하나부터 열까지 하나님께 돌봄을 받는 상태로 이끌었다. 먹을 음식이며 잠자리와 울음을 달래 주는 것까지 그는 철저히 하나님께 의존하는 상태가 되었다. 이것이 우리가 자신을 의지하는 데서 벗어나 복음을 의지할 때 두려움이 이끄는 방향이다. 이 경우, 두려움은 단순한 반응이 아니라 계시이다.

성경 인물들이 보인 두려움

매년 성탄절 시즌에는 "1년 중 가장 놀라운 시간"(It's the Most Wonderful Time of the Year)이라는 노래를 들을 수 있다. 그 노래의 가사 중에는 이런 내용이 있다. "파티가 열리고 마시멜로 굽는 냄새, 눈밭에서 부르는 캐럴, 무서운 유령 얘기도, 옛날 옛적 영광스러운 크리스마스 이야기도 들리지."

누가 성탄절에 무서운 유령 이야기를 할까? 한번은 이 노래처럼 책장에서 에드거 앨런 포의 책을 꺼내 우리 아이들에게 읽어 줄까 하는 생각을 잠시 해 봤지만 지체 없이 내 양심이 고개를 내저었다. "안 돼!" 두려움과 성탄절은 절대 섞일 수 없어 보인다. 하지만 사실은 섞일 수 있다.

성육신의 이야기에는 두려움이 가득하다. 단, 각기 완전히 다른 방향으로 향하는 두 가지 두려움이 보인다. 이스라엘의 왕 헤롯은 약속된 다윗의 자손이 태어났다는 소식을 듣고 두려움에 빠졌다. 자신의 왕조가 멸망할 것이라고 생각했기 때문이다(장기적으로는 맞는 말이다). "헤롯 왕과 온 예루살렘이 듣고 소동한지라"(마 2:3). 이 두려움은 아합과 이세벨의 경우처럼 '싸움'으로 반응한다. 즉 헤롯은 "이스라엘을 괴롭게 하는 자"가 무사히 성인으로 자라 자신의 목숨을 노리기 전에 아예 자국 내의 모든 남자 아이를 죽이기로 마음을 먹었다. 공격이 최선이라고 생각하는 사람들에게는 이런 반응이 힘이요 승리처럼 보인다. 하지만 사실 이는 위협 앞에서 겁을 먹은 이가 보이는 절박한 반응일 뿐이다.

목자들도 두려움을 느꼈다. 목자들이 밤에 양 떼를 돌보는데 갑자기 천사들이 주변을 둘러쌌다. "주의 영광이 그들을 두루 비추매 크게 무서워하는지라"(눅 2:9). 목자들이 두려워하지 않고 혹시 천사들이 공격을 해도 막대기와 지팡이로 가뿐히 물리칠 수 있다고 자신했다면 그것은 용감한 것이 아니라 기껏해야 자신을 속이는 것이요 과장되게 말한다면 미친 짓이다. 두려움 속에서 그들은 그 두려움을 쫓아내는 하나님의 전언을 들었다. "무서워하지 말라 보라 내가 온 백성에게 미칠 큰 기쁨의 좋은 소식을 너희에게 전하노라"(눅 2:10).

그리고 나서 "천사들이 떠나 하늘로 올라가니 목자가 서로 말하되 이제 베들레헴으로 가서 주께서 우리에게 알리신 바 이 이루어진 일을 보자 하고"(눅 2:15). 여기서 두려움은 위로의 말로 이어지고, 다시 계시로 이어졌다. 그리고 계시는 모두 달랐지만 같은 결론으로 끝맺는다. 결론은 뜻밖의 장소에서 그리스도의 영광이 나타나는 것이다.

이는 성경에 나타나는 패턴 중 하나이다. 이 목자들처럼 이사야는 하나님의 영광을 보고 두려움에 떨며 부르짖었다. "화로다, 나여!" 그러자 하나님은 사명을 알려 주시는 말씀으로 그 두려움을 쫓아내셨다(사 6:5). 먼 훗날의 목자들처럼 이사야의 두려움은 영광을 본 것에서 비롯했다. 그리고 그 영광은 추상적인 것이 아니었다. 그것은 이름과 얼굴과 혈액형을 가진 사람의 모습이었다. 요한은 그 기록을 인용해서 이렇게 썼다. "이사야가 이렇게 말한 것은 주의 영광을 보고 주를 가리켜 말한 것이라"(요 12:41).

하지만 이야기는 여기서 끝나지 않는다. "그러나 관리 중에도 그를 믿는 자가 많되 바리새인들 때문에 드러나게 말하지 못하니 이는 출교를 당할까 두려워함이라"(요 12:42). 차이는 두려움이 있느냐 없느냐가 아니라 어떤 영광을 추구하느냐에 있었다. "그들은 사람의 영광을 하나님의 영광보다 더 사랑하였더라"(요 12:43).

영광은 두 가지 반응 중 하나를 이끌어 낸다. 두려워하며 하나님의 영광을 위해 달려간다. 아니면 두려워하며 자신의 영광이나 우리에 관한 남들의 생각 아래에 숨는다. 베들레헴의 목자들은 두려움에 사로잡혔는데 우리는 그 이유를 상상할 수 있다. "무서워하지 말라"라는 말을 한 천사들이 꼭 날개 달린 귀여운 아기 천사들이 었다고 말할 수는 없을 것이다. 정황으로 보았을 때 오히려 무시무 시한 전사들의 군대였을 가능성이 높다. 그날 밤 그들이 전한 이야 기는 마치 무서운 유령 이야기처럼 들렸을 것이다. 두려움 속에서 시작되어 영광이 충만한 광활한 들판에서 충격과 공포로 마무리되 는 이야기였을 것이다.

하나님이 우리에게 다가오시는 모습이 언제나 이와 같다. 요 한은 이렇게 말했다. "빛이 어둠에 비치되 어둠이 깨닫지 못하더 라"(요 1:5). 이 세상에 들어오실 때도 예수님은 죄와 죽음과 악에 물 든 세상의 어둠과 공포를 비켜 가시지 않았다. 예수님은 공포의 한 복판으로 곧장 들어오셨고, 그분의 생명과 피로 그 공포를 흩어 버 리셨다. 설 수 있는 유일한 용기는 두려움을 모르는 천성이 아니라 예수 그리스도가 어둠과 공포를 정면 돌파하신 것을 앎에서 흘러나 온다.

용기가 두려움이 없는 상태라면 예수님은 베드로가 풍랑이 이 는 갈릴리 바다 위를 걸어 다가왔을 때 크게 칭찬하셨을 것이다. 하 지만 오히려 예수님은 베드로를 잠시 물에 빠져 공포에 휩싸이게 하셨다. 예수님이 "무서워하지 말라"라고 말씀하신 것은 베드로가 물에 빠지지 않을 것이기 때문이 아니라 '그분'이 빠지지 않을 것이 기 때문이었다. 베드로는 두려움을 통과해서 예수님이 서 계신 곳 으로 갔다. 엘리야도 그러했고, 당신도 그럴 것이다.

무엇을 두려워하는가

필시 엘리야는 주변 사람들과 자신을 비교하며 자신이 누구보다도 용감하다고 생각했을 것이다. 그리고 실제로 그는 그렇게 생각할 만했다. 그가 아니면 누가 감히 아합에게 맞섰겠는가. 그가아니면 누가 바알 선지자들과 싸워 이길 수 있겠는가. 하지만 흔들림 없는 용기를 얻기 위해 엘리야는 자신의 한계 끝까지 내몰려야만 했다. 자녀를 사랑하시고 자녀 옆을 지켜 주시는 하나님 안에서진정한 용기를 찾기 위해서는 먼저 두려움을 느껴야 했다. 중요한것은 두려움을 느끼는 것이 아니다. 중요한 것은 무엇을 두려워하느냐이다. 예수님은 이렇게 말씀하셨다. "몸은 죽여도 영혼은 능히죽이지 못하는 자들을 두려워하지 말고 오직 몸과 영혼을 능히 지옥에 멸하실 수 있는 이를 두려워하라"(마 10:28).

중요한 것은 두려움이 우리를 어디로 이끄느냐이다. 자기보호로 이끄는가, 아니면 믿음으로 이끄는가? 후자의 경우만 용기라고불러야 마땅하다.

엘리야의 이야기를 사회진화론의 시각(Social Darwinian eyes, 이 시대의 다수 의견)에서 보면 엘리야는 겁쟁이고 아합과 이세벨은 용감하다고 결론을 내릴 수밖에 없다. 왜냐하면 엘리야는 두려움에 빠져도망친 사람이었고, 아합과 이세벨은 단호하고 과감한 행동을 취한사람들이었다. 아합과 이세벨은 군사 작전을 명령한 반면, 엘리야는 죽여 달라고 애원할 정도로 나약했다. 하지만 사실 아합과 이세벨이 겁쟁이였다. 이스라엘에 바알 신상이 존재한 이유 자체가 두려움 때문이었다.

아합과 이세벨은 각기 적국 출신으로서 혼인을 했다. 그것은 로미오와 줄리엣처럼 국경을 초월한 사랑을 했기 때문이 아니었다. 두 사람의 혼인은 철저한 정략결혼이었다. 둘의 결혼은 서로와 적들의 위협을 해소하기 위한 지정학적 동맹의 일환이었다. 나아가, 이런 동맹에 참여한 사람들은 왕실에 대한 두려움이 가득했다. 그들은 엘리야처럼 자신들도 목숨의 위협을 받아 쫓기고 싶지 않았다. 그리고 그때나 지금이나 승진 혹은 목숨을 잃을까 봐 두려워서 왕이 듣고 싶은 이야기만 앵무새처럼 읊어대는 왕실 선지자들이 존재한다. 이는 비겁한 모습이다.

엘리야는 두려웠다. 광야에서 그 두려움은 극에 달했고, 그 과정에서 그는 용기를 찾았다. 분명 그는 광야에서 자신의 인생이 끝났다고 생각했을 것이다. 그나마 조금 평정심을 회복한 날에는 자신이 사명에서 벗어났다고 생각했을 것이다. 하지만 광야는 십자가 앞으로 나아가기에 가장 좋은 장소이며, 십자가야말로 유일하게 안전한 장소이다. 광야는 엘리야에게나 우리에게나 이런 기능을 한다.

호빗인 프로도(Frodo)는 미지의 땅으로 가는 여행 중에 과연 자신이 계속해서 전진할 용기를 얻을 수 있을까 하는 걱정을 한다. 남들은 다 용기가 있어 보이는데 자신만 용기가 없어 보인다. "어디서 용기를 찾을 수 있을까요? 지금 용기가 가장 필요한데 말이에요." 그러자 엘프인 길도르(Gildor)가 대답한다. "용기는 뜻밖의 장소에서 찾을 수 있네."[8]

정말로 그렇다. 용기는 갈멜산 정상에 의기양양하게 서 있을 때 찾아오지 않는다. 오히려 광야에서 쓰러져 "엘리야야, 네가 어찌하여 여기 있느냐?"라는 말을 들을 때 생긴다. 엘리야의 길은 당신의 길이기도 하다. 엘리야는 시내산으로 가는 줄 알았지만 사실은 갈보리로 향하고 있었다. 당신도 마찬가지이다. 오직 십자가에 달린 사람만이 일어설 용기를 찾을 수 있다. 두렵고 혼란스러운 가운데서도 우리는 십자가로 가야 한다. 용기로 가는 길은 두려움이 없는 길이 아니라 두려움을 통과해 그리스도께로 가는 길이다.

어릴 적에 유령이 출몰하는 교회에 갔던 일을 돌아볼수록 삼촌의 말이 맞는다는 생각이 강해진다. 물론 삼촌이 생각했던 악마와는 조금 다를지 모르지만, 실제로 그 교회에는 악마들이 있었다. 악마들이 나를 쫓고 있었다. 그것은 타락한 우주 전체가 "악한 자"의 손아귀에 놓여 있기 때문이다(요일 5:19). 거룩한 장소들이 가장 위험한 경우가 많다. 그리고 가장 위험한 장소에서 거룩하신 하나님의 임재를 분명하게 발견하는 경우가 많다. 우주의 주제는 플래너리 오코너(Flannery O'Connor)가 자기 소설의 주제로 정의한 것과 동일하다. 그것은 바로 "마귀가 거의 점거한 영역에서 나타나는 은혜의 행위"이다.[9] 하지만 우리는 그리스도로 인해 이 상황을 극복할 준비가 이미 되어 있다.

엘리야는 아합과 이세벨의 위협이 말뿐인 위협이었으며 그들이 그의 터럭 하나도 상하게 할 수 없다는 말로 격려를 받지 않았다. 그들은 분명 그를 죽일 힘이 있었다. 엘리야는 광야를 무사히 통과할 만큼 강하다는 말로 격려를 받지 않았다. 오히려 정반대로, 천사는 엘리야에게 이렇게 말했다. "일어나 먹으라 네가 갈 길을 다 가지 못할까 하노라"(왕상 19:7).

우리가 마주한 위협은 피와 살로 이루어진 왕족들의 위협보다 훨씬 더 크다. 예수님은 베드로에게 이 위협에 관해서 말씀하셨다. "시몬아, 시몬아, 보라 사탄이 너희를 밀 까부르듯 하려고 요구하였으나"(눅 22:31). 시몬 베드로는 검을 휘두르고 모닥불 앞에서 예수님을 부인하고 한밤중에 도망을 친 뒤에야 용기의 열쇠가 자신의 강함이 아니라 아버지 앞에 서서 "너를 위하여 네 믿음이 떨어지지 않기를 기도"하시는 분임을 깨달았다(눅 22:32). 이렇게 두려움과 마귀의 위험에서 벗어난 뒤에야 베드로는 "형제를 굳게" 할 수 있었다(눅 22:32).

엘리야가 용감할 수 있었던 것은 옳은 방식으로 두려워하는 법을 배웠기 때문이다. 우리도 엘리야처럼 두려워하는 법을 배워야 한다. 우리도 엘리야처럼 사망의 어두운 골짜기를 피하는 것이 아닌 그 골짜기를 통과해야 할 것이다. 악을 두려워하지 않는 법을 배우기 위한 유일한 길은 사망의 어두운 골짜기를 혼자 걷고 있지 않음을 깨닫는 것이다. 우리가 어두운 골짜기로 발을 내딛을 때 그 길을 먼저 걸으셨던 예수님이 함께 걷고 계심을 깨달아야 한다. 우리의 눈에 보이지 않을 때조차 그분이 우리를 인도하신다(시 23). 우리는 골짜기를 우회하지 않고 정면으로 돌파해야 한다. 그때 예수님을 믿는 것이 얼마나 큰 축복임을 분명히 느낄 수 있다. 그리고 이를 느낄 때 용감해질 수 있다. 어둠 속에는 악마들이 존재한다. 하지만 우리는 꼭 기억해야 한다. 우리를 쫓는 것은 악마들만이 아니다. 그 무엇과도 비교할 수 없는 능력을 가지신 우리 하나님 아버지의 선하심과 인도하심이 따르고 있다.

Chapter 3

수치심 앞에서

수치심에서 빠져 나오는 길은
심판의 한복판을
통과하는 것이다

"인생은 짧으니 바람을 즐겨라."

이 광고 문구는 해당 업체의 성공이 아니라 몰락으로 유명하다. 이는 가입자들에게 불륜 관계를 주선해 주는 데이트 서비스 업체의 광고 문구였다. 이 업체가 전면에 내세운 장점은 불륜 상대를 만나게 해 주는 기술이 아니라 비밀 보장이었다. 심지어 이 업체의 로고는 입술에 손가락을 대고 "쉿"이라고 말하는 여성이었다. 하지만 이 여성의 입술은 다문 채로 있지 않았다. 결국 정보 유출로 이 서비스 이용자들의 이름과 사용 기록이 만천하에 공개되었다. 이 서비스를 이용한 아내와 남편, 사장, 이웃, 친구들의 숫자가 엄청나다는 사실에 세상이 발칵 뒤집혔다. 다수의 목회자가 이 서비스를 이용한 것으로도 밝혀졌다. 이 사건이 터진 뒤에 자살로 생을 마감한 사람이 있었다. 비밀에 부치기로 되어 있던 모든 것이 수치스럽게 드러났다.

가면증후군의 사람들

이 불륜 서비스는 막대한 광고비를 쏟아부었지만, 상대적으로 적은 인원이 서비스를 이용했다. 어쨌든 이 비즈니스가 실제로 존재할 수 있다는 사실이 중요하다. 이 서비스는 들키지 않고 불륜을 저지르고 싶은 사람들을 위한 것이었다. 술집에서 처음 만난 이성과 어울리는 것보다 훨씬 안전하다는 것이 업체의 설명이었다. 불륜 과정 전체를 전문적인 제삼자가 꼼꼼하게 조율하면 사용자들은 서로의 이름조차 알 필요가 없다고 했다. 불륜의 스릴을 즐기면서도 혼인 서약을 어겼다는 사실을 누구에게도 들키지 않고 정상적인 삶을 계속 이어갈 수 있다고 했다. 인생은 짧으니 최대한 즐기라는 것이 이 업체가 던지는 유혹이었다.

이 업체는 도덕과 윤리는 잘 몰랐지만 인간 본성만큼은 정확히 꿰뚫고 있었다. 어떤 면에서 이 업체가 공략한 인간 성향은 모든 인간의 안에 존재한다. 심지어 배우자나 가족을 배신할 생각을 꿈에도 해 보지 않은 사람들 속에도 같은 성향이 꿈틀거리고 있다. 예를 들어, 엔터테인먼트 업체들은 사람들이 어떤 영화와 프로그램을 좋아한다고 말하는지에 주목하지 않는다. 사람들은 언제나 지적이고 예술적인 영화를 좋아한다고 말하기 때문이다. 사람들은 실제로 보는 천박한 코미디와 야한 로맨스 영화 대신 자신이 머리로만 원하는 영화를 이야기한다. 소비자들이 작성한 목록은 대개 자신들이 어떤 사람인지보다 어떤 사람이 되고 싶은지만 말해 줄 뿐이다. 알고리즘이야말로 그들이 실제로 어떤 사람인지를 적나라하게 보여 준다.

마찬가지로, 사람들은 온라인 검색을 할 때는 가식적으로 굴지 않고 실제로 궁금한 질문을 솔직하게 던진다. 보거나 듣는 사람이 없기 때문에 마음껏 질문을 풀어 놓는다. 건강 염려증이라고 타박할 사람이 없기 때문에 "어떤 종류의 두통이 뇌종양 증상인가?"라는 질문을 편하게 한다. 더럽다고 눈살을 찌푸릴 사람이 없기 때문에 "화장실의 곰팡이를 어떻게 제거해야 하는가?"라는 질문을 스스럼없이 한다. 나쁜 부모라고 손가락질할 사람이 없기 때문에 "10대 아들이 마약을 하는 것을 그냥 모른 체해도 될까?"라는 질문을 거리낌없이 한다.

한 연구에 따르면, 공개된 포스트에서는 여성들이 남편을 '훌륭하다'고 말하는 반면, 익명으로 인터넷을 검색할 때는 남편이 부부 관계를 거부하거나 구타를 일삼는 이유에 대한 답을 찾는다. 이것이 데이터 마이닝(data mining)이 설문조사보다 더 믿을 만한 이유이다.[1] 사람들은 인터뷰를 하는 사람, 심지어 자기 자신에게도 진실을 말하지 않을 때가 많다. 하지만 보는 눈과 듣는 귀가 없다고 생각하면 입은 진실을 말한다. 그리고 우리가 쓰고 사는 가면과 실제 모습이 다르다는 사실이 드러날 때 수치를 경험한다.

물론, 시스템의 허점으로 불륜 사실이 드러나서 수치를 겪는 사람은 별로 없다. 대부분의 사람들은 남들이 생각하는 자신, 외적으로 보이는 모습과 다른 자신의 실제 모습을 생각하며 수치심을 경험한다. 누구나 고등학생 시절로 돌아가 아침에 옷을 입는 것을 깜박 잊고 벌거벗은 채로 교실 안에 서 있는 자신을 발견하고 충격에 휩싸이는 꿈을 꾼 적이 있을 것이다. 또 다른 흔한 꿈은 기말시험일이 다가왔는데 공부하는 것을 잊거나 아예 등교하지 않는 꿈이다. 아내는 실수로 범죄를 저질러 경찰서에 끌려가는 꿈을 자주 꾼다.

이런 꿈의 본질은 남들에게 치부를 들키는 것이다.

이런 느낌은 꿈속에서만 나타나지 않는다. 많은 사람이 실제 삶 속에서도 불쑥불쑥 이런 느낌을 경험한다. '가면증후군'(imposter syndrome)은 자신이 사실상 사기꾼이라는 느낌을 지칭하는 용어이다. 자신이 이룬 모든 것이 운일 뿐이며 사람들이 자신의 마음속을 들여다볼 수 있다면 자신이 실상은 현재의 자리에 있을 자격이 없다는 사실을 알 것이라고 생각하는 사람이 적지 않다. 이는 직업적인 영역에만 국한된 이야기가 아니다. 대부분의 부모들은 무의식적으로 자신의 부모와 비교한다. 어린 시절에 본 우리의 부모는 늘 자신감이 넘치고 무엇을 해야 할지 확실히 아는 것처럼 보였다. 그에 반해 우리는 매번 자신이 자녀 양육에 관해서 내린 결정을 후회한다. 한 여성은 내게 출산을 하고 아기를 안고 병원을 나오면서 병원을 고소하고 싶은 생각이 들었다고 말했다. 자신처럼 무능한 사람에게 살아 있는 아기를 안겨서 내보내는 것이 너무도 무책임하다고 말했다.

이런 느낌은 영적인 영역에서도 나타난다. 대부분의 사람들이 스스로를 예수님이 질책하신 종교 지도자와 같은 위선자로 느낄 때가 있다. 사람들이 우리의 마음속과 생각을 들여다본다고 해 보자. 우리가 기도할 때 얼마나 딴생각을 많이 하는지 안다면 우리가 보기보다 훨씬 못하다고 생각할 것이다. 누구나 열등감에 시달리는 것을 알지만 나만큼 심한 사람은 없다. 모두가 죄를 짓는다는 것을 알지만 남들이 짓는 죄는 내가 짓는 죄만큼 지독하지 않다고 여

긴다. 이것은 수치심이며, 용기로 가는 길은 이 수치심을 통과해야
만 한다.

비난과 수치심

엘리야를 광야로 도망치게 만든 것은 외부의 위협에 대한 두
려움이었다. 이런 위협은 우리 모두가 금방 이해할 수 있는 것이
다. 우리가 현관문을 걸어 잠그는 데는 이유가 있다. 우리는 화재경
보기를 설치해야 한다는 데 동의한다. 그런데 광야에 홀로 있게 되
면서 엘리야는 자기 목에 걸린 현상금이라는 외적인 환경만이 아
니라 자신에 관해 고민하기 시작한다. 그리고 결국 로뎀나무 아래
앉아서 죽여 달라고 애원한다. "여호와여 넉넉하오니 지금 내 생명
을 거두시옵소서 나는 내 조상들보다 낫지 못하니이다"(왕상 19:4).

그는 자신의 삶이 실패라고 선언하며 사실상 아합의 비난을
받아들였다. 그렇다. 아합은 그를 위협하기만 한 것이 아니라 그가
하나님 백성들의 연합을 뒤흔드는 "이스라엘을 괴롭게 하는 자"라
고 비난했다(왕상 18:17). 원래 엘리야는 이 비난에 당당히 대응했었
다. "내가 이스라엘을 괴롭게 한 것이 아니라 당신과 당신의 아버지
의 집이 괴롭게 하였으니 이는 여호와의 명령을 버렸고 당신이 바
알들을 따랐음이라"(왕상 18:18).

여기서 핵심은 하나님의 심판이다. 엘리야는 아합의 집안에
대한 하나님의 공정한 심판을 선언했고, 그의 선포에 따라 비가 끊

어졌다. 하지만 위기의 광야에 이르자 이 심판이 아합보다 먼저 엘리야에게 임해 그를 죽일 것만 같은 상황이 벌어진다. 바알의 하수인들이 아닌 하나님의 종이 사막 한가운데서 굶주림과 갈증에 시달리고 있다. 오히려 엘리야가 비난을 받고 죄의 삯인 죽음을 향해 달려가고 있는 듯하다.

엘리야의 문제는 환경에만 있지 않았다. 문제는 그 자신이었다. 그는 자신이 "조상들보다 낫지 못"하기 때문에 죽어 마땅하다는 절망감에 사로잡혀 있었다(왕상 19:4). 그는 충성스러운 사람은 자신밖에 남지 않았고 곧 죽게 될 것이라고 한탄한다(왕상 19:14). 왕실의 추격을 평생 피할 수는 없었다. 그는 한낱 연약한 인간일 뿐이었다. 자신의 삶과 사명을 보며 지금까지의 모든 것이 실패했다고 선언하였다. 그렇게 스스로를 비난하고 비하했다. 어떤 면에서 그는 바알에 관해서는 아합이 틀렸지만 자신에 관해서는 아합이 옳았다고 인정하고 있었다. 아합처럼 자신도 스스로 수치 속에 죽어 마땅하다는 결론을 내렸다.

이 상황이 우리에게 무엇을 의미하는지 이해하려면 먼저 엘리야가 무엇과 맞서고 있는지를 정확히 알아야 한다. 그가 맞선 대상은 예로부터 기독교에서 말하는 '세상'이나 '육신'이 아니다. 물론 앞서 살폈듯이 엘리야는 이런 것과도 맞섰지만 여기서는 사탄과도 씨름하고 있었다. 물론 본문의 어디에도 사탄은 등장하지 않는다는 점을 지적하는 사람들이 있을 것이며, 실제로 맞는 말이다. 사실, 엘리야 이야기에서 사탄은 언급되지 않는다. 그래서 엘리야의 상황 속에는 사탄이 존재하지 않는다고 생각할 수 있다. 하지만 언제나 그렇듯이 사탄은 숨어 있다.

알다시피 엘리야는 비난을 당했다. 엘리야의 이야기, 그리고 우리의 이야기에서 사탄의 역사를 보려면 사탄의 주된 힘이 어디에 있는지를 알아야 한다. 사탄의 특기는 덤불 뒤에서 갑자기 튀어나와 인간을 놀라게 하는 것이 아니다. 사탄은 투사라기보다는 게릴라 전술을 펼치는 테러리스트에 더 가깝다. 그의 전술은 비난을 통한 협박이다. 사탄은 "하나님 앞에서 밤낮" 우리를 비난하는 영적인 적이다(계 12:10). 이 비난이 가장 효과적일 때는 그것이 거짓이 아니라 진실에 근거할 때다.

나는 대학 캠퍼스에서 질의 응답 시간을 많이 가지는데 이때 내 신앙을 전혀 인정하지 않는 무신론자들에게서도 자주 질문을 받는다. 대부분의 무신론자들은 예의 바르고 재미있다. 그들의 질문 중에는 무조건 공격하기보다는 맹점을 밝혀 주기 위한 좋은 질문도 많다. 하지만 가끔 적대적으로 행동하며 비난을 하는 무신론자도 있다. 한 무신론자는 내가 "예수라는 상상의 친구"와 사귀고 있다고 조롱했다. 그런 말은 전혀 신경이 쓰이지 않는다. 내가 상상의 친구를 지어낸 것이라면 그 예수는 진짜 예수보다 훨씬 덜 부담스러운 존재일 테니까 말이다. 그런 말에는 전혀 혈압이 올라가지 않는다. 그날 밤 잠자리에서 하루를 돌아볼 때 비난이란 단어는 떠오르지 않는다.

하지만 얼마 전에 나를 공격하려고 한 것이 아닌 말에 무척 괴로웠던 기억이 난다. 한 크리스천이 내게 이렇게 물었다. "많은 곳을 자주 다니시는데 자녀가 5명 있으시죠? 일과 가정 사이의 균형을 어떻게 유지하세요?"

좋은 질문이었고, 질문자는 세상의 압박 속에서 삶의 균형을 잡는 법을 알고 싶었을 뿐이었다. 하지만 그 악의 없는 말이 내 가슴에 비수가 되었다. 내면에서 방어기제가 작동했지만 나는 그것을 표출하지 않으려고 노력했다. 그 시기의 나는 잦은 출장으로 인해 아이들의 스포츠 시합과 연극 공연 관람을 하지 못했다. 위의 크리스천은 나를 비난할 의도가 눈곱만큼도 없었지만 나는 스스로 질책을 느꼈다. 그리고 그 질책이 거짓이 아니라 사실에 기반했기 때문에 가슴이 아팠다.

사탄은 이 점을 잘 알고 있다. 예수님의 말씀처럼 사탄은 "거짓말쟁이요 거짓의 아비"이다(요 8:44). 우리를 장악하기 위한 사탄의 첫 번째 술수인 기만에서는 거짓이 사용된다. 하지만 사탄의 마지막 술수인 비난에서는 거짓이 아닌 진실이 사용된다. 즉 사탄은 우리가 죄를 짓기 전까지는 죄의 결과에 대해 거짓말을 하다가, 막상 우리가 죄를 지으면 맹렬히 비난한다. 과거에는 사람들이 마귀나 어두운 영의 역사에 관해 자주 생각했지만, 요즘 사람들은 좀처럼 그런 생각을 하지 않는다. 사탄이나 영적 존재에 관한 소리는 낡은 미신 취급을 받는다. 하지만 사람들이 사탄이 존재하지 않는다고 생각한다고 해서 사탄의 비난하는 힘이 조금이라도 약해지는 것은 아니다.

비행기가 예기치 못한 난기류로 공중에서 빙빙 돌면 어떤 일이 벌어질까? 심지어 죽음은 단순히 무존재요 꿈 없는 영원한 잠일 뿐이며 인간 생명은 단순히 원자들이 결합된 것이라고 주장하는 철저한 무신론자도 비명을 지를 것이다. 그가 두려워하는 것은 죽음의 고통이 아니다. 그는 비행기가 추락한다면 그 직전에 자신이 의식을 잃을 것을 알고 있다. 물론 그의 공포는 단순히 모든 생물에게 있는 생존본능의 작용일 수도 있다. 하지만 어쩌면 그 이상의 뭔가가 있을 수 있다. 바로 이것이 성경의 주장이다. 인간이 죽음에 대하여 가지는 두려움은 단순히 육체적 소멸에 관한 두려움이 아니다. 누구나 최소한 막연하게라도 "무서운 마음으로 심판을 기다리는 것"에 대한 두려움을 품고 있다(히 10:27).

심판과 수치심

하나님의 존재나 내세, 심지어 옳고 그름의 객관적인 기준조차 믿지 않는 사람들이 왜 심판을 두려워하는 것일까? 이유는 스스로 알지 못할 뿐이지 믿음이 없는 사람은 존재하지 않기 때문이다. 사도 바울은 모든 사람 속에 피조 세계가 활성화시키는 하나님에 대한 지식이 있다고 말했다(롬 1:18-21). 이는 단순히 자연 속의 증거 같은 것들을 살펴 하나님의 존재를 알아야 한다는 뜻이 아니다. 이보다 한걸음 더 나아가야 한다. 정보를 바탕으로 해서 하나님의 존재를 아는 인지적인 지식만이 아니라 개인적인 지식을 얻어야 한다.

왜냐하면 "하나님을 알되 하나님을 영화롭게도 아니하며 감사하지도 아니"할 수 있기 때문이다(롬 1:21). 이렇게 예배를 거부하면 진실을 억누르는 상태 곧 일종의 자기최면에 빠지고 만다.

나아가, 바울의 주장은 모든 인간의 양심 속에는 선악을 아는 지식이 있다는 것이다. 우리는 마지막 날에 그 기준에 따라 심판을 받을 것이다(롬 2:14-16). 복음을 떠나서는 우리 모두가 이 지식을 억누르려고 한다. 심판의 날은 없다고 애써 이 지식을 외면하면서 계속해서 죄를 짓는다. 그 결과는 막연한 걱정과 두려움이다. 성경은 우리가 그리스도를 떠나면 두려움의 노예로 살 수밖에 없다고 말한다(롬 8:15). 성경은 예수님에 관해서 이렇게 말한다. "자녀들은 혈과 육에 속하였으매 그도 또한 같은 모양으로 혈과 육을 함께 지니심은 죽음을 통하여 죽음의 세력을 잡은 자 곧 마귀를 멸하시며 또 죽기를 무서워하므로 한평생 매여 종노릇 하는 모든 자들을 놓아 주려 하심이"(히 2:14-15).

블레즈 파스칼(Blaise Pascal)에 따르면 대부분의 사람들은 이런 생각을 할 겨를이 없도록 다른 것들에 몰두한다. 이를테면 일, 놀이, 사랑, 분노, 심지어 종교, 진리와 정의의 추구 같은 것에 몰두한다. 그것은 두렵기 때문이다.[2] 하지만 자신의 외도나 약탈적인 업무 환경에 관해 '부인'하며 살아본 사람이라면 알듯이, 가슴 깊은 곳의 자기기만도 뜻밖의 순간, 더없이 곤란한 순간에 펑 하고 터지는 날이 온다. 그렇게 되면 더 심한 자기기만을 동원해야만 한다.

광야에서 엘리야는 무기력에 빠졌다. 그는 자신의 삶을 실패로 규정하고 그 무의미한 삶을 아예 끝내고자 했다. 그런데 그 순간 그는 심판을 우회한 것이 아니라 오히려 심판을 정면으로 마주하게 되는 경험을 한다. 하나님은 엘리야에게 찾아와 말씀하셨다. "엘리야야 네가 어찌하여 여기 있느냐"(왕상 19:9, 13).

우리도 마찬가지이다. 용기의 최대 걸림돌은 수치심 곧 심판을 마주한 기분이다. 하지만 사도 요한은 이렇게 썼다. "이로써 사랑이 우리에게 온전히 이루어진 것은 우리로 심판 날에 담대함을 가지게 하려 함이니 주께서 그러하심과 같이 우리도 이 세상에서 그러하니라 사랑 안에 두려움이 없고 온전한 사랑이 두려움을 내쫓나니 두려움에는 형벌이 있음이라 두려워하는 자는 사랑 안에서 온전히 이루지 못하였느니라 우리가 사랑함은 그가 먼저 우리를 사랑하셨음이라"(요일 4:17-19).

바로 이것이 열쇠이다. 수치심에서 빠져 나오는 길은 심판을 우회하는 것이 아니라, 심판의 한복판을 통과하는 것이다.

이 수치의 순간에 하나님을 만난 엘리야는 출발점으로 돌아가게 되었다. 그는 이 이야기에서 처음 있던 곳으로 돌아갔다. 그는 아합의 가문에 하나님의 심판을 선언할 때 이렇게 말했다. "내가 섬기는 이스라엘의 하나님 여호와께서 살아 계심을 두고 맹세하노니 내 말이 없으면 수 년 동안 비도 이슬도 있지 아니하리라"(왕상 17:1).

여기서 핵심 문구는 "내가 섬기는"이다. 그렇다. 엘리야는 자신의 개인적인 권위나 신뢰성으로 아합 앞에 나아가지 않았다. 당시 그는 기적을 일으키는 자라는 명성을 얻지도 못한 상태였다. 단순히 시골 벽촌에서 찾아온 무명의 시골 사람이었을 뿐이었다. 하지만 그는 하나님을 섬겼다. 그는 하나님 앞에 선 사람이었다.

여기서 '서다'라는 표현은 꽤 헷갈릴 수 있다. 특히, 용기와 관련해서는 더욱 그렇다. 우리는 '서다' 하면 자신감과 자기 주장을 떠올린다. "끝까지 맞서겠어." "나를 넘어뜨려도 몇 번이고 다시 일어서겠어." 우리 시대에 '서다'는 주로 자신의 의견을 강하게 표현할 때 사용된다. 물론 성경에서 '서다'가 이런 의미로 사용된 경우도 있다. 예를 들어, 다윗의 용사 중 한 명은 블레셋 적들의 공격에 '맞서서' 그들을 모두 물리쳤다(대상 11:14). 하지만 엘리야의 이야기에서 '서다'는 개인적인 권위가 아닌 개인적인 책임의 의미이다. 이는 살아 계신 하나님 앞에 서는 궁극적인 심판의 날과 관련이 있다.

이는 조사관 앞에 서서 조사를 견딘다는 뜻이다. 시편 기자는 악인이 "심판을 견디지 못하며"라고 말했다(시 1:5). 또 다른 시편 구절들에서 다윗은 이렇게 노래했다. "여호와의 산에 오를 자가 누구며 그의 거룩한 곳에 설 자가 누구인가"(시 24:3). "여호와여 주께서 죄악을 지켜보실진대 주여 누가 서리이까"(시 130:3).

말라기 선지자는 엘리야의 귀환에 관해 예언했을 뿐 아니라 하나님이 성전으로 돌아오실 것이며 이것이 모든 이들에게 좋은 소식은 아니라고 말했다. "그가 임하시는 날을 누가 능히 당하며 그가 나타나는 때에 누가 능히 서리요"(말 3:2).

신약도 같은 종류의 언어를 사용한다. 예를 들어, 예수님은 빌라도 앞에 서서 재판을 받으셨다. 바울은 가이사의 심판 앞에 섰다. 하지만 예수님과 바울은 궁극적으로 하나님 앞에 서게 될 것에 관해 말했다. 바울은 로마 교회에 보낸 편지에서 이렇게 썼다. "남의 하인을 비판하는 너는 누구냐 그가 서 있는 것이나 넘어지는 것이 자기 주인에게 있으매 그가 세움을 받으리니 이는 그를 세우시는 권능이 주께 있음이라"(롬 14:4).

엘리야는 선지자로서 자신이 한 말과 하지 않은 말에 대해 하나님 앞에 책임이 있음을 알았다(신 18:15-22). 엘리야는 왕이 아니라 하나님을 "내가 섬기는" 분이라고 말했다. 즉 그는 자신이 궁극적으로 왕이 아니라 하나님 앞에 서 있다고 말한다. 성경을 보면 이는 엘리야 같은 특별한 인물만이 아니라 우리 모두에게 해당하는 이야기이다. 바울은 자신이 이 확신으로 인해 '용기'를 가질 수 있다고 말했다. "이는 우리가 다 반드시 그리스도의 심판대 앞에 나타나게 되어 각각 선악간에 그 몸으로 행한 것을 따라 받으려 함이라"(고후 5:10).

심판과 수치를 통해 용기를 얻다

수치의 문화에 대한 해법이 그리스도의 심판이라는 말과 심판이 우리를 용기로 안내할 수 있다는 말이 당황스러울 수도 있다. 심판은 두려움과 수치심을 유발하는 것이기 때문이다. 나의 다른 책에서 어린 시절에 삽화가 들어간 근본주의 교회의 소책자를 읽었던 이야기를 한 적이 있다. 그 삽화는 심판의 날 죽은 사람이 하나님의 보좌 앞에 서 있는 그림이었다. 그 사람이 생전에 저지른 크고 작은 모든 죄가 만인 앞에서 생생하게 상영되고 있었다. "이것이 네 인생이었다." 보좌 옆에 선 천사가 그렇게 선포했다. 당시에도 내 얼굴이 수치심에 새빨개졌던 기억이 난다. 물론 어린 내가 얼마나 심한 죄를 많이 지었겠는가. 하지만 부모님과 학교 친구들, 예수님 이 그 모든 죄를 본다고 생각하니 괴롭게 느껴졌다. 대부분의 사람 들이 그 책자의 내용을 비웃겠지만 사실상 모든 사람이 순간순간 그런 상황을 상상하며 수치심에 사로잡힌다.

성경을 보면 이는 전혀 새로운 상황이 아니다. 첫 인류가 죄를 짓고 나서 느낀 것이 바로 수치심이었다. 그들은 자신들이 서로의 앞에서 벌거벗고 있다는 사실을 알고 하나님의 음성을 피해 숨었 다(창 3:8-10). 우리는 자신의 망가짐을 서로에게, 심지어 자기 자신 에게도 숨긴다. 이것이 예레미야가 이렇게 말한 이유이다. "만물보 다 거짓되고 심히 부패한 것은 마음이라 누가 능히 이를 알리요마 는"(렘 17:9).

겉으로 행복하고 자신감 넘쳐 보이는 사람들도 속으로는 영문 을 알 수 없는 분노와 두려움, 수치심을 느끼고 있다. 그런데 많은 사람이 하나님과 남들에게 자신의 족적을 숨길 수 있다는 자기기 만으로 이런 기분 나쁜 느낌을 다루고 있다. 물론 모두가 "하나님은 없다"라고 말하는 것은 아니다. 하지만 그렇게 말하지 않는 사람들 도 스스로에게 이렇게 말하고 있다. "여호와가 보지 못하며 야곱의 하나님이 알아차리지 못하리라"(시 94:7).

이것이 내가 그 소책자를 읽고 그토록 두려워했던 이유가 아닌가 싶다. 그 책자가 하나님과 나 자신에 관해서 직감적으로 알던 사실을 시각적으로 자세히 보여 주었기 때문이다. 그것은 "지으신 것이 하나도 그 앞에 나타나지 않음이 없고 우리의 결산을 받으실 이의 눈앞에 만물이 벌거벗은 것 같이 드러나느니라"라는 사실이다(히 4:13). 아합과 엘리야는 모두 궁극적으로 삼위일체 하나님 앞에 서게 될 것이다. 하지만 엘리야만 이 사실을 알았다. 이것이 그와 아합의 결정적인 차이점이었다.

물론 내가 읽었던 소책자의 의도나 많은 사람들의 생각과는 달리 사형이 극악한 죄를 막기 위해 존재하는 것처럼 우리가 벌을 받는다는 두려움으로 인해 악한 행동을 하지 못하도록 예방하기 위해 심판이 존재하는 것은 아니다. 하지만 분명 성경은 하나님이 세상을 심판하실 날을 경고하고 있다(행 17:31). 심판은 엘리야와 세례 요한 같은 선지자들의 중요한 가르침 가운데 하나였다. 사도 바울은 벨릭스 총독의 귀를 열게 하기 위해 "의와 절제와 장차 오는 심판"에 관해 강론한다. 그러자 놀란 총독이 주제를 바꾸었다(행 24:25). 하지만 벨릭스만 그런 것이 아니다. 그 옛날의 벨릭스처럼 우리도 주제를 바꾸려고 한다.

하나님은 피조 세계의 증거들을 통해 그분을 우리에게 보여 주셨다(롬 1:18-21). 나아가, 하나님은 인간의 양심 속에 그분의 법에 관한 의식을 심어 놓으셨다. 이로 인해 우리는 "하나님이 예수 그리스도로 말미암아 사람들의 은밀한 것을 심판하시는 그날"이 온다는 사실을 본능적으로 알고 있다(롬 2:16). 하지만 우리는 이 사실을 억누른 채 자신의 성향이 원하는 길을 따라간다. 아무도 모를 것이라고 스스로를 속이며 고집스레 자신의 길을 걷는다. 알 수 없는 고뇌가 내면에서 가득해지기 전까지는 괜찮다고 자신을 설득한다. 하지만 복음은 이런 상황을 완전히 바꿔 놓는다.

십자가, 수치를 뒤엎다

우리는 그리스도와 연합했기 때문에 더 이상 심판의 날을 두려워하지 않는다. 그것은 자신의 무고를 스스로 입증해 보일 필요가 없어졌기 때문이다. 우리의 무죄 주장은 철저히 무너져 내렸다. 하나님은 이미 십자가에서 우리의 유죄를 밝히셨다. 죄를 회개했다면 이미 이 판결에 동의한 것이며, 계속해서 죄를 고백하는 것은 이 판결에 대한 동의를 재차 확인하는 행위이다. 2천 년 전 예루살렘 성문 밖에 있는 골고다에서 우리를 향한 심판이 행해졌다. 매우 실질적인 의미에서 그렇다.

십자가에서 예수님은 고통만이 아니라 수치를 당하셨다. 일부 병사들이 예수님의 옷을 제비뽑기로 앗아가는 바람에 예수님은 만인 앞에서 벌거벗겨지셨다. 뿐만 아니라 로마 제국 앞에서 무력한 자로 굴욕을 당하셨다. 더 중요한 사실은 하나님의 저주를 받은 죄인 취급까지 당하셨다는 것이다(시 21:22-23; 갈 3:10-14). 이것이 바울이 "복음을 부끄러워하지 아니"한다고 여러 번 말한 이유이다(롬

1:16). 이는 그리스도를 따른다고 공개적으로 말하는 것이 창피하지 않다는 뜻이 아니다. 물론 그가 그리스도를 따르는 것을 창피하게 여기지 않은 것은 사실이지만, 이 말은 당시 모두가 수치로 여기던 것을 전혀 수치스러워하지 않는다는 의미이다. 즉 그는 "이스라엘 (그리고 이스라엘을 점령한 로마)을 괴롭게 하는 자"가 로마의 고문 도구에 처형을 당한 것을 수치스러워하지 않았다.

"기쁨을 위하여 십자가를 참으사 부끄러움을 개의치 아니"하신 예수님이 지금은 "하나님 보좌 우편에" 앉아 계신다(히 12:2). 그리스도와 연합한 사람들은 두 장소를 모두 거친 사람들이다. 우리는 '성문 밖' 십자가에서 그분과 함께 있었다. "그런즉 우리도 그의 치욕을 짊어지고 영문 밖으로 그에게 나아가자"(히 13:13).

그리고 그리스도 안에서 우리는 죽음에서 살아나 하나님의 우편으로 올려졌다. 따라서 우리에게 심판의 날은 하나님이 우리를 받아 주실지, 외면하실지를 결정하는 날이 아니다. 성령이 말씀하셨듯이 "누가 능히 하나님께서 택하신 자들을 고발하리요 의롭다 하신 이는 하나님이시니 누가 정죄하리요 죽으실 뿐 아니라 다시 살아나신 이는 그리스도 예수시니 그는 하나님 우편에 계신 자요 우리를 위하여 간구하시는 자시니라"(롬 8:33-34).

십자가에서 이미 우리의 심판이 이루어졌다는 사실이 좋은 소식이다. 그곳에서 우리 죄에 대한 유죄 판결이 이루어졌을 뿐 아니라 예수 그리스도 안에 숨겨진 자로서 의인이라는 판결도 이루어졌다. 이 사실이 우리를 모든 수치에서 해방시킨다.

요한복음을 읽을 때마다 놀라게 되는 사실 중 하나는 예수님이 주변에 있는 모든 사람을 의식하고 아신다는 점이다. 요한에 따르면 예수님은 "모든 사람을 아심이요 또 사람에 대하여 누구의 증언도 받으실 필요가 없었으니 이는 그가 친히 사람의 속에 있는 것을 아셨음이니라"(요 2:24-25).

복음서에서 죄인들에 대한 예수님의 반응을 볼 때 가장 놀라게 되는 사실은 그들을 용서하신 것이 아니라 선이든 악이든 그들이 숨기고 있는 것에 전혀 놀라지 않으신 점이다. 예수님은 나다나엘을 "참으로 이스라엘 사람이라 그 속에 간사한 것이 없도다"라고 평하셨다(요 1:47). 물론 이는 긍정적인 판단이다. 하지만 나다나엘로서는 처음에는 시큰둥한 반응을 보일 수밖에 없었다. 자신에 관해서 아무것도 모르는 사람의 칭찬을 진지하게 받아들일 사람은 없기 때문이다. 그런데 예수님이 그가 "무화과나무 아래에" 있을 때에 이미 아셨다고 말씀하시자 분위기가 달라진다(요 1:48).

예수님은 우물가에서 여인의 죄를 드러낼 때도 전혀 만난 적이 없는 그녀에 대하여 얼마나 많이 아는지를 보여 주셨다. "너에게 남편 다섯이 있었고 지금 있는 자도 네 남편이 아니니"(요 4:18). 이 이야기에서 정말 놀라운 점은 예수님이 이 여인에게 생명수를 제시하실 때 이미 이 사실을 알고 계셨다는 것이다. 나다나엘과 우물가 여인은 둘 다 같은 질문을 던졌다. "어떻게 나를 아시나이까"(요 1:48). 그리고 우리도 같은 질문을 던져야 마땅하다.

마찬가지로 하나님은 이미 우리가 어떤 사람인지를 알고 계신다. 하나님은 함께 식사한 창기들과 세리들의 남모를 사연에 전혀 놀라지 않으셨다. 그분은 시몬 베드로가 배신이란 단어를 떠올린 적도 없을 때 이미 그의 배신에 관해서 말씀하셨다. 우리에 대해서도 마찬가지이다. 여기서 요지는 예수님이 우리의 '가면증후군'을 뚫고 모든 숨겨진 부분을 아신다는 것이 아니다. 물론 그것도 사실이지만, 여기서 요지는 하나님이 우리의 모든 것을 알고도 아들을 우리를 위해 대신 죽게 보내셨다는 사실이다(롬 5:8).

예수님은 사람들을 찾아 나설 때 그들에 관한 모든 것을 아셨다. 추악한 거짓과 죄까지 남김없이 알고 계셨다. 그럼에도 상관없이 그들을 찾으셨다. 우리에 대해서도 마찬가지이다. 우리가 어디서 복음을 들었던, 밤에 성경 이야기를 읽어 주는 부모님의 무릎 위에서 들었던, 커피숍에서 지인과의 대화 가운데 들었던, 그 모든 일은 불가사의한 방법으로 우주와 역사를 이끌어 가시는 주권적인 하나님의 큰 줄거리 속에서 일어난 것이다. 어디서 복음을 들었던 우리는 어떤 추상적인 주장을 우연히 엿들은 것이 아니다. 우리는 자신도 모르게 보냄을 받은 사람이나 도구로부터 꼭 들어야 할 메시지를 들은 것이다. 그리고 예수님은 우리가 수치스러워서 숨기려고 하는 사실들, 너무 추해서 그분 앞에 설 용기를 사라지게 만드는 우리 자신에 관한 사실들을 모두 아셨다.

심판의 날 우리는 수치스러운 모든 것으로부터 해방된다. 복음으로 인하여 더 이상 우리는 첫 조상처럼 하나님께로부터 숨을 필요가 없어졌다. "아담아, 어디 있느냐?" 한때 죄를 지은 인간을 수풀 속에 숨게 만들었던 이 음성은 여전히 들려오고 있다. 하지만 이제 우리는 이 음성에 자신 있게 대답하시는 예수님 안에 서 있다. "볼지어다 나와 및 하나님께서 내게 주신 자녀라"(히 2:13). 이제 우리는 그분 안에 숨겨져 있다. 그리고 그 심판대 앞에 서는 날에도 그분 안에 숨겨져 있을 것이다. 그래서 이제 우리는 죄를 담대히 고백할 수 있다. 예수님이 이미 우리를 용서하시고 우리를 위해 중보하시며 우리의 죄에 전혀 충격을 받지 않으시니 죄를 숨길 하등의 이유가 없다.

이 현실은 우리를 방종이 아닌 책임감으로 이끈다. 우리는 죄와 약함이나 유혹을 숨기지 않는다. 심판을 생각하면 궁극적으로는 그럴 수 없다는 것을 잘 안다. 하지만 우리는 체면을 세우기 위해 가면을 쓰지 않는다. 어둠 속으로 피하지 않는다. 어둠 속에서는 죄에 더 깊이 빠져들 뿐이기 때문이다. 우리는 자신의 어둠에 빛을 비추고, 하나님께 죄를 고백하며, 우리의 짐을 함께 질 사람들에게 도움을 요청한다. 자신이 어떤 인간인지 너무도 잘 알기에 남들의 죄와 문제에 대해 비판적인 태도를 보이지 않는다. 바울은 로마 교인들에게 이렇게 말했다.

"네가 어찌하여 네 형제를 비판하느냐 어찌하여 네 형제를 업신여기느냐 우리가 다 하나님의 심판대 앞에 서리라 기록되었으되 주께서 이르시되 내가 살았노니 모든 무릎이 내게 꿇을 것이요 모든 혀가 하나님께 자백하리라 하였느니라 이러므로 우리 각 사람이 자기 일을 하나님께 직고하리라 그런즉 우리가 다시는 서로 비판하지 말고 도리어 부딪칠 것이나 거칠 것을 형제 앞에 두지 아니하도록 주의하라"(롬 14:10-13).

우리도 다른 사람들과 함께 심판을 받는다는 사실을 알기에 타인을 향한 연민을 품을 수 있다. 궁극적으로 하나님이 심판하신다는 사실을 알면 우리가 누군가를 판단해야 한다는 생각에서 해방된다.

그리스도 안에 숨다

우리는 예수님 안에 숨겨져 있다. 예수님은 우리의 치부를 모두 아시지만 우리를 얻기 위해 이 세상에 오셨다. 이제 우리는 두려워할 것이나 숨길 것이 없다. 하나님이 그리스도 안에 있는 사람은 누구나 모든 정죄에서 해방되었다고 분명히 선포하셨기 때문이다. 하나님 외에 무엇을 두려워할 필요가 있겠는가! 아무것도 없다. 이것이 시편 기자의 고백이다. "여호와는 나의 빛이요 나의 구원이시니 내가 누구를 두려워하리요 여호와는 내 생명의 능력이시니 내가 누구를 무서워하리요"(시 27:1). 같은 의미에서 바울은 이렇게 말했다. "만일 하나님이 우리를 위하시면 누가 우리를 대적하리요"(롬 8:31).

이것이 성경이 "아무 일에든지 부끄러워하지 아니"하게 될 "기대와 소망"에서 용기를 얻으라고 말하는 이유이다(빌 1:20).

하지만 우리가 용기 있게 살지 못하도록 방해하는 수치는 하나님 앞에서의 수치만이 아니다. 다른 사람들 앞에서의 수치도 문제이다. 대부분의 사람들에게 '심판' 혹은 '판단'은 불쾌한 개념이다. 비신자들에게 종교인들의 어떤 점이 싫은지를 물어보면 가장 먼저 듣는 답 중 하나가 '비판적'이라는 것이다. 성경을 전혀 모르는 사람들도 "비판을 받지 아니하려거든 비판하지 말라"라는 구절은 인용할 줄 안다. 이들의 지적은 분명 일리가 있다. 많은 사람이 도덕적으로 남들보다 우월한 체하며 자신도 지키지 못하는 잣대를 남들에게 들이대는 크리스천들을 경험한 적이 있다.

그런데 비판적인 판단을 비판하는 말도 일종의 '판단'에 근거한다. 물론 그 판단은 선악을 분간한다는 의미에서의 판단이다. 진실함은 좋은 것으로, 위선은 악한 것으로 판단해야 한다. 다른 모든 면에서도 판단이 필요하다. 각자의 판단은 다르더라도 도덕적인 것과 부도덕한 것을 구분하는 판단 없이는 일관적인 행동을 할 수 없다. 그런데 아이러니하게도 그리스도의 심판대에 관한 의식이야말로 이 세상에 가장 필요한 것이며, 이 의식은 오히려 남들에 대한 비판적인 판단을 줄여 준다. 사도 바울은 이렇게 말했다. "밖에 있는 사람들을 판단하는 것이야 내게 무슨 상관이 있으리요마는 교회 안에 있는 사람들이야 너희가 판단하지 아니하랴"(고전 5:12).

왜 그럴까? "밖에 있는 사람들은 하나님이 심판"하시기 때문이다(고전 5:13). 교회는 외부 세상의 통치자처럼 행동할 필요가 없다. 심판의 날이 반드시 오며 그날 심판대에 앉을 분은 우리가 아니라는 사실을 알기에 우리는 곡식에서 가라지를 뽑거나 양 떼에서 염소들을 골라내야 할 필요성을 느끼지 않는다.

그런데 우리는 전혀 판단 없는 시대에 살고 있지 않다. 아무리 아니라고 말해도 우리는 수없이 판단하며 살아간다. 우리 시대는 그리스도의 심판대를 무수히 많은 작은 심판대로 바꾸었다. 이런 심판대에서 내리는 궁극적인 벌은 수치를 주고 추방하는 것이다. 중학교 식당이나 신학교 교수 라운지, 요양소 휴게실에서의 궁극적인 벌은 "당장 이곳에서 나가!"라고 말하는 것이다. 이것은 수치를 주는 행위이다. 이런 수치에 대한 두려움은 사람들로 하여금 무리 속에 숨게 만든다.

교회 안에서도 이런 일이 벌어진다. 어쩌면 더 자주 일어나는 지도 모른다. 성경은 우리에게 죄에서는 멀어져도 죄인들에게서는 멀어지지 말라고 명령한다. 하지만 반대로 행동하기가 쉽다. 여전히 "그는 세리 같은 죄인들과 함께 먹는다"라는 비난은 통한다. 하지만 용기는 그리스도를 따라 아픈 사람들에게로 다가가지 못하도록 위협하는 자들을 두려워하지 않게 한다. 분명 성경은 외부에 있는 자들이 아니라 형제자매인 내부 사람들을 판단하라고 한다. 하지만 반대로 행하는 것이 훨씬 더 쉽다.

심판대를 제대로 이해하면 이 모든 상황이 해결된다. 하나님 앞에서 수치를 당할 두려움에서 해방되면 남들 앞에서 당하는 수치에 대한 두려움에서도 해방될 수 있다. 사도 바울이 고린도의 비판자들에게 어떤 말을 했는지 들어보라. "너희에게나 다른 사람에게나 판단받는 것이 내게는 매우 작은 일이라"(고전 4:3).

얼핏 이 말은 "너는 감히 나를 판단할 수 없어"라는 요즘 세상의 반항적인 정신과 일맥상통해 보인다. 하지만 전혀 그렇지 않다. 바울의 말을 계속 들어보면 알 수 있다. "나도 나를 판단하지 아니하노니 내가 자책할 아무것도 깨닫지 못하나 이로 말미암아 의롭다 함을 얻지 못하노라 다만 나를 심판하실 이는 주시니라 그러므로 때가 이르기 전 곧 주께서 오시기까지 아무것도 판단하지 말라 그가 어둠에 감추인 것들을 드러내고 마음의 뜻을 나타내시리니"(고전 4:3-5).

바울은 자신이 심판대에 서지 않기 때문이 아니라 오히려 서게 될 것이기 때문에 남들의 판단에 대한 두려움에서 해방될 수 있었다. 그리고 그는 자신이 남들을 알기는커녕 자신도 제대로 알지 못한다는 점을 이해했기 때문에 남을 판단하려는 유혹에서 해방될 수 있었다.

우리가 어떤 행동을 하는 이유를 알 때도 있지만 대개는 모를 때가 더 많다. 만약 자신의 동기와 숨은 의도를 모두 파악하려고 하다가는 정신병에 걸릴지도 모른다. 거룩함과 순종을 추구하기 위해서 우리 안에서 벌어지는 모든 일을 알 필요는 없다. 사실, 복음서를 보면 심판의 과정은 현장에 있는 이들로서는 이해할 수 없는 부분이 많다. 마태복음 25장(예수님이 목자로서 양과 염소, 영생을 얻을 이들과 영벌을 받을 이들을 구분하는 장면)은 오해하기 쉽다. 예수님은 본문에서 양과 염소를 구분하는 법을 말씀하신다. '양'은 그분이 굶주리고 헐벗고 갇혀 있고 나그네일 때 알아보고 돌봐 주었지만 '염소'는 그렇지 않았다. 하지만 이 가르침의 요지는 하나님 나라에서 중요한 것이 지위와 명예에 집착하고 서로를 물고 할퀴는 이 타락한 세상에서 중요해 보이는 것과는 다르다는 것이다.

심판대에 관한 예수님의 가르침에서 '양'이 양처럼 보이는 것은 외적으로 인상적이기 때문이 아니다(물론 그들이 어려운 사람들을 섬기는 모습은 분명 인상적이다). 오히려 염소의 외향이 더 인상적이다. 양이 양처럼 보이는 것은 그리스도를 알고 그분이 이끄시는 대로 따라가기 때문이다. 예수님은 이렇게 말씀하셨다. "내가 진실로 너희에게 이르노니 너희가 여기 내 형제 중에 지극히 작은 자 하나에게 한 것이 곧 내게 한 것이니라"(마 25:40).

하지만 이 말씀은 영벌을 받는 사람들뿐 아니라 구속을 받는 사람들에게도 전혀 뜻밖이다. '양'은 자신에 관한 예수님의 말씀을 이해할 수 없다. "주여, 우리가 어느 때에 주께서 주리신 것을 보고 음식을 대접하였으며 목마르신 것을 보고 마시게 하였나이까?" 이처럼 우리는 남들의 삶은커녕 자신의 삶조차도 제대로 알지 못한다.

물론 자신의 삶을 진지하게 살피는 것은 중요하다. 〈뉴욕 타임스〉(New York Times)의 칼럼니스트 데이비드 브룩스(David Brooks)는 '이력서 미덕'(직업적 성취나 부, 명예)과 '장례식 미덕'(우리가 죽고 나서 사람들이 기억해 주는 인격적 측면들, 브룩스에 따르면 이것이 더 중요하다)이라는 유명한 말을 했다.[3] 하지만 '장례식 미덕'은 분간하기가 여간 어렵지 않다. 우리의 삶 속에는 "자신을 너무 몰라"라는 말을 들을 만한 사람이 있다. 그런데 어떤 면에서 우리는 자신을 모르는 사람들이다. 가장 중요한 것은 심판대에서의 선포이다. "잘하였도다 착하고 충성된 종아"(마 25:23).

그리스도 안에 있을 때 우리는 무엇이 중요하고 무엇이 중요하지 않은지를 보게 된다. 또한 우리가 중요하다고 생각했던 것들 중 많은 것이 의식적으로 혹은 무의식적으로 우리가 주변 사람들의 인정을 받기 위해 행동한 것이라는 사실이 눈에 들어오기 시작한다.

사춘기 딸을 둔 한 아버지가 최근 내게 딸의 이중적인 태도에 대해 혼란스럽다는 말을 했다. "아이가 나와 가까워지고 싶어 하면서도 나에게서 자유로워지기를 원하니, 도무지 무엇에 장단을 맞추어야 할지 모르겠어요. 아이도 자신이 무엇을 원하는지 모르는 것 같아 더 가까이 다가가야 할지, 숨통이 트이게 거리를 두어야 할지 판단이 서질 않아요."

어떤 면에서 이것은 사춘기만 겪는 현상이 아니라 우리 모두가 평생 겪는 현상이다. 작가 지야드 마라(Ziyad Marar)에 따르면 우리 안에는 두 가지 상반된 욕구가 상충한다. 자유로워지고 싶은 욕구와 의롭게 여겨지려는 욕구이다. 그는 '자유'가 스스로 통제하고 행동하고 결정하는 것인 것과 마찬가지로, 칭의를 "소속과 인정에 대한 욕구"로 정의한다.[4] 마라에 따르면 이전 시대에는 이런 칭의에 대한 욕구를 주로 신이나 전통에서 해결했지만 세속화된 이 시대에는 오직 서로를 통해서만 해결할 수 있다.[5] 그는 행복으로 가는 길이 이 상반된 두 욕구를 결합하는 데 있다고 말한다. 하지만 이런 '자유'의 부작용은 고립과 외로움이며, 이런 '칭의'의 어두운 측면은 우리를 인정해 줄 수 있는 집단이 수치를 주며 우리를 거부할 수도 있다는 것이다.

문화와 기술에 관한 글을 주로 쓰는 세스 고딘(Seth Godin)은 집단으로부터 수치와 비판을 당할지도 모른다는 두려움이 그 집단을 평범한 수준에 머물게 만들며, 심할 경우에는 창의력이 마비된다고 주장한다. 그의 말을 들어보자.

> "집단들은 다수와 다르게 행동하거나 다르게 보이는 이들에게 수치를 준다. 수치를 무기로 약자들을 굴복시키는 권력자들은 우리의 것을 훔치는 자들이다. 그들은 우리의 비밀(충분히 선하지 않은 점, 충분히 열심히 일하지 않는 점, 좋은 가정에서 태어나지 않은 점, 큰 잘못을 저지른 점)을 폭로하고 진실을 무기로 우리를 추방할 것이라고 말한다. 이 수치, 우리 안의 깊은 곳에 흐르는 이 수치가 위협의 도구로 사용된다."[6]

이런 수치에 대한 두려움으로 인해 사람들은 괜히 정해진 경계를 벗어나는 행동을 하다 치부가 드러나 추방을 당하지 않도록 바짝 엎드린다. 대개 이 위협은 엘리야를 죽이겠다는 이세벨의 맹세처럼 노골적인 위협이 아니라 암묵적인 위협이다.

어떤 사람은 어릴 적에 아버지가 만취 상태로 소파에서 잠이 들 때가 많았기 때문에 늘 거실을 까치발로 지나가야 했다는 말을 했다. 그 가족의 누구도 아버지가 술에 취했다는 사실을 언급하지 않았고 누구도 아이들에게 조용히 있으라고 말하지 않았다. 그러나 집안에서 조용히 다니는 것은 그 집단 안에서 쫓겨나지 않기 위해 지켜야 하는 암묵적인 규칙이었다. 그 규칙은 숨 막히는 환경을 만들어 냈고, 세상을 이롭게 할 수 있는 아이디어와 재능을 사라지게 만들었다. 고딘에 따르면, 답은 옳은 관중을 선택하는 것이다. 자신의 관중을 알면 누구에게 초점을 맞추고 누구의 피드백을 받아들이고 누구의 피드백을 무시할지 알게 된다. "관중에게 정확히 초점을 맞추지 않으면 결국 가장 시끄럽고 까다로운 비평가들을 위한 작품을 만들어 낼 뿐이다. 이 얼마나 시간낭비인가."[7]

숨 막히는 규칙을 통한 순응의 압박은 진실이 아닌 두려움으로 군중을 이끄는 것이기 때문에 결국 냉소주의를 낳는다. 철학자 쇠렌 키르케고르(Søren Kierkegaard)는 이렇게 말한다. "다수는 잘못된 의견을 가지는 것보다 혼자만의 의견을 가지는 것을 더 두려워한다."[8]

순응의 압박은 특정한 영역만이 아니라 직업과 관계, 양육까지 삶의 거의 모든 영역에서 나타난다. 하지만 누구도 항상 모든 사람을 만족시킬 수는 없다. 한 친구가 내게 이런 말을 했다. "네가 조언을 들으러 가지 않을 사람들의 비판에 신경을 쓰지 말게." 그런데 수치는 단순히 말 하나, 행동 하나의 문제가 아니다. 더 큰 질문, 존재론적 질문이 필요하다. 우리의 말이나 행동을 지적하며 수치를 주는 것이 단순히 우리의 말이나 생각을 공격하는 것이 아니라 우리의 존재 가치 자체를 부정하려는 것인지를 판단해야 한다.

수치에 대한 해법은 수치스러운 행동을 부인하는 것이 아니다. 엄연히 우리는 아담의 자손이다. 우리는 수치에 빠진 타락한 인류의 일부이다. 그리고 우리는 수치스러운 짓을 수없이 저질렀다. 특정한 영역에서 수치를 이겨 내기 위해 용기를 그러모을 수는 있겠지만, 삶 전체를 제대로 살아가기 위한 용기를 얻으려면 수치의 뿌리를 파고들어야 한다. 스스로 수치를 참던가, 우리를 위해 수치를 참으신 분을 바라보아야 한다. 이미 심판을 받은 사람만 그렇게 할 수 있다. 오직 십자가에 못 박힌 사람만 그렇게 할 수 있다.

이것이 사도 바울이 비방과 모함을 받으면서도 사명을 이어갈 수 있었던 이유이다. "이제 내가 사람들에게 좋게 하랴 하나님께 좋게 하랴"(갈 1:10). 그리고 이것이 예수님이 빌라도의 재판석 앞에 서서도 조금도 겁을 내시지 않은 이유이다(마 27:19; 요19:13). 예수님은 진짜 심판이 이루어질 것이며 그날에 역할이 뒤바뀔 것임을 알고 계셨다. 우리도 군중의 인정을 갈구하지 말아야 한다. 삶을 남들과 비교하지 말아야 한다. 모든 거짓말이나 비방, 모함, 비판에 일일이 대응해서 자신을 변호하려고 하지도 말아야 한다. 예수님은 제자들이 "나로 말미암아 총독들과 임금들 앞에 끌려"갈 것이라고 말씀하셨다(마 10:18). 예수님은 제자들이 비방을 당해 자신들이 속한 곳에서 쫓겨날 것이라고 말씀하셨다. 하지만 "무엇을 말할까 염려하지 말라"라고도 말씀하셨다(마 10:19). 왜일까?

예수님은 제자들이 인간의 법정에서 내려지는 판결이 아니라 그분 안에서 정체성을 찾기를 원하셨다. 예수님은 그들의 시선을 하나님의 심판대로 돌리셨다. "그런즉 그들을 두려워하지 말라 감추인 것이 드러나지 않을 것이 없고 숨은 것이 알려지지 않을 것이 없느니라"(마 10:26).

　하나님을 두려워할 줄 알게 되면 사람에 대한 두려움과 수치에 대한 두려움에서 해방된다. 그렇지 않으면 평생 수치심과 두려움에 빠져 살 수밖에 없다. 잠시 사람의 인정을 받는다 해도 그 인정은 언제 사라질지 모르는 신기루와 같기 때문이다. 사람의 인정은 우리를 있는 그대로 정확히 알고서도 상관없이 사랑하시는 아버지의 인정과 비교할 수 없다. 수치에서의 자유는 심판을 통해 찾아온다.

　이것이 엘리야가 아합 앞에 담대히 설 수 있었던 이유이다. 그는 먼저 하나님 앞에 서 있는 자신을 보았다. 광야의 위기는 그를 다시 수치와 직면하는 순간으로 이끌었다. 하지만 그 위기는 그를 수치의 자리에 내버려 두지 않았다. 그 위기는 그를 진정한 정체성과 소명 앞으로 다시 서게 했다. 우리도 마찬가지이다. 좋은 소식이 있다. 심판의 날이 오고 있다. 더 좋은 소식은, 심판의 날이 이미 왔다는 것이다! 이제 우리는 그리스도 안에 숨어서, 오래전 요단강에서 선포되었고 빈 동산의 무덤에서 다시 선포되었던 판결을 듣고 있다. "너는 내 사랑하는 아들이라. 내가 너를 기뻐하노라."

　이 판결의 근거는 우리 믿음의 강도가 아니다. 우리의 믿음은 너무 약하여 수시로 갈대처럼 흔들린다. 이 판결의 근거는 우리가 믿음을 통해 동참하게 된 생명에 있다. 그 생명은 십자가에 못 박을 수는 있을지언정 파괴할 수 없는 예수님의 생명이다. 짧기만 한 귀한 인생을 수치 속에서 허비하지 말라.

Chapter 4

깨어짐 앞에서

온전함은 내가 안다고
생각했던 것들이
무너질 때 찾아온다

의사를 사칭하는 것은 범죄이다. 하지만 아무도 이 노인을 고소하지 않았다. 일단, 이 노인은 사칭한 것이 아니었다. 그는 실제로 의과대학을 나와 의료 면허를 취득했고 수십 년 동안 의술을 펼쳐왔다. 그는 자기 분야에서 최고의 명의였고, 얼마 동안은 치매를 비롯한 노화 관련 인지 장애를 다루는 유명한 병원의 원장이었다. 그는 불과 몇 시간 전에 병원을 방문하고도 그를 기억하지 못하는 환자들을 어떻게 다루어야 할지 정확히 알고 있었다. 하지만 안타깝게도 올리버 색스(Oliver Sacks)가 자신의 책에서 동료인 이 의사를 소개할 때, 그는 치매에 걸린 노인의 상태였다. 그는 자신이 평생 치료해 왔던 질병에 스스로 걸려, 한때 자신이 원장이었던 병원에 입원해 있었다. 당연히 주변 환경은 너무도 익숙했다. 그래서 그는 매일 회진을 돌고 의료 차트를 읽고 환자들의 상태를 기록했다. 더 이상 의료 활동을 해서는 안 되었지만 아무도 그에게 그 말을 하지 않았다. 환자들은 당연히 기억이 없어서 이의를 제기하지 않았고, 병원 직원들은 이 남자가 망상 속에서 살게 두는 것이 최선이라고 판단했을 것이다.

어느 날 이 모든 상황은 끝이 났다. 회진을 돌던 남자는 빈 침대 옆에 놓인 차트를 훑어보기 시작했다. 중증 치매 진단과 함께 증상과 테스트 결과가 기록되어 있었다. 이윽고 남자의 시선이 차트

상단의 환자 이름을 향했다. 그 이름은 다름 아닌 자신의 이름이었다. 순간, 남자는 울부짖었다. "오, 하나님!"[1]

당신이 생각하는 온전함

이 환자는 정신이 온전하지 못한 상태였다. 물론 우리는 이 온전함(integrity)이란 단어를 주로 도덕적인 측면에서 사용한다. "그 여자는 너무 위선적이야. 도무지 정직한 구석(integrity)이라곤 없어."

하지만 여기서는 좀 더 문자 그대로의 의미에서 온전함에 관해 생각해 보고자 한다. 온전함이란 모든 것이 합쳐져서 일관된 하나의 전체를 이룬다는 뜻이다. 위의 환자는 진실에 관한 위기에 처했다. 그는 주변 세상, 나아가 자신에 관한 진실을 보지 못하게 되었다. 결국, 차트를 보니 주변 상황과 상태는 자신이 보는 것과 전혀 달랐다. 이것은 우리의 문제이기도 하다.

당신이 혹시 우리 집을 염탐할 수 있다면 어떤 날이든 상관없이 이런 대화를 엿들을 수 있을 것이다. "사무엘과 요나가 이삭과 함께 모세의 집에 갔는데 예레미야의 어머니가 녀석들을 몽땅 다니엘의 집에 태워다 주었대." 이름들은 유행했다가 시들해지지만, '이세벨'이란 이름은 어떤 시대에도 여자아이의 이름으로 유행하지 않았을 것이다. 마찬가지로, '아합'이란 이름을 가진 남자를 한 번도 본 적이 없다. 허먼 멜빌(Herman Melville)의 소설 속 망상에 사로잡힌 선장의 이름이 '아합'과 비슷하기는 하지만 말이다. 하지만 선지자들의 이름은 상황이 다르다. 이 글을 쓰는 지금, 내가 앉아 있는 커피숍의 웨이터가 '스바냐'란 명찰을 차고 있다. 계산대를 지키는 청년의 명찰을 보니 '미가'라고 쓰여 있다. 내가 샌타바버라의 포틀랜드에 산다면 상황이 다르겠지만, 나는 아직도 세속화에 완전히 물들지 않은 바이블 벨트 지역인 내슈빌의 교외에 살고 있다. 게다가 출석하는 교회 근처에 살고 있다 보니 주변에는 온통 성경 인물의 이름들이다.

아이의 이름을 짓기 위해 성경을 뒤지는 부모들을 위한 선택사항은 그만큼 많다. 일단, 족장들과 족장의 부인들 중에서 고를 수 있다(예를 들어 '야곱'이나 '리브가'). 아울러 신약에서 제자들의 이름 중에서도 고를 수 있다. 하지만 성경 속 왕이나 왕비의 이름을 딴 아이들은 별로 없다. 물론 '다윗'이란 이름을 가진 남자 아이들이 많고, 가끔 '에스더'란 이름을 가진 여자 아이들이 있다. '솔로몬'이란 이름도 유행했다가 시들해지기를 반복하였다. 다만, 아이의 이름을 솔로몬으로 지은 부모는 언젠가 집에서 아이와 함께 성경책을 읽다가 아이가 "엄마, 첩이 뭐예요?"라고 묻는 날이 올 것에 대해 미리 각오해야 한다. '요시야'란 이름도 좋은 선택사항이다. 아이가 자기 이름을 쓸 수 있을 때까지 얼마나 오래 걸리는지 따지지 않는 부모라면 '히스기야'라는 이름도 괜찮다. 하지만 이외에 구약에 소개된 왕들의 암담한 도덕적, 영적 삶을 생각하면 선택사항은 급격히 줄어든다.

엘리야 이야기에 이르면 이 암담한 그림은 더욱 암담해진다.

성경은 아합에 대하여 "그의 이전의 모든 사람보다 여호와 보시기에 악을 더욱 행하여"(왕상 16:30)라고 평가한다. 그 이전 왕들의 행태를 생각하면 이는 그야말로 최악이다. 이런 아합과 이세벨로 인해 엘리야는 깊이 절망할 수밖에 없었다. 왕실은 단순히 군대와 재물만 소유한 것이 아니었기 때문이다. 왕실은 국민들의 삶을 형성할 능력을 가지고 있었다. 왕실은 옳고 그름, 진리와 거짓을 정의할 수 있었다. 반면, 선지자가 가진 것은 하나님이 주신 말씀이 전부였다. 그런 선지자에게는 반드시 온전함이 필요했다. 미래를 향해 나아갈 용기가 바로 이 온전함에 달려 있었기 때문이다.

이 이야기는 당신이 용기를 얻는 것과 전혀 상관이 없어 보일지도 모른다. 일국의 왕비가 당신을 죽이겠다고 쫓아올 일은 별로 없을테니 말이다. 하지만 근본적인 문제는 동일하다. 용기로 일어서기 위해서는 무엇이 진짜이고 가짜인지, 무엇이 참이고 거짓인지를 분별해야 한다. 그런데 시대와 장소를 막론하고 진리는 초월적인 것이 아니라 권력자의 의지나 군주의 변덕에 따라 정의되는 경향이 있다. 가정에서든 일터에서든, 심지어 교회 안에서도 우리에게 상처를 줄 수 있는 사람의 의지나 통념에서 벗어나 험한 꼴을 당하지 않도록 특정한 것들에 관해 입을 다물거나 아예 현실 자체를 무시해야 한다는 압박이 존재한다. 그 결과는 더 이상 선악을 구분할 줄 모르는 양심의 부재이다. 그 양심은 오로지 '안전한' 것과 '두려운' 것, '유용한' 것과 '불편한' 것만 구분할 줄 알게 된다.

하지만 하나님의 길은 다르다. 이것이 선지자와 왕 사이의 충

돌이 주로 엘리야의 경우처럼 지정학적 장소에서 이루어지는 것이 아니라 인간 정신의 전장에서 벌어지는 이유이다. 꼭 이세벨에게 목숨의 위협을 받지 않아도 진리를 안전과 바꿀 유혹에 시달릴 수 있다. 무엇이든지 두려운 대상 앞에서 우리는 그런 유혹을 받는다. 결과를 결정하는 것은 그런 순간에 대비한 온전함이 우리 안에 형성되어 있느냐이다.

자녀에게 선지자의 이름을 붙여 준 부모는 대개 그 선지자를 존경할 (그리고 그 이름이 '마음에 들') 것이다. 그런데 크리스천들은 선지자를, 훌륭하기는 하지만 범접할 수 없는 영웅으로 보는 경향이 있다. 선지자는 우리와는 차원이 다른 사람처럼 보인다. 하지만 선지자도 우리와 크게 다르지 않은 '인간'이다. 오늘날 '선지자'와 '선지자적'을 비롯해서 성경의 많은 단어들이 매우 왜곡되어 있다.

예를 들어, 많은 사람이 '목회적'(pastoral)을 갈등을 회피하는 수동적인 성격과 결부시킨다. "우리 목사님은 악덕 사채업자를 출교시키지 않아. 그분은 너무 목회적이야." 하지만 '목회적'은 오히려 정반대의 의미이다. '목회적'이란 단어는 맹수들과 싸워서 쫓아내고 위험에 빠진 양을 구하기 위해 험한 산행을 마다하지 않는 '목자'에서 비롯했다. '분별'(discernment)도 상대를 음해하려는 음모이론가들과 이단 사냥꾼들이 멋대로 오용해 온 단어 중 하나이다. 하지만 원래 성경적인 의미에서 분별은 참과 거짓을 아는 지혜를 말한다.

마찬가지로, 제멋대로 말세를 예측하는 자신만만한 전도자들이 '선지자'라는 단어를 자주 오용한다. 좀 더 작은 규모에서, 천성이 다툼을 좋아하는 자들이 '선지자적'인 단어를 남발하고 있다. 그들은 자신을 아합에게 맞선 엘리야나 펠라기우스(Pelagius)에게 맞선 어거스틴(Augustine), 교황에게 맞선 마르틴 루터(Martin Luther) 쯤으로 여긴다. 하지만 그들은 절에 갇힌 중("저 중은 전혀 득도하지 못했어!")이나 동물 보호 단체의 채식주의자("현재의 채식주의는 순수하지 못해! 유제품을 먹는 것도 강제 노동에 일조하는 거야!")와 하루가 멀다 하고 싸움을 벌일 사람들이다. 그들에게 종교는 집 안에 놓는 소품 중 하나에 불과하다. 그들에게 종교는 영적 열심이라는 명목 하에 자신의 분을 풀기 위한 수단이요 배경에 불과하다. 이 자칭 선지자들의 열심은 성령에서 비롯한 것이 아니라 감정을 관장하는 대뇌의 변연계에서 비롯한 것일 뿐이다.

지난 몇 세대 동안 교회 내에서 유행하던 '영적 은사 검사'는 이 문제를 더욱 가중시켰다. 안타깝게도, 남의 흠을 지적하고 언쟁 벌이기를 좋아하는 이들에게 '선지자'의 은사가 있다는 결과가 나오곤 했다. 하지만 실제 선지자들을 분석해 보면 전혀 다른 모습이었다. 실제 선지자들은 자기 주장과 자신감이 강하지 않았다. 오히려 선지자의 사명을 내키지 않아 하고 심지어 두려워하기까지 했다. 이것은 '선지자적'이 성격을 지칭하는 표현이 아니기 때문이다. 선지자의 소명은 성향이나 영적 은사와 상관없이 온전함과 용기와 관련이 깊다.

엘리야에게 온 말씀, 당신에게 오다

성경을 보면 수세기 동안 크리스천들은 이스라엘 백성들을 다루는 데 필요한 선지자, 제사장, 왕의 직분을 구분해 왔고, 이 모든 직분은 예수님 안에서 하나로 합쳐졌다. 성경은 그리스도 안에 있는 모든 자는 그분의 소명과 유산을 공유한다고 가르친다. 이는 우리가 매우 한정적이고 파생적인 의미에서 이 모든 직분의 뭔가를 공유한다는 뜻이다. 왕의 역할은 내적으로 질서를 유지하고(솔로몬이 서로 자신이 아기의 진짜 엄마라고 주장하는 두 여인의 문제를 해결해 준 사건을 생각하면 이해하기 쉽다) 외적으로 국가를 방어하기(다윗이 블레셋을 물리친 것을 생각하면 된다) 위해 마련되었다. 다윗의 가문에서 나온 예수님은 이스라엘, 나아가 온 우주의 진정한 왕이시다. 그리고 예수님은 그분께 속한 자들이 장래에 그분과 함께 세상을 다스릴 것이라고 말씀하신다(눅 22:28-30). 그런데 자신이 천국에서 그리스도와 함께 다스린다고 해서 자신의 관할권에 속하지 않는 외부 세상을 좌지우지하려고 하는 크리스천들이 종종 있다(고전 4:8-9).

마찬가지로, 우리는 '모든 신자가 제사장이다'라는 성경의 가르침을 자주 언급한다. 하지만 이 직분도 역시 제한적이다. 예수님이 하나님과 인간 사이의 유일한 중재자이시며(딤전 2:5) 구약의 제사장 역할이 이제 그분 안에서 완성되었다. 그런데 극악한 죄를 짓고서 교회의 성찬 테이블에서 염소를 제물로 바친다거나 회개하지 않는 죄인에게 죄가 사해졌다고 말하는 사람이 있을 수 있다. 그렇다고 해서 우리의 '제사장 직분'이 무효화되는 것은 아니다. 다만 이 직분을 올바로 알 필요성은 있다. 그리스도 안에서 분명 우리는 제사장의 나라이다(벧전 2:5; 계 1:6; 5:10). 이는 예수님이 몸이 찢기고 피를 흘리고 우리를 위해 적극적으로 중재하시기 때문에 우리 모두가 하나님 앞에 나아가 서로를 위해 중보할 수 있다는 뜻이다. 그리스도 안에서 우리 모두는 제사장의 소명에 참여한다.

하지만 여러 모로 우리가 선지자처럼 느껴지지 않을 수 있다. 예를 들어, 엘리야의 삶과 소명은 우리와 전혀 달라 보인다. 심지어 옷차림과 식단도 완전히 딴판이다. 그의 최종적인 후계자인 세례 요한도 마찬가지이다. 하지만 엘리야의 삶과 소명에서 진정으로 두드러진 측면은 계속해서 하나님의 메시지를 받았다는 것이다. "여호와의 말씀이 엘리야에게 임하여"라는 구절이 계속 나온다. 엘리야가 처음 등장했을 때도, 그리고 그의 이전과 이후 선지자들에게서도 똑같은 역학이 나타난다. 아합은 화려한 배경을 가진 자로 성경에 처음 등장한다. 반면, 엘리야는 어느 날 갑자기 나타난다. 그는 고귀한 혈통이나 높은 성취, 큰 명성을 지닌 자로 등장하지 않는다. 그는 단순히 "길르앗"에서 온 "디셉 사람"으로 소개된다. 디셉은 지금도 위치를 알 수 없는 지역이다. 하지만 바로 이것이 하나님의 말씀이 역사하는 방식이다.

이 시점에서 성경은 이전 경로에서 벗어난 것처럼 보인다. 엘런 데이비스(Ellen Davis)의 말을 들어보자.

"솔로몬의 치리 끝 무렵부터 무게 중심이 왕에게서 선지자로 이동한다. 내러티브의 초점이 전쟁 같은 왕실의 사업과 계획에서 벗어난다. 왕실이 역사를 주로 형성하는 양상에서 벗어난 것이다. 대신, 선지자를 통해 나오는 주권적인 말씀이 전면에 등장한다. 말씀은 선지자의 의도와 소망을 초월하여, 때로는 그것에 정면으로 반해서 작용하기도 한다."[2]

데이비스에 따르면 엘리야는 "무명의 가문, 오지의 알려지지 않은 장소, 권력의 중심에서 멀리 떨어진 곳에서" 왔다. 성경은 엘리야가 아니라 그가 전하는 말씀에 초점을 두었다. 그 말씀은 아합과 이세벨에게만이 아니라 엘리야에게도 위험한 말씀이었다.[3]

자, 이것이 두려움과 씨름하는 당신의 상황과 무슨 관련이 있을까? 모든 신자가 제사장인 것처럼 모든 신자는 선지자이기도 하다. 예수님은 세례 요한이 엘리야의 영을 품고 있으며 요한이 그때까지 등장한 모든 선지자 중에서 가장 위대하다고 말씀하셨다. 그런데 다시 예수님은 "천국에서는 극히 작은 자라도 그보다 크니라"라는 말씀을 하셨다(마 11:11).

베드로는 오순절에 성령이 임하여 요엘의 예언이 이루어졌다고 말했다. "하나님이 말씀하시기를 말세에 내가 내 영을 모든 육체에 부어 주리니 너희의 자녀들은 예언할 것이요 너희의 젊은이들은 환상을 보고 너희의 늙은이들은 꿈을 꾸리라"(행 2:17). 이 일이 실제로 이루어졌다. 오순절 예배의 설교자였던 시몬 베드로는 나중에 이 일이 어떻게 왜 이루어졌는지를 설명했다.

베드로는 자신이 예수님의 삶과 가르침, 부활과 이후에 나타나심의 증인이었다는 사실을 설명하는 데 많은 시간을 할애했다. 하지만 그는 엘리야의 등장에 대한 증인이기도 했다. 베드로와 두 동행인은 예수님과 함께 빛 가운데서 변형된 엘리야와 모세를 보았다(마 17:1-13). 베드로는 교인들에게 이 이야기를 전할 뿐 아니라 이 이상한 사건에 대한 반응으로 들려온 하나님의 음성을 자신이 직접 들었다고 말했다(벧후 1:16-18). 하지만 베드로는 이런 것을 자신의 주장에 대한 핵심적인 근거로 삼지 않았다. 그는 자신이 목격한 사건보다 더 강조해서 이렇게 썼다. "또 우리에게는 더 확실한 예언이 있어 어두운 데를 비추는 등불과 같으니 날이 새어 샛별이 너희 마음에 떠오르기까지 너희가 이것을 주의하는 것이 옳으니라 먼저 알 것은 성경의 모든 예언은 사사로이 풀 것이 아니니 예언은 언제든지 사람의 뜻으로 낸 것이 아니요 오직 성령의 감동하심을 받은 사람들이 하나님께 받아 말한 것임이라"(벧후 1:19-21).

랍비 아브라함 죠수아 헤셸(Abraham Joshua Heschel)은 이렇게 말했다. "아브라함의 하나님이 존재하신다는 증거는 없다. 증인만 있을 뿐이다. 선지자의 위대함은 그가 표현한 개념만이 아니라 그가 경험한 순간들에 있다. 선지자는 증인이고 그의 말은 증언이다."[4]

베드로는 두 눈으로 직접 목격한 기적적이고 초자연적인 것들보다 선지자적인 말을 자기 증언의 기초로 내세웠다. 성경에서 우리는 '선지자적인 말', 곧 하나님의 계시를 듣는다. 그리고 성경을 통해 우리는 복음의 진리에 대한 증인이며, 이제 우리는 이 진리를 온 세상에 전해야 할 책임을 지니게 되었음을 깨닫는다(마 28:19). 이 사실은 예나 지금이나 동일하다.

하나님의 말씀이 엘리야에게 임했고, 그리스도 안에서 하나님의 말씀이 당신에게 임했다. 이 계시는 온전함의 문제이다. 앞서 말했듯이 우리는 주로 인격의 관점에서 '온전함'이란 단어를 사용하지만 기본적으로 성경이 가르쳐 주는 온전함은 구조의 문제이다. 모든 부분이 잘 합쳐져서 튼튼하게 서 있을 때 건물이 '온전하다'고 말할 수 있다.

예수님은 유명한 두 집의 비유에서 이 개념을 사용하셨다. 한 집은 단단한 바위 위에 세워졌고 다른 집은 금방이라도 꺼질 것 같은 모래 위에 세워졌다. 첫 번째 집은 거친 비바람을 견디지만, 두 번째 집은 무너졌는데 "그 무너짐이 심하"였다(마 7:24-27). 이는 온전함에 관한 이야기이다. 또 주목할 점은 이 비유에 안과 밖이라는 두 가지 측면이 있다는 것이다. 외적인 측면에서 집을 지탱해 주는 '바위'는 하나님 말씀이다. 내적인 측면에서 다른 것 위에 세워진 인생은 화려하고 튼튼해 보이지만 궁극적으로는 스스로 무너진다.

성전에 관한 예수님의 비유에서도 같은 주제를 볼 수 있다. 예수님은 예루살렘 성전의 구조적 온전함에 전혀 감동하지 않으셨다. 제자들이 그 웅장함에 감동을 받자 예수님은 이렇게 말씀하셨다. "내가 진실로 너희에게 이르노니 돌 하나도 돌 위에 남지 않고 다 무너뜨려지리라"(마 24:2). 하지만 베드로에 따르면 예수님이 "산 돌"(벧전 2:4-8)로 짓고 계신 성전은 하나님의 말씀 위에 세워지기 때문에 결코 흔들리지도 무너지지도 않는다.

이 이야기가 용기와 무슨 관계가 있는지는 엘리야가 이세벨에게서 도망친 경로에서 분명히 드러난다. 우리는 엘리야가 광야로 '왜' 도망쳤는지를 알고 있다("엘리야는 두려웠다"). 하지만 '어디로' 향했는지 관심을 기울여야 한다. 엘리야는 정처 없이 방황한 것이 아니었다. 그는 분명한 목적지가 있었다. 바로 "하나님의 산" 호렙으로 (왕상 19:8) 향하였다. 호렙이 특별히 관심이 있는 사람들만 알 수 있는 큰 의미 없는 지명 중 하나라면 무심코 넘어갔다고 해도 용서가 된다. 하지만 호렙은 의미 없는 지명이 아니다. 이 산은 엘리야 이전에도 성경에 등장한다. 모세는 당국에 체포를 당할까 봐 두려워서 이 산으로 갔다. 그곳에서 모세는 이 세상의 것 같지 않은 불로 타는 떨기나무 가운데 나타나신 하나님을 만났다(출 3:1-5). 나중에 하나님이 모세에게 이스라엘 백성들을 위한 계명을 주실 때도 그 산에서 다시 불이 내렸다.

이스라엘 백성들은 호렙산에서 약속의 땅을 향한 여행을 시작했다(출 33:6; 신 1:1-6). 엘리야는 바로 이 길을 따라갔다. 그는 광야를 통해 이스라엘 백성들이 처음 하나님의 음성을 들었던 곳으로 돌아갔다. 왜일까? 이것이 우리가 엘리야가 아합에게 처음 한 말로 돌아가야 하는 이유이다. "내가 섬기는 만군의 여호와께서 살아 계심을 두고 맹세하노니." 앞서 말했듯이 이는 하나님의 심판대 앞에서의 책임성을 지칭하는 언어이다. 동시에 이는 온전함에 관한 언어이기도 하다.

용기와 온전함의 관계

엘리야는 자신이 전한 메시지에 책임이 있음을 분명히 알았다. 그런데 지금 그는 위기에 처하였다. 그리고 그 위기 속에서 모든 열심이 사그라졌다. 그 순간, 그의 세상은 산산이 흩어진 조각과 같아 보였다. 그래서 그는 출발점으로 돌아갔다. 자신의 이야기만이 아니라 이스라엘 백성들의 이야기의 출발점으로 향했다. 용기를 얻기 위해서는 온전함이 필요하며, 온전함을 얻기 위해서는 무엇을 믿을 수 있는지, 어떤 말을 신뢰할 수 있는지 분별할 줄 알아야 한다.

이 점을 보기 위해서는 왜 왕들과 선지자들이 그토록 자주 충돌하는지를 알아야 한다. 하나님 백성들의 온전함을 위해서는 (선지자 직분과 함께) 두 직분이 모두 필요하지만 각기 필요한 이유는 완전히 다르다. 대중문화에 관심을 가지는 사람들은 책이나 영화나 게임 속의 인물들이 주로 질서의 수호자와 혼돈 유발자로 나뉜다는 사실을 알 것이다. 안정을 유지시키는 자들과 안정을 무너뜨리는 자들로 나뉜다. 매우 실질적인 의미에서 (아합과 이세벨이 보여 준 시궁창 수준의 부도덕과 상관없이) 왕과 제사장의 차이가 이와 비슷하다.

왕의 역할은 질서와 연속성을 유지시키는 것이었다. 엘리야 시대의 이스라엘은 두 왕국, 두 왕좌로 분열되어 있었으나 왕족은 여전히 다윗의 가문에 뿌리를 두고 있었다. 그만큼 왕실의 계보가 중요했다. 이스라엘의 왕은 계속해서 다윗의 가문에서만 배출되었다. 하지만 이 안정성은 견제 세력이 없는 가운데서 교만으로 치달

왔다. 시간이 지나자 왕실은 스스로 발생하고 존립하는 집단으로 여긴다. 이는 하나님이 예상하신 그대로였다(삼상 8:10-18). 그리고 사실상 세상의 모든 권력자들이 알고 있듯이 무엇을 진리로 정의할지, 최소한 무엇을 진리라고 말해도 될지를 통제하는 것보다 권력을 손에 넣기에 더 좋은 방법은 없다.

선지자가 권력을 통제하는 것이 아니라 오히려 권력의 통제를 받게 되면 그 결과는 은폐와 조작이다. 예를 들어, 발람은 왕의 명령 하에 축복과 저주를 군사 전략의 일환으로 사용했다. 이 외에도 개인적인 안전이나 돈이나 권력의 대가로 왕이 듣고 싶어 하는 말만 해준 왕실 선지자들이 수없이 많았다. 하지만 모세의 법에 따르면 왕은 성경 사본을 써서 매일 읽어야 했다(신 17:14-20). 이를 통해 왕이란 어떤 존재이며 자신이 누구에게 책임이 있는지를 늘 되새겨야 했다. 하나님은 왕이 애굽의 바로처럼 자신을 신으로 여기기 쉽다는 사실을 알고 계셨다.

그래서 하나님은 사울을 찾아간 사무엘이나 다윗을 찾아간 나단, 아합을 찾아간 엘리야처럼 선지자들을 끊임없이 왕들에게 보내어 왕의 권위가 자신만의 진리를 만들어 내기 위해 주어진 것이 아님을 깨닫게 하셨다. 선지자들은 마르틴 루터의 찬송가 가사와 같은 메시지를 끊임없이 선포했다. "이 땅의 모든 권력 위에 있는, 권력에 의지하지 않는 말씀이 영원하네"(That word above all earthly powers, no thanks to them, abideth). 이런 식으로 하나님은 왕들의 안정성에 선지자적 말의 혼란을 더하셨다. 왕은 질서와 연속성을 유지하기 위해 존재하는 반면, 선지자는 위기와 혼란을 불러오기 위해 존재했다. 모든 조각이 합쳐진 온전함을 위해서는 둘 다 필요했다. 인간의 조직들은 온전하지 못할 때도 하나님 말씀은 온전함을 갖추고 있었다.

이 역학은 여전히 유효하다. 더도 말고 전 세계적으로 교회들이 육체적, 성적, 정신적 폭력을 은폐하기 위해 진리와 권위를 오용하고 있는 상황만 보아도 그렇다. 유명한 영적 권위자들이 무고한 희생자들을 착취하기 위해 성경 구절을 인용하며 진리와 권위를 남용하는 일이 비일비재하다. 그러다 들키면 백이면 백, 왜곡된 은혜의 개념을 들고 나와 자신을 변호한다. "하나님은 모든 것을 용서하실 수 있습니다." 가해자들이 권위의 자리를 유지해서 또 다른 희생자들을 찾기 위해 흔히 사용하는 변명의 말이다. 대부분의 가해자들이 자신을 시편 51편의 다윗 왕에 빗댄다. 하지만 그것은 엄연히 자신의 범죄를 은폐하기 위해 성경과 심지어 복음(혹은 비성경적인 버전의 은혜)을 남용하는 짓이다.

신약은 거짓 교리를 제시하는 '거짓 선지자들'을 조심하라고 경고한다. 하지만 이 영적 약탈자들은 희생자를 착취하기 위해 최소한 겉으로는 정통 교리를 표방한다. 엘리의 아들들이 자기 배를 불리고 하나님의 제단을 더럽히기 위해 성경적인 제사 시스템을 이용한 것처럼 말이다(삼상 2:12-22). 사실상 성경의 모든 서신서가 이런 거짓 선지자에 관해 경고하고 있다(벧후 2장).

못된 짓을 할 기회가 이 외에도 널려 있는데 왜 이럴까? 다시 말해, 약탈자들이 왜 굳이 영적 환경을 기웃거리는가? 답은 약자들에 있다. 영적 약탈자들은 약자들을 착취하기 위해 영적 환경을 표적으로 삼는다. 그리고 이를 위해 독실한 신자들이 보여야 할 모든 행동을 철저히 보여 준다. 능숙한 약탈자들은 교회의 관습을 유심히 살피고 교회 용어를 배우며 신앙고백을 읊으면서 제자의 외관을 완벽히 갖춘다. 그들은 마치 명의 도용처럼 성경 구절 같은 권위를 제멋대로 사용한다. 이들은 성경에 무지하거나 연약한 이들에게 끌린다.

이보다 덜 불쾌한 방식이긴 하지만, 권력자들도 자신의 목적을 위해 하나님 말씀을 남용하곤 한다. 아합은 왕으로 태어났고 이세벨은 왕비였지만, 실질적인 의미에서 우리도 왕족이다. 모든 인간은 하나님의 형상을 품은 자로서 우주를 다스리기 위해 창조되었기 때문이다(창 1:27). 하지만 이 통치는 하나님 말씀에 따라 이루어져야 한다. 그런데 뱀은 첫 통치자들을 유혹하기 위해 이 말씀을 왜곡시켰다("하나님이 정말로 그렇게 말했느냐?"). 성경은 우리가 삶 속에 제멋대로 세운 왕국을 뒤흔들어 그 본래의 목적을 회복시킨다. 하지만 하나님 말씀을 우리가 듣고 싶은 말만 하는 왕실 선지자로 변질시키려는 유혹이 항상 존재한다.

그러나 말씀에 기초한 온전함은 우리를 우리 밖에 있는 진리, 우리의 목적에 따라 마음대로 바꿀 수 없는 절대 진리로 이끈다. 거의 모든 문화권에는 비밀스러운 말이나 신비로운 암호를 주문으로 외우는 샤머니즘이 존재했다. 이런 샤머니즘은 거의 모든 종류의 민간전승과 사교에서 출발난다. 그 이유는 무엇일까? 샤머니즘이 이면의 패턴(말씀과 현실 사이의 연관성)을 표절한 것은 아닐까? 예수님은 말을 통해 힘을 소환하려는 샤머니즘적 시도를 많이 마주하셨다. 악한 존재들은 예수님의 이름을 사용하여 그분을 제압하려고 했지만 실패했다(막 1:24). 오히려 예수님은 말씀으로 그들을 내쫓으셨다(막 1:25). 때로는 날카로운 질문을 던지는 방법을 사용하셨다. "네 이름이 무엇이냐?"(막 5:9) 또한 예수님은 우리에게 기도하는 법을 가르치면서 하나님의 관심을 얻기 위해서는 말의 공허한 반복이 필요하다는 생각을 뒤엎으셨다(마 6:7). 우리는 예수님의 이름을 무의미한 주문으로 사용하는 것이 아니라 실제로 예수님과 연합했기 때문에 그 이름으로 하나님께 나아간다.

온전함을 이루는 열쇠, 성경

말씀이 중요하기 때문에 우리의 말이 중요하다. 그리고 말씀이 중요한 것은 우주의 모든 것이 말씀으로 생겨서 지탱되고 있기 때문이다(요 1:1). 이 말씀은 우리가 조종하고 남용할 수 있는 비인격적인 말이 아니라 육신이 되어 우리 가운데 사신 말씀이다(요 1:14). 성경은 하나님의 살아 있는 말씀이다. 이 말씀은 우리 발의 등불이 되고 길의 빛이 된다. 그리고 성령을 통해 우리는 "아빠 아버지!"와 "예수님은 주님이십니다!"라고 부르짖는다. 엘리야가 호렙산으로 돌아간 것은 하나님의 온전하심이 곧 말씀의 온전함을 의미한다는 점을 이해했기 때문이다. 실제로 세상 모든 것이 말씀의 온전함에 의존한다.

우리에게는 우주의 대부분이 불가사의다. 물리학을 비롯한 자연과학에 관해서 배울수록 더욱 불가사의해진다. 그나마 우주가 온전함을 갖추고 있지 않다면, 최소한 모든 조각을 하나로 맞추는 어떤 일관성이 없다면, 우리는 우주의 구조나 작용에 관해서 연구, 하다못해 추측조차 할 수 없을 것이다. 성경의 시각에서 이런 일관성은 궁극적으로 수학 법칙이나 논리 같은 '것'이 아니라 인격적인 '분'이다. 하나님의 '로고스' 곧 그리스도는 모든 것을 지으신 분이며, 그 말씀은 육신이 되어 우리 가운데 거하신다(요 1:1-2, 14). 이분, 즉 예수 그리스도에 관해서 사도 바울은 이렇게 말했다. "만물이 그에게서 창조되되 하늘과 땅에서 보이는 것들과 보이지 않는 것들과 혹은 왕권들이나 주권들이나 통치자들이나 권세들이나 만물이 다 그로 말미암고 그를 위하여 창조되었고 또한 그가 만물보다 먼저 계시고 만물이 그 안에 함께 섰느니라(모든 것이 합쳐져 온전한 상태를 유지하고 있다)"(골 1:16-17).

그리스도 안에서 하늘과 땅이 하나로 결합되어 있고, 산산이 흩어진 인류는 그분과의 연합으로 하나의 '새사람'으로 합쳐진다. 이 연합은 그분을 통해 하나님과 서로에 대해 화해한 교회로 표현된다. 바울은 피조 세계의 광대함을 보면서 "때가 찬 경륜을 위하여 … 하늘에 있는 것이나 땅에 있는 것이 다 그리스도 안에서 통일되게" 하기 위해 하나님의 신비로운 목적들이 "그리스도 안에서" 합쳐졌다고 말했다(엡 1:9-10). 우주가 아무리 혼란스럽고 무작위로 보여도 우주는 예수 그리스도를 중심으로 완벽하게 정돈된 곳이다. 하나님의 계시된 말씀은 우리의 시선을 그리스도에게로 이끌며, 그분을 중심으로 성령을 통해 우리의 삶을 '재조립'한다.

하나님이 창조하신 모든 것이 세상과 육신과 사탄의 어두운 목적에 의해 왜곡될 수 있다는 사실을 알아야 한다. 이 모든 것에는 권위에 대한 순종도 포함된다. 사회 심리학자 스탠리 밀그램(Stanley Milgram)은 실험을 통해 집단 내에서 책임이 분산되거나 자신이 아닌 책임자에게 속할 때 사람들이 부도덕하고 비윤리적인 행동인 줄 알면서도 행한다는 사실을 밝혔다. "상당히 많은 사람들이 합당한 권위에서 내려온 명령이라고 생각하면 행동의 내용과 상관없이, 그리고 양심의 한계 없이 그 명령대로 한다."[5]

이 부패는 수많은 곳에서 수많은 방식으로 이루어지고 있으며, 많은 측면에서 '종교'는 이 부패의 주된 온상 중 하나이다. 오늘날 많은 사람이 크리스천들의 주장에 반대한다고 말한다. 진리가 상대적이지 않고 객관적이라는 주장에 반대하는 이들도 많다. 그러나 성경은 우리가 "지금은 거울로 보는 것 같이 희미"하기(고전 13:12) 때문에 겸손하라고 말한다. 일부 크리스천들이 진리를 분명히 안다고 교만하게 말하는 것이 문제의 원인 중 하나이다. 하지만 사실 사람들이 더 싫어하는 것은 우리가 자기 밖의 진리를 너무 강하게 고수하는 것이 아니라 전혀 고수하지 않는다는 점이다.

한 가톨릭 신자와 종교 내의 성폭력 사건에 관해서 이야기했던 일이 생각난다. 그는 매주 참석하던 미사를 그만둘까 진지하게 고민 중이라고 했다. "우리 교회에서 가르치는 것이 참이 아닐까 봐 그런 것이 아닙니다. 우리 교회가 참이라고 가르치는 것을 실제로 믿는지 의심스럽기 때문입니다."

이 남자가 의심하는 것은 '진리'가 권력을 이끄는 것이 아니라 오히려 권력의 시녀가 되었다는 점이다. 그의 교회가 실제로 그런지 여부를 떠나서, 이 의문은 계속해서 제기되고 있다. 그것은 그만큼 이 문제가 중요하기 때문이다.

종교적인 사람들은 '영적이되 종교적이지 않은' 것을 표방하는 개인주의적인 'DIY' 영성을 비난한다. 물론 비난할 거리가 많다. 교회에 가지 않은 이런 환원주의적인 영성은 세상의 영향을 받은 측면이 많다. 하지만 세속화되고 개인화된 서구 문화만 비난할 것이 아니다. 다들 쉬쉬 하고 있지만 종교 자체에도 큰 책임이 있다.

정치학자 에이튼 허쉬(Eitan Hersh)는 자신과 같은 이념 집단들의 '정치 취미주의'(political hobbyism)를 비판하면서 종교에서도 비슷한 역학이 작용하고 있다고 지적했다. 허쉬는 목회자들의 권력 남용을 지적하면서 많은 이들이 "피해를 입지 않도록 공동체의 힘을 거부하고" 일부러 "무기력한" 종교들을 추구한다고 판단했다.[6] 물론 이런 시도는 헛수고일 뿐이다. 느슨하게 조직된 사교와 소위 영적 스승이라는 자들도 권력을 남용하고 있기 때문이다. 하지만 이 현상 앞에서 기독교 공동체들은 무엇이 수많은 이들로 하여금 무기력한 영성을 추구하게 만들었는지를 물어야 한다. 물론 흔히 말하는 것처럼 자치와 자율을 원하는 현대인들의 욕구도 한몫을 했을 것이다. 하지만 오늘날의 기독교 공동체들이 예수님이 그리신 공동체가 아니라 그분의 이름으로 사람들에게 해를 끼치는 약탈적이고 탐욕스러운 조직인 것이 큰 원인이다.

앨런 무어(Alan Moore)와 데이브 기븐스(Dave Gibbons)의 1980년대 그래픽 노블 《왓치맨》(Watchmen)에서 줄거리의 중요한 부분은 에이드리안 바이트(Adrian Veidt)라는 악한 천재가 오징어 괴물 공격 사건을 조작하려고 한 것이다. 그 결과, 실제로 뉴욕 시민의 절반이 목숨을 잃는다. 그가 괴물 공격 사건을 조작하려고 한 것은 미국과 소련이 공동의 위협 앞에서 연합함으로 핵전쟁을 멈추도록 하기 위함이었다.[7] 물론 우리 세상에서 오징어의 공격을 꾸며 내는 사람은 없지만 비슷한 목적으로 '진리'가 오용되는 일이 자주 벌어진다.

진리를 마주하다

처음 신학생들을 가르칠 때 현재 논쟁의 중심에 있는 주제들에 관해서만 신학을 아는 학생들이 너무도 많다는 사실에 깜짝 놀랐었다. 물론 이는 어제 오늘의 이야기가 아니다. 그리스도론과 삼위일체설에 관한 교회 초기의 논쟁에서처럼 교회는 믿는 바를 분명히 정립하기 위해 논쟁을 벌여 왔다. 하지만 이 학생들 중 일부는 논쟁을 통해 중요한 주제를 분명히 알기보다는 단순히 편 가르기와 다툼의 스릴을 즐기는 것처럼 보였다. 심지어 논쟁거리가 될 수 없는 성경적 교리적 실제적 진리를 따분해 하는 학생들도 보였다. 이것이 우리 시대의 정신이다.

이념이나 종교 성향과 상관없이 사람들은 특정한 '사실들'에 동의하고, 그 사실들이 자신의 '편'에 덜 유용해지는 순간 가차 없이 버린다. '진리'는 공동의 적 앞에서 연합을 강화하기 위한 힘의 한 측면이 된다. 하지만 《왓치맨》에서처럼 이 연합은 오래가지 못한다. 자신들이 참이 아닌 것에 휘둘렸음을 사람들이 깨닫는 순간, 냉소와 허무, 분노, 그리고 극심한 두려움이 가득해진다.

끊임없이 변모하는 소셜 미디어가 세상, 나아가 우리의 정신을 어떻게 바꾸어 놓을지를 생각해 보라. 다 알다시피 소셜 미디어는 때로 '트롤'(trolls, 북유럽 신화의 괴물)로 불리는 이들의 목소리를 증폭시킨다. '트롤'은 마음에 큰 상처를 입고서 분노와 함께 내면의 악마를 표출할 분출구를 찾는 이들이다. 하지만 연구가들은 소셜 미디어가 이런 '트롤'에게 분출구를 제공하는 것만이 아니라 사실상 모든 사람에게 영향을 미쳐 트롤처럼 변질시킨다고 말한다. 테크놀로지 전문가 제이슨 라니어(Jason Lanier)는 그 이유를 보여 주기 위해 인간의 본성을 늑대들의 본성과 비교하면서 모든 인간의 성격 속에 개인 모드와 무리 모드가 있다고 주장했다. 라니어에 따르면, '스위치'가 '무리' 모드로 바뀌면 우리는 실제 무리 혹은 자기 상상 속의 무리를 보호하기 위한 비상 모드로 돌입한다. 그는 집단을 위해 개성을 억눌러야 할 때가 있기 때문에 이 모드가 필요하다고 말한다. 매우 큰 규모에서 생각해 보자.

뉴욕 타임스 스퀘어에 핵폭탄(혹은 거대한 오징어 괴물)이 떨어지기 직전이라고 해 보자. 이 응급 상황과 세계대전을 다루기 위해서는 온 국민이 거의 한 몸처럼 뭉쳐야 한다. 더 작은 규모에서도 마찬가지다. 예를 들어, 명절에 온 가족이 모이면 많은 언쟁이 오갈 수 있다. 하지만 조카가 교통사고로 심각한 부상을 입었다는 전화가 걸려 오면 온 가족이 하나의 집단으로 뭉쳐야 한다. 하지만 이런 경우는 드물어야 한다. 라니어는 보통은 '스위치'가 '외로운 늑대' 모드를 유지해야 한다고 주장한다. 라니어의 말을 들어보자.

> "개인 혹은 무리 스위치가 무리 모드로 넘어가면 서열에 집착하게 된다. 강등되지 않도록 아랫사람들을 억누르고, 윗사람들에게 아부하는 동시에 그들을 저격한다. 동료들은 '아군'과 '적군' 사이를 너무도 빨리 오가서, 그들을 개인으로서 인식하지 못할 지경이다. 그들은 현실과 상관없는 만화책 속의 인물처럼 되어 버린다. 유일하게 일관된 우정의 기반은 다른 무리들을 향한 적의뿐이다."[8]

라니어에 따르면, 이것이 콘텐츠를 급속도로 퍼트릴 때 이성이나 상상, 진실보다 거짓이 더 유용한 이유이다. 집단 정체성을 형성하는 데 도움이 되는 것이 '진리'로 정의될 때 그 '진리'를 받아들이는 것은 현실에 기반하기 때문이 아니라 그렇게 해야 '무리'의 일부가 될 수 있기 때문이다. 현대의 미디어들이 이 현상을 가속화시키기는 했지만, 이 현상은 그 이전부터 늘 존재해 온 것이다. 이 현상은 가족이나 교회, 일터에서 나타날 수 있으며, 대개 참되지 않은 것을 믿는다고 말하라는 공공연한 압박의 형태가 아니라 일종의 자기검열 형태로 나타난다. 즉 구성원들은 집단에서 추방될 빌미가 될 수 있는 불편한 질문들은 아예 생각하지 않는 경향이 있다. 힘이 있는 자들은 대개 우리에게 남들보다 자기 자신을 속일 것을 요구한다.

소설가 메릴린 로빈슨(Marilynne Robinson)은 이렇게 말했다. "진리에 대한 충성보다 이익을 더 중시할 때 사회는 위험한 방향으로 이동한다."[9]

진리에 대한 충성을 집단에 대한 불충으로 여길 때 특히 위험하다. 이 일은 모든 인간의 양심, 가족, 일터, 교회에서 일어날 수 있다. 진리가 권력을 이끄는 것이 아니라 진리가 권력에 맞춰 왜곡될 수 있다. 이런 일이 벌어지면 정직성이 위기에 처한다.

오랫동안 많은 사람이 '도덕적 상대주의', 즉 객관적 도덕이 무너지는 순간의 위험을 경고해 왔다. 이런 경고는 옳았다. 이제 평생 도덕적 상대주의를 경고해 온 사람들의 언어까지 포함해서 거의 모든 곳에서 도덕적 상대주의를 볼 수 있다. 교회 안팎에서 사람들이 정치적 종교적 문화적 적들의 악한 행동을 거세게 비판하면서, 자기 집단 안에서 똑같은 일이 벌어질 때는 입을 다물거나 변호해 주는 것이 현실이다. 이 사람들은 도덕이나 진리, 정의가 아니라 자기 집단을 믿는 것이 분명하다. 그들은 힘을 믿는다. 그들은 자신을 믿는다. 이는 그리스도의 길이 아니다.

'대의'를 핑계로 위험한 불의를 은폐해서는 안 된다. 그리스도의 길은 속임이나 위선이 아니라 진리를 증언함으로써 이루어진다. 심지어 불편한 진리라 해도 그대로 증언해야 한다. 약탈자가 '가족'이라는 이유로 약탈적인 행위를 변명해 주면 진리의 편에 섰다고 말할 수 없다. 스스로 아무리 떳떳하다고 생각해도 그로 인해 수많은 생명이 희생될 수 있다. 때로는 뜨거운 논쟁이 이런 식으로 이루어진다. 아무런 사실적 근거가 없는 주장이 난무한다. 여기서 중요한 것은 주장의 진위가 아니라 그 주장으로 자기 집단에 대한 충성심을 보이고 자기 집단을 더욱 결속시키는 것이다.

하지만 집단의 외부에 있는 사람들은 온전함의 결여를 쉽게 알아본다. 예를 들어, 미국에서 시작되어 세계 전역으로 퍼져 나간 왜곡된 복음인 소위 '번영 복음'에 관해서 생각해 보자. 이 설교자들은 기도(와 아울러 헌금)라는 거래 조건을 이행하면 누구나 부와 건강, 행복을 얻을 수 있다고 약속한다. 하지만 이 주장은 예수님과 제자들의 가르침과 전혀 다르다. 이 '복음'은 전 세계를 돌며 영혼들을 파괴시키는 동시에 그들의 호주머니를 털고 있다. 그럼에도 복음을 고수해야 할 복음주의자들은 사도들이 '다른 복음'이라고 부를 만한 것을 전하는 이들을 환영했다. 동시에 정치나 문화 전략에서 자신과 의견을 달리하는 사람들은 쫓아내었다. 이는 '큰 몸집'을 진리와 동일시하는 미국 기독교의 자연적인 결과이다. 이것도 역시 예수님과 사도들의 가르침과 상반된다.

복음주의(evangelicalism - 오직 성경을 궁극적인 권위로 삼겠다는 교회 개혁 운동) 안에서 슬로건들이 성경의 내러티브와 가르침을 대체하면서 성경에 대한 무지가 가득해졌다. 심지어 성경의 무오를 주장하고 성경을 강해한다고 하는 자들도 성경을 잘 모른다. 대중의 입맛에 맞춘 대중영합주의에 빠진 종교인들은 지역 주민들이 지닌 신념을 파악한 뒤에 그 신념을 뒷받침해 주는 성경 구절들을 골라서 사용한다. 오히려 사람의 신념이 하나님 말씀에 따라 변화되고 형성되어야 하는데, 주객이 전도된 모습이다. 세상 사람들은 이것을 훤히 꿰뚫어 보고 있다.

유도라 웰티(Eudora Alice Welty)에 따르면 군중은 어떤 이슈가 중요한 것처럼 시끄럽게 떠들지만 그들에게 그 이슈가 실제로 중요한 경우는 별로 없다. 군중의 소음은 "마음이 없는 거대한 집단 자아의 표출"일 뿐이다. 하지만 이 소음은 금방 가라앉는다. 이 소음은 의미가 없고, 의미만이 오래 지속되기 때문이다. "군중 안에서, 군중으로부터, 군중의 비위를 맞추려고 해서 이루어진 배움은 단하나도 없다."[10]

메시지만큼 중요한 메신저

종교의 이름 아래서 벌어지는 일을 온 세대가 지켜보며 종교가 진짜인지 아니면 사람들을 조종하고 지지자들을 모으고 돈을 챙기기 위한 유용한 수단 중 하나에 불과한지 고개를 갸웃거리고 있다. 그들은 지금 이렇게 묻는다. 기독교가 정말로 십자가에 못 박히신 그리스도에 관한 종교인가? 아니면 인종 우월주의의 일종이나 이상한 음모이론 혹은 정치 슬로건 제작소일 뿐인가? 교회에 다니지 않는 대학생들이나 교회를 떠난 청년들과 조금만 이야기를 나누어 보면 왜 그들이 그리스도가 빠진 '기독교'를 거부했는지 알 수 있다. 안타깝게도 그들은 왜곡된 기독교를 떠나면서 복음 자체를 떠나고 말았다.

예수님의 진리(엡 4:21)를 믿는 우리에게 이것은 예배의 문제이다. 지옥의 교리를 믿는 이에게 이것은 영원한 결과가 따르는 문제이다. 그저 오늘을 살기 위해 거짓을 지어내거나 남들이 지어낸 거짓에 의존하지 않는 사람만이 온전함을 얻을 수 있다.

하지만 이런 종류의 온전함은 단순히 외적인 진리의 문제만이 아니다. 호렙산에서 주어진 말씀이나 성령의 감동으로 된 성경만 중요한 것이 아니다. 메시지의 온전함도 중요하지만 메신저의 온전함도 중요하다. 소설가이자 수필가이며 시인이었던 웬델 베리(Wendell Berry)는 공동체와 사람들이 무너지는 한 요인에 대해 "자신의 말대로 실천하는" 사람들의 실종이라고 지적했다. 베리는 이런 사람을 '충실'이나 '성실' 같은 표현으로 묘사했다. 이런 사람은 자기 밖의 권위와 진리를 깨닫고 그 진리에 근거한 말을 하며 실제로 그 말에 따라 산다. 요컨대, 그는 지킬 만한 가치가 있는 말을 하고 그 말을 지키는 사람이다.[11] 과부가 아들의 죽음에 대해 엘리야를 탓하자 엘리야가 그의 부활을 위해 기도했고 실제로 부활이 이루어졌다. 그때 과부가 한 말이 의미심장하다. "내가 이제야 당신은 하나님의 사람이시요 당신의 입에 있는 여호와의 말씀이 진실한 줄 아노라"(왕상 17:24). 이 문장에 있어서 두 부분이 모두 중요하다. 그리고 이 두 부분은 고대 근동에서만큼이나 현시대와 장소에서도 중요하다. 물론 하나님 말씀은 그것을 담은 그릇의 온전함에 의존하지 않는다. 이는 정말 좋은 소식이다.

존경하던 목회자가 불륜을 일삼으며 이중적인 삶을 살고 있다는 사실을 알고서 충격을 받았던 기억이 지금도 생생하다. 그런 경험이 처음이라 충격이 더했다. 그 충격이 완전히 사라졌다면 좋겠지만, 비록 성적인 죄만큼은 아니지만 화를 잘 내거나 배우자를 감정적으로 학대하거나 습관적으로 거짓말을 하는 다른 목회자들의 이중적인 모습이 드러날 때마다 묵은 상처가 다시 터졌다. 세례를 베풀거나 깊은 우울증으로 힘들었던 시기에 도와준 사람의 이중적인 면모가 드러나면, 그에게서 배운 모든 것이 그의 인간성만큼이나 거짓이라는 생각이 들 수 있다. 하지만 꼭 그렇지는 않다. 분명 1세기에는 가룟 유다에게서 처음 복음을 들은 사람들이 있었을 것이다. 유다의 배반과 자살 이후에 이 사람들은 자신들의 믿음이 가짜인지 의심했을지도 모른다. 하지만 그들이 애초에 믿음으로 받아들인 것은 가룟 유다가 아니라 그가 전한 메시지였고, 그 메시지는 메신저의 동기와 상관없이 진리이다(빌 1:15-18).

하지만 이것이 증인의 온전함이 전혀 중요하지 않다는 뜻은 아니다. 사실, 예수님은 제자들이 서로 사랑할 때 세상이 그분 말씀의 진정성 혹은 온전함을 보게 될 것이라고 말씀하셨다(요 13:35). 반면, 제자들의 온전함이 없을 때 열국이 하나님을 욕할 것이라고 말씀하셨다(롬 2:24). 나아가 예수님은 당시 종교 지도자들이 모세가 호렙산에서 받은 말씀을 말로는 전하면서 삶으로는 따르지 않는 모습을 질책하셨다(마 23:3; 막 7:13). 예수님의 이런 말씀은 구약 선지자들의 말과 정확히 일치한다. 선지자들도 하나님 백성들의 삶이 입으로 고백하는 말씀에 대한 불신을 보여 주기 때문에 그들의 예배가 거부를 당한 것임을 지적했다(사 1:12-17). 예나 지금이나 이것이 문제이다.

예를 들어, 최근 보수주의 복음주의 크리스천 남성들의 포르노 시청에 관한 연구에 따르면 이 남성들과 세상 남성들의 차이점은 이 남성들이 포르노를 도덕적으로 거부하면서도 실질적으로는 본다는 것이다. 연구자는 이를 그들이 믿는다고 생각하는 것과 실제로 살아가는 모습 사이의 지속적인 "도덕적 불일치" 상태로 표현했다.[12]

"불일치"란 표현은 매우 적절하다. 유진 피터슨은 자신이 존경했던 한 사람의 삶을 '일치'의 삶으로 정의했다. 그가 말한 일치는 "그가 말한 것과 사는 모습 사이에 차이가 없는" 상태를 의미한다. 그의 말을 계속 들어보자.

"크리스천의 삶은 평생 일치를 꼼꼼히 챙기는 삶이다. 바로, 목적과 수단의 일치, 자신이 하는 것과 그것을 하는 방식의 일치,

성경에 쓰인 것과 그것대로 사는 것의 일치, 배와 뱃머리의 일치, 설교와 삶의 일치, 설교와 설교자 및 교인들의 삶의 일치, 예수님 안에서 육신이 된 말씀과 우리 육신 안에서 살아지는 삶의 일치."[13]

이 일치는 이 세상에서는 완성될 수 없다. 그렇다 해도 일치는 우리가 추구해야 하는 것이며 성령이 이끄시는 방향이다. 이는 일치가 추상적인 도덕률이나 원칙들의 집합이 아니라 특정한 삶, 곧 그리스도의 삶이기 때문이다. 우리를 향한 하나님의 뜻은 우리가 "그 아들의 형상을 본받"아 "많은 형제 중에서 맏아들이" 되는 것이다(롬 8:29). 이는 무엇보다도 그리스도의 삶을 사는 용기와 관련이 있다.

이런 일치는 말처럼 쉽지 않다. 예수님은 "옳다 옳다, 아니라 아니라 하라"라고 명령하셨다. 이는 말이 우리의 의도 및 생각과 일치해야 한다는 뜻이다. 반체제 극작가(나중에 대통령이 된) 바츨라프 하벨(Vaclav Havel)은 공산체제 아래서 조국 체코슬로바키아가 입은 도덕적 피해를 생각하며 이렇게 썼다. "우리가 도덕적으로 병이 든 것은 생각하는 것과 다른 말을 하는 데 익숙해졌기 때문이다."[14]

이 경우, 말과 생각의 불일치는 주로 외부의 위협 때문이었다. 당국과 비밀경찰이 조그만 반역의 조짐에도 촉각을 곤두세우고 있었기 때문에 사람들은 국가에서 원하는 말만 앵무새처럼 읊는 법을 배웠다. 하지만 대부분의 사람들에게 불일치는 자신의 온전함을 잃는 상황에 대한 보다 적극적인 참여를 통해 나타난다.

그것은 순응에 대한 압박이 대개는 공공연한 압박의 형태로 나타나지 않기 때문이다. 한 법률학자의 말처럼 남들을 관찰해서 얻는 정보가 "그들의 눈에 들기 위해서 해야 할 행동과 말"에 관한 힌트가 된다.[15] 그리고 그 정보대로 하는 것은 위선처럼 느껴지지 않는다. "마음 깊은 곳에서는 동의하지 않아도 그들 앞에서는 입을 다물거나 동의한다." 이 학자는 집단이 개인들에게 행하도록 압박하는 것들에 관해서 이렇게 말한다. "일단 그것을 하고 나면 내적으로 변하기 시작한다. 점점 그들처럼 행동하고, 심지어 생각하게 된다."[16]

사회학자 피터 L. 버거(Peter Ludwig Berger)는 이 역학이 예전 인종 분리에 관한 논쟁이 활발하던 짐 크로우(Jim Crow) 시대 남부에서도 나타났다고 지적했다. 당시 많은 백인 목사들과 리더들, 심지어 개인적으로는 인종차별이 잘못이라고 생각했던 이들도 함구하거나 백인 우월주의 세력의 편에 섰다. 왜 이런 일이 벌어졌을까? 버거는 이런 불의에 대해 '소수' 입장을 가진 목사들과 그 교회들이 '성공의 자리'(교인 숫자와 재정 규모)에서 즉시 멀어졌다는 사실을 지적했다. 교인 숫자나 건물 크기에 연연한 목사들(이런 것에 전혀 신경을 쓰지 않는 목사가 몇 이나 될까?)은 이런 문제에 관해 목소리를 높일 때 따르는 '대가'를 너무도 잘 알고 있었다.

버거는 이런 목사들이 인종차별주의자 교인들과의 갈등에서 졌다기보다는 스스로 다수의 견해를 받아들여 갈등을 피하려고 했다고 설명했다. 그러고 나서 "스스로 양심에 따라서 행동했다고 말하면 이 목사들은 완벽히 표리부동한 사람이 되는 셈이다. 이들의 양심은 이미 사회적 힘에 오염되어 아무런 자극도 받지 못한다."[17] 이런 형태의 '사회적 종교'는 기독교 자체의 위기를 의미했다. "하나님이 진리시라면 진리를 열정적으로 갈망하는 자를 방치하시지 않는다. 결국, 기독교의 진리와 인간의 진실성(integrity)은 서로 모순될 수 없다."[18]

안타깝게도, 교회까지 사회에 물든 양심의 위기는 학교와 식당에서 인종차별이 폐지된 후에도 사라지지 않았다. 지금까지도 여전하다. 사실, 이 위기는 형태만 조금 다를 뿐, 모든 세대 속에 존재한다. 예수님은 이 위기에 관해 이렇게 경고하셨다. "삼가 바리새인들의 누룩과 헤롯의 누룩을 주의하라"(막 8:15). 누룩은 예수님이 하나님 나라의 비유에서도 사용하신 개념이다. 누룩은 보이지 않는 표면 아래서 작용한다. 예수님은 이 '누룩'을 헤롯(공권력이나 정치적 힘 혹은 지위)과 바리새인(정통처럼 보이는 종교적 규칙 준수) 모두와 결부시키셨다.

21세기 북미 교회가 주로 몰두해 온 것은 신앙생활이나 교리, 사명이 아니라 온갖 다른 가치들에 둘러싸인 가치들의 집합으로서의 '기독교'다. 기독교를 주된 문화에 일치시키려고 하든 기독교를 '크리스천' 하위문화 집단의 가치에 일치시키든, 최종적인 결과는 똑같다. 그것은 바로 피로감이다. 타협해야 할 모든 것을 타협하는 일은 여간 힘들지 않다.

금년에 집단에 속하기 위해 받아들여야 할 가치들이 내년에는 폐기될 수도 있다. 한 해에 우리가 집단의 나머지 일원들과 함께 맹렬하게 비난했던 문화적 타락이 다음 해에는 그 순간 우리 '편'의 특성과 우리 편이 행하는 작은 죄와 불의에 따라 용인 가능한 것이 될 수도 있다. 이번 해에는 의로 여겨지던 것이 다음 해에는 자기애나 도덕적 엘리트주의 취급을 받을 수도 있다. 그리고 이 모든 상황을 유심히 지켜보는 이들이 항상 있다. 우리가 아무리 진리를 고수한다고 스스로와 남들에게 말해도 이런 불일치를 오랫동안 꾸준히 지켜보는 이들은 우리에게 신념은 없고 야망만 있다는 사실을 간파할 것이다. 그리고 우리의 내면 깊은 곳에서도 이 사실을 알고 있다. 이런 삶은 피상적이고 거짓된 것일 뿐 아니라 지독히 피곤한 삶이다.

성금요일은 환상뿐인 힘을 얻으려는 유혹에 대한 경고의 메시지로서 교회력 안에 존재한다. 십자가 사건은 일련의 결정, 일련의 타협, 일련의 정치권력 추구의 끝에서 일어났다. 빌라도는 대중의 불만을 원치 않았다. 대부분의 사람들은 '이 세상에 속하지 않은' 나라의 왕이 아니라 투쟁을 벌인 저항군 리더 바라바를 원했다. 로마제국은 예수님을 조롱하기 위해 가짜 '왕'의 옷을 입혔다. 구경꾼들은 예수님이 아버지를 부르는 것을 보고 하나님께 저주를 받았고 아무런 힘도 없다고 판단하여 조롱했다. 하지만 그 굴욕과 약함, 고립의 순간, 십자가는 하나님의 능력과 지혜를 드러냈다. 당시나 지금이나 누가 더 적자인지, 누가 더 위협적이거나 인상적인지를 따지는 다윈주의는 죽음으로 이어지는 길일 뿐이다. 반면, 십자가는 본향으로 이어지는 길이다.

하나님은 그리스도가 오실 때까지 400년 동안의 침묵에 돌입하시기 직전에 말라기 선지자를 통해 말씀하셨다. 이 말씀에도 엘리야와 호렙산이 등장한다. "너희는 내가 호렙에서 온 이스라엘을 위하여 내 종 모세에게 명령한 법 곧 율례와 법도를 기억하라 보라 여호와의 크고 두려운 날이 이르기 전에 내가 선지자 엘리야를 너희에게 보내리니 그가 아버지의 마음을 자녀에게로 돌이키게 하고 자녀들의 마음을 그들의 아버지에게로 돌이키게 하리라"(말 4:4-6).

다시 말해, 하나님은 사람들을 그분의 온전한 말씀에 정렬시키실 계획이셨다. 그리고 그 계획은 거대한 위기를 통해 이루어진다. 이 위기는 끝나지 않았다. 이 위기는 그리스도 안에서 우리에게까지 왔다. 그렇다면 어떻게 온전함을 얻어야 할까? 물론 중요한 것 중 하나는 꾸준히 하나님 말씀에 따라 사는, 느리고도 점진적인 과정이다. 하지만 엘리야의 경우처럼 온전함은 '스스로 조각들을 합치는' 작업이 아니라 오히려 정반대로 깨어짐으로써 이루어지는 경우가 많다. 엘리야가 산으로 가는 길에 경험했던 깨어짐과 무너짐이 필요하다.

과거에는 사람들이 '신경 쇠약'(a nervous breakdown)이란 표현을 자주 썼다. 이 표현은 정신적으로 무너진 상태뿐 아니라 중년의 위기와 일진이 사나운 날까지 온갖 상황에 대해 마구잡이로 사용되었다. 이렇게 헷갈리다보니 요즘에는 이 용어를 거의 사용하지 않는다. 하지만 사실 '쇠약'이란 표현은 현실에 근거한 표현이다. 용기로 '서는' 사람들과 비겁으로 '넘어지는' 사람들의 차이점은 무너지는 상황을 만나느냐 만나지 않느냐가 아니다. 살다 보면 누구나 견고하게 여겼던 것이 무너져 내리는 상황을 만나게 된다. 그런데 이것이 오히려 좋은 소식일 수 있다.

우리의 삶은 수년, 수십 년에 걸쳐서 쌓여 간다. 하지만 하나님은 견고하게 쌓인 것만 같은 삶의 성을 한 번의 위기로 무너뜨리기도 하신다. 그것은 자신의 힘으로 설 수 없고 오직 주의 은혜로 서야 함을 보여 주시기 위함이다. 그런 위기의 순간, 하나님은 그 옛날 이스라엘 백성들을 애굽에서 구하실 때 행하신 일을 하고 계신다. 그 옛날 하나님은 그 백성들을 절망만 가득해 보이는 순간으로 이끄셨다. 자신들의 힘으로는 도저히 극복할 수 없는 상황으로 몰아가셨다. 그러고 나서 모세를 통해 말씀하셨다. "너희는 두려워하지 말고 가만히 서서 여호와께서 오늘 너희를 위하여 행하시는 구원을 보라 너희가 오늘 본 애굽 사람을 영원히 다시 보지 아니하리라 여호와께서 너희를 위하여 싸우시리니 너희는 가만히 있을지니라"(출 14:13-14).

심지어 믿음이 없는 자들도 이런 경험을 한다. 한 리더십 전문가가 말한 "희망과 두려움을 초월한" 상황 속에서 용기를 발휘해야만 하는 경험을 모든 사람이 한다.[19] 그럴 때 자신의 힘으로 결과를 만들어 내겠다는 기대를 버리고 그저 눈앞에 있는 할 일을 하나씩 해야 한다. 한 경영 컨설턴트는 이런 상황을 '중립지대'(the neutral zone)라고 표현했다. 이 상황의 한복판에서 사람들은 어떤 일이 벌

어지고 있는지 모르지만, 나중에 돌아보면 그 시기에 자신의 삶이 변화되었음을 깨닫는다.[20]

이런 상황은 끝처럼 느껴지기 쉽다. 꿈이 죽는 순간처럼 느껴진다. 하지만 사실은 이런 상황 속에서 우리의 무감각이 깨져, 관심을 기울여야 할 것들을 깨닫고 나아갈 길을 보게 된다. 이 상황은 현재 상태가 무너지는 상황이다. 이런 상황을 경험하지 않으면 진정한 온전함 혹은 진정한 용기를 얻을 수 없다. 왜냐하면 그 전에는 자기의존과 자립이란 엉뚱한 곳에서 이것을 찾기 때문이다.

여기서 우리는 현상 전문가들이 '회복력'이 뛰어나서 별다른 문제없이 지내는 아이들을 연구할 때 발견하는 것과 비슷한 뭔가를 볼 수 있다. 문제를 일으키지 않고 조용히 자란 아이들이 중년에 무너지는 경우가 종종 있다. 결국 아이들에게 필요한 것은 어린 시절의 위기와 씨름하는 시간이었다. 훗날 마주할 위기들을 헤쳐 나갈 수 있도록, 주변 사람들이나 부모의 눈에 들기 위해 안전한 길로만 가지 말고 눈앞의 위기와 씨름하는 시간이 필요했다.[21] 그렇다면 온전함은 온전하게만 지내는 것이 아니라 옳은 방식으로 무너졌다가 다시 일어설 때 비로소 이루어지는 것이다.

광야에서 하나님은 엘리야의 삶을 그분의 말씀에 일치시키셨다. 하나님은 당신과 나를 위해서도 같은 일을 행하실 것이다. 그 방법은 우리의 의지와 행동을 통해서가 아니라 그분의 진리 안에서 온전함을 얻게 하시는 것이다. 우리의 이름이 엘리야인지 이세벨인지는 중요하지 않다. 진리는 우리 외부에 있으며, 그 진리는 우리의 삶을 변화시킬 수 있다. 단, 그 진리를 우리의 삶에 맞춰 왜곡하려고 고집을 부리지 않아야 한다.

우리의 온전함은 스스로 생각했던 자신의 모습, 자신이 안다고 생각했던 것들이 무너질 때 찾아온다. 우리는 의사가 아니라 환자이다. 우리 손에 놓인 진료차트는 우리의 것이 아니다. 하나님이 도와주실 것이다.

Chapter 5

약함 앞에서

세상이 알 수 없는
십자가의 강함을
마주하다

지하철에서 천둥의 신을 만나는 것은 흔히 있는 일이 아니다. 그래서 눈길이 갈 수밖에 없었다. 내 관심을 끈 것은 옆자리에 앉은 남자의 팔에 새겨진 커다란 문신이었다. 그는 피곤한 얼굴에 깡마른 체격이었다. 문신은 번개에 둘러싸인 망치의 이미지였다. 나는 그것을 북유럽 신화에 나오는 천둥의 신 토르의 망치인 묠니르(Mjolnir)로 생각했다.

그 남자가 50년 전 스탠 리(Stan Lee)가 쓴 만화책에 등장한 토르 캐릭터의 팬이라고 생각했다. 슈퍼히어로 토르는 최근 그 캐릭터를 주인공으로 내세운 영화가 큰 성공을 거두면서 큰 인기를 끌게 되었다. 나는 보통 이런 상황에서 낯선 사람에게 말을 걸지 않지만 이번에는 특별히 그 남자에게 토르의 팬인지 물었다. 그는 문신의 그림이 실제로 묠니르이지만 내가 그것을 판타지 소설과 영화 속의 토르와 결부시키는 것이 이상하다는 표정을 지었다. "이건 제 종교예요." 그가 말했다.

이제 나는 정말로 호기심이 생겨서 몇 가지 질문을 더했다. 남자는 자신이 고대 신들에 대한 예배를 부흥시키려는 전 세계적인 신이교도(neo-pagan) 집단에 속해 있다고 말했다. 토르는 그가 가장 좋아하는 신이었다. 나는 토르가 왜 그렇게 좋은지 물었다. 그러자 그는 지면에 싣기 곤란한 저속한 표현을 써가며 토르는 누구에게도 당하지 않는다는 점을 설명했다. "저의 종교는 약자의 종교가 아니에요. 토르는 힘과 능력을 가진 신이죠. 토르는 승자에요."

나는 잠시 생각하다가 말했다. "토르의 망치와 그리스도의 십자가만큼 정반대인 것도 없는 것 같군요." 그가 나를 되돌아보면서 대답했다. "바로 그거에요."

기댈 곳을 찾는 사람들

그날 종일 나는 이 남자의 삶을 상상해 보려고 애썼다. 그는 문신에도 불구하고 전혀 강하거나 위협적으로 보이지 않았다. 아니, 나와 눈 맞춤을 피하고 불안한 듯 주변을 두리번거리는 것으로 보아 어릴 적이나 10대 시절에 괴롭힘을 당했을 법한 사람처럼 보였다. 그의 종교는 아마도 그의 마을에서 발견한 것은 아닐 것이다. 그의 마을에 목요일마다 모이는 '아스가드교회'(Church of Asgard, 영화 스파이더맨에 등장하는 교회-역주)는 없을 것이다. 아마도 그는 온라인에서 신이교도 집단을 발견했을 것이며, 그 집단은 옛 신들 중에서 마스코트를 찾는 백인우월주의 조직 중 하나일 가능성이 높다. 그는 기독교를 위협하는 이교도보다는 겁먹은 소년에 가까워 보였다. 아마도 그것이 그가 토르에게 끌린 이유일 것이다.

그는 망치로 번개를 일으키는 것처럼 자신을 통해 신의 능력을 소환할 수 있다고 상상했을지도 모른다. 토르의 망치가 자신의 두려움을 깨뜨리고, 천둥소리가 밤에 그를 떨게 만드는 소리들을 잠재우리라 생각했을지도 모른다. 그런 면에서 이 젊은 남자는 여느 사람들과 전혀 다르지 않다. 그리고 그는 기독교를 거부하면서도 웬만한 크리스천들보다도 십자가를 더 잘 이해하고 있는 듯했다. 그는 1세기 로마 제국 전체가 인식했던 예수 그리스도의 사건을 제대로 알고 있었다. 그렇다. 예수님은 십자가에 못 박히셨다. 이는 예수님이 적들에게 패하셨다는 뜻이다. 예수님이 로마 제국에 당하셨다. 이런 신은 없다. 이런 영웅은 없다. 바로 이것이 핵심이다.

지하철에서 내려서 걸어가다가 화려한 예루살렘 입성 직후의 예수님에 관해 생각했다. 그때 예수님은 이렇게 말씀하셨다. "지금 내 마음이 괴로우니 무슨 말을 하리요 아버지여 나를 구원하여 이 때를 면하게 하여 주옵소서 그러나 내가 이를 위하여 이때에 왔나이다 아버지여 아버지의 이름을 영광스럽게 하옵소서"(요 12:27-28). 충격적인 사실은 예수님이 사명에 대한 각오를 되새기면서도 미래에 관하여 두려움처럼 느껴지는 말씀을 하신다는 것이다.

세상 누구보다도 침착하셨던 분, 뒤집히기 직전의 배에서 제자들이 죽는다고 난리를 치는 순간에도 눈 하나 깜짝하지 않으셨던 분, 쌀 한 톨 없는 상황에서 군중이 음식을 요구할 때도 전혀 당황하지 않으셨던 분, 제자들에게 아무것도 걱정하지 말고 두려워하지 말라고 가르치셨던 분이 뼛속 깊이 괴로워하고 계셨다.

물론 예수님은 고통 중에 울부짖는 가운데서도 이 시대의 통치자를 패배시킬 것에 관해 말씀하셨다. 그런데 그 방법이 "땅에서 들리"는 것이라고 말씀하셨다. 이는 명성이나 힘이 아닌 다가올 십자가의 고난을 지칭하는 것이었다(요 12:32-33). 주변 모든 사람은 혼란스러울 수밖에 없었다. 예수님은 영존하는 메시아요 구원하는 왕이어야 했기 때문이다. 하지만 예수님이 이 임박한 무기력의 시간에 관해 말씀하실 때 하나님이 하늘의 음성으로 화답하셨다. 그런데 군중은 하나님의 음성을 원한다고 하면서도 약함과 십자가에 관한 이야기 중에 들려온 하나님의 음성은 받아들일 수 없었다.

"곁에 서서 들은 무리는 천둥이 울었다고도 하며"(요 12:29). 그들은 방금 들은 것이 그저 자연 현상일 뿐이라는 말로 두려움을 달랬다. 필시 한 사람이 옆 사람에게 이렇게 말했을 것이다. "들었어? 그냥 천둥소리였지?" 천둥은 흥미로운 선택이다. 천둥과 번개는 자연에서 가장 놀라운 요소 중 하나이기 때문이다. 천둥과 번개는 생명에 필요한 비를 내려 주면서도 위험의 가능성으로 두려움을 일으킨다. 천둥과 번개는 자연이 생명을 주기도 하지만 목숨을 앗아가기도 한다는 사실을 상기시킨다. 아주 먼 옛날부터 인류는 천둥을 신의 메시지로 여겨왔다. 그런데 이 군중은 역으로 하나님의 메시지를 단순한 천둥으로 곡해했다.

물론 토르는 최초의 천둥 신이 아니었다. 이런 신화는 각기 다르지만 힘이라는 하나의 주제로 이루어져 있다. 천둥의 신은 그 어떤 적이나 위협도 막을 수 있는 강한 신이며, 번영에 필요한 비를 줄 수 있는 신이다. 노르웨이와 나이지리아, 폴리네시아와 메소포타미아처럼 문화적으로 지리적으로 완전히 동떨어진 지역들에서 이런 천둥의 신이 존재한 것은 전혀 놀라운 일이 아니다. 옛 이스라엘도 다르지 않았다. 바알은 천둥과 번개와 비의 신이었다. 그의 아내 아세라는 풍요의 여신이었다. 옛 사람들은 먹을 것이 떨어지지 않고 끔찍한 일이 벌어지지 않게 하려면 숭배로 이런 신을 달래야 한다고 믿었다.

가뭄을 실제로 겪어 본 사람은 그것이 얼마나 두려운지를 이해한다. 그리고 토네이도를 피해 지하실로 달려가 본 사람이나 천둥과 번개가 극심하게 치는 하늘 아래서 공터를 걸어 본 사람은 죽음에 대한 공포를 이해한다. 바알과 아세라는 그런 두려움을 달래 주는 존재들이었다. 바알은 곧 힘이었고, 그를 숭배하는 자는 그 힘을 스스로 이용할 수 있었다. 이스라엘에 바알이 존재한 것도 힘을 추구한 결과였다. 바알이 이스라엘에 들어온 것은 무엇보다도 정치적 외교적 연합 때문이었다. 아합과 이세벨의 정략결혼은 서로 위협이 되는 국가들 사이에 긴장을 완화하기 위한 조치였다.

이세벨의 모국에 있던 신들과 아합이 선조들에게 물려받은 유산이 융합된 것은 "모든 종교에서 진리를 찾아보자"라는 시도가 아니었다. 즉, 오늘날 흔히 보이는 종교 다원주의가 아니라 정치권력을 강화하기 위해 왕과 왕비의 배경을 결합하려는 시도였다. 나아가, 바알 숭배는 민간 신앙이었다. 즉 왕을 중심으로 백성들의 힘을 결집시켜 활용하기 위한 종교였다. 그리고 물론 바알 자체가 힘을 상징하는 신이었다.

광야에서의 위기 전에 엘리야도 힘을 가진 인물처럼 보였다.

사실, 그가 조국에서 쫓겨난 것은 힘을 보이지 않아서가 아니라 너무 큰 힘을 보였기 때문이었다. 그는 바알에게 굴욕을 주었다. 그러기 위한 첫 번째 방법은 비를 멈추게 한 것이었다. 이로써 비를 내릴 수 없는 천둥의 신이 얼마나 무기력한 실패작인지를 여실히 보여 주었다. 그 다음은 물론 갈멜산에서의 대결이다. 바알은 주문에 응답해야 했다. 그래서 그를 대언한다고 주장하는 자들이 그의 힘을 이용할 수 있어야 했다. 하지만 갈멜산에서 바알은 침묵했다. 아무런 행동도 취하지 않았다. 심지어 자기 추종자들의 울부짖음에 관심조차 없어 보였다.

반면, 하나님은 엘리야의 말에 즉시 응답하여 엘리야가 쌓은 젖은 제단 위에 불을 내리셨다. 하나님이 참 신임이 증명되었을 뿐 아니라 엘리야의 주장이 참인 것이 증명되었다. 엘리야가 바알을 조롱했던 점들이 모두 사실로 밝혀졌다. 엘리야는 결정적인 순간에 비와 천둥의 신이 잠잠하다는 점을 보여 주었다. 이어서 엘리야는 바알의 선지자들을 상대해서 멸절시켰다. 이 일을 통해 그는 가공의 신뿐 아니라 진짜 왕에게 굴욕을 주었다.

혹시 자존심이 지독히 센 사람과 일해 본 적이 있는가? 그렇다면 이 반응을 쉽게 이해할 것이다. 이런 사람은 자신을 조금이라도 약하거나 무능력하게 보는 말이나 시선을 조금도 용납하지 못한다. 이런 사람은 굴욕을 당하면 분노로 반응한다. 때로는 불같이 '뜨거운' 분노를 발하고 때로는 얼음장처럼 '차가운' 태도로 복수한다. 이세벨은 굴욕을 당하자 엘리야를 죽이기로 결심했다.

그런데 엘리야의 상황이 변했다. 원래 그는 열심과 힘이 가득했던 인물이다. 그는 숫자에서나 화력에서나 열세였음에도 승리했다. 이것이 그가 열심을 다 잃고 광야에서 꽁무니가 빠지게 도망치는 자신을 보며 혼란스러워한 이유이다. 하나님은 갈멜산에서 엘리야를 통해서 하셨던 일을 호렙산에서 엘리야에게 하고 계셨다. 즉 하나님은 우상들을 제거하고 자신을 드러내셨다.

광야에서 엘리야가 배우고 있는 것

하나님은 엘리야에게 무엇보다도 그 자신에 관한 뭔가를 보여 주셨다. 이 이야기는 엘리야가 굶주리고 목말랐다는 사실을 강조한다. 그는 물과 음식이 없이 40일의 밤낮을 보낸 후에 목적지인 호렙산에 도착했다(왕상 19:8). 하지만 그는 그 동안 돌봄을 받았기 때문에 죽지 않았다. 광야에서 천사가 "네가 갈 길을 다 가지 못할까 하노라"라고 하며 음식과 물을 제공해 주었다(왕상 19:7). 엘리야가 이런 공급하심을 경험한 것은 광야가 처음이 아니었다. 광야에서의 공급하심은 하나님이 이미 행하시던 공급하심이 더 강하게 나타난 것일 뿐이었다.

예를 들어, 엘리야는 가뭄을 선포한 뒤에 하나님의 인도하심으로 시내로 가서 물을 마시고 까마귀들이 가져다 준 음식을 먹으며 생존했다(왕상 17:4). 본문에서 하나님은 우리가 '평범하게' 생각하는 것들과 '특별한' 공급 수단을 결합해서 사용하신 것으로 보인다.

시내를 만나면 그냥 우연이라고 생각할 수도 있다. 우리가 매일 마시는 물이 어디서 오는지에 관해서 깊이 생각하는 일은 별로 없다. 하지만 까마귀는 특별하다. 그리고 엘리야는 까마귀를 통해 연명하면서 자신의 상대적인 무력함을 실감했다. 까마귀는 죽은 고기를 먹는 새이다. 홍수가 끝나자 시체가 천지였기 때문에 까마귀는 노아에게 돌아올 이유가 없었다(창 8:7). 까마귀는 불결하게 취급을 받았다. 그래서 이스라엘 백성들에게는 까마귀를 먹는 것이 금지되었다(시 14:14). 그런데 이제 광야에서 까마귀가 엘리야를 먹였다. 하나님이 이렇게 특별히 개입하시지 않았다면 엘리야는 죽은 목숨이었다.

나아가, 까마귀가 엘리야를 먹인 것은 우주적인 공급망의 일부였다. 하나님은 까마귀도 먹이시는 분이기 때문이다. 하나님은 욥에게 이 점을 지적하면서 창조 질서의 신비와 장엄함을 말씀하셨다. "까마귀 새끼가 하나님을 향하여 부르짖으며 먹을 것이 없어서 허우적거릴 때에 그것을 위하여 먹이를 마련하는 이가 누구냐"(욥 38:41).

나중에 예수님은 우리의 공급받음을 까마귀들의 공급받음과 연결시키신다. 대부분의 사람들은 마태복음에 나오는 "참새들을 생각하라"라는 말씀을 더 잘 알지만, 누가는 까마귀에 관한 예수님의 말씀을 기록하고 있다. "까마귀를 생각하라 심지도 아니하고 거두지도 아니하며 골방도 없고 창고도 없으되 하나님이 기르시나니"(눅 12:24).

예수님은 근심과 걱정에 관해서 경고하면서 하나님을 믿으라고 가르치셨다. 엘리야는 하나님이 까마귀들을 돌볼 뿐 아니라 그 사실에 자신의 생명이 달려 있다는 점을 배우고 있었다. 물과 음식이 절실한 상황을 겪은 엘리야는 그 무엇도 당연하게 받아들여서는 안 된다는 사실을 깨달았다. 엘리야는 하나님이 자신의 의지나 노력이나 행동과 상관없이 다양한 방식(새들, 약한 과부, 그리고 지금은 길가의 낯선 이)으로 돌보실 수 있다는 사실을 깨달았다. 엘리야는 자신이 기계나 신이 아닌 한낱 피조물임을 깨달아야 했다.

하나님은 이 모든 상황에 개입하심으로 엘리야가 아합처럼 되는 것을 막으셨다. 아합과 이세벨, 그리고 그 이전과 이후의 우상 숭배적인 통치자들의 가장 핵심적인 문제점은 우상을 숭배했다는 것이 아니라(물론 이것 자체로도 지독한 악이지만) 자신을 우상으로 삼았다는 것이었다. 가나안 신들의 형상과 그것들에 대한 제사를 보면 이스라엘 왕실은 자신들만큼은 하나님의 명령에서 면제된다고 믿었던 것이 분명하다. 자신들이 인간의 삶과 죽음을 마음대로 할 수 있다는 오만한 선언은 이런 믿음을 더 분명히 보여 준다. 아합과 이세벨은 상황을 있는 그대로 말해서 "이스라엘을 괴롭게 하는" 이들, 곧 반대자들을 모조리 처단하려고 했다. 그들은 더 많이 가지려는 욕심 탓에 권력과 사교를 이용해 약하고 가난한 사람이 가문 대대로 물려받은 것을 빼앗았다.

에스겔 선지자가 꾸짖었던 두로의 왕도 자신이 사람이 아닌 신이라고 믿었다. 하지만 하나님은 그를 죽여 그것이 얼마나 어리석은 망상인지를 분명히 보여 주셨다(겔 28:1-10). 마찬가지로, 신약에서는 백성들이 헤롯 아그립바에게 식량을 의존했기 때문에 그에게 아첨을 했다. 예를 들어, 헤롯이 연설을 하고 나면 백성들은 이렇게 외쳤다. "이것은 신의 소리요 사람의 소리가 아니라." 하지만 누가에 따르면 "헤롯이 영광을 하나님께로 돌리지 아니하므로 주의 사자가 곧 치니 벌레에게 먹혀 죽으니라"(행 12:22-23)라고 한다. 하지만 왕들만 이런 유혹에 빠지는 것은 아니다.

사람들은 잘나갈 때 힘이 자신에게서 비롯한 것이며 무한하다는 착각에 쉽게 빠진다. 하나님께 속하지 않은 자들에게는 이 망상이 죽을 때까지 이어지는 경우가 많다. 그들은 너무 늦게 자신이 생각했던 '승자'가 아님을 깨닫는다. 하지만 하나님께 속한 자들의 경우에는 모든 숨과 삶, 존재에 대해 철저히 그분께 의존하는 피조물임을 깨닫는다. 이는 광야에서 하나님이 엘리야에게 하고 계셨던 일의 일부이다.

이것이 열왕기상에 기록된 엘리야의 이야기 속에 또 다른 이야기를 환기시키는 지점이 가득한 이유이다. 엘리야는 요단을 통해 호렙까지 출애굽의 여정을 거슬러 올라갔다. 그 여정 내내 그는 하나님의 놀라운 방법으로 물과 음식을 공급받으며 "사십 주 사십 야" 동안 걸었다(왕상 19:8). 옛 이스라엘 백성들도 광야에서 비슷한 경험을 한다. 최소한 굶지는 않았던 애굽 시절을 그리워할 정도로 극도의 굶주림을 겪었지만 마찬가지로 하나님께 음식을 공급받았다. 하나님의 이 공급하심은 '평범한 방식'(하나님이 깨우쳐 주시지 않았다면 그들은 방랑의 40년 세월 동안 옷이 닳거나 발이 부르트지 않았다는 사실을 끝까지 눈치채지 못했을 것이다(신 8:4)과 기적적인 방식(하늘에서 내려온 만나-신 8:3)의 결합을 통해 이루어졌다.

이 모든 상황에서 굶주림과 공급하심은 사람들을 훈련시키기 위한 하나님의 목적에 따른 것이었다. "사람이 떡으로만 사는 것이 아니요 여호와의 입에서 나오는 모든 말씀으로 사는 줄을 네가 알게 하려 하심이니라"(신 8:3). 하나님은 나중에 복의 땅에 들어갈 사람이기 때문에 이 훈련이 필요하다고 말씀하셨다. 하나님은 "마침내 네게 복을 주려" 하시지만 자칫 그들이 "내 능력과 내 손의 힘으로 내가 이 재물을 얻었다"라는 착각에 빠질 위험이 있음을 아셨다(신 8:16-17). 실제로 아합이 제공한 풍요의 종교를 받아들인 모습에서 이스라엘 백성들이 모든 것이 하나님의 은혜였음을 잊어버렸다는 사실이 분명히 드러난다. 엘리야가 보지 못한 점을 하나님은 보셨다.

하나님은 광야에서의 공급하심을 통해 엘리야가 아합처럼 행동하지 말아야 한다는 점과 아울러 그분이 바알과 전혀 다르다는 점을 깨우쳐 주셨다. 사람들은 하나님과 바알을 비와 농작물, 풍요를 위해 필요한 신으로 여겼지만, 예나 지금이나 하나님은 번영을 위한 우상이 절대 아니다. 하나님은 목적을 위한 수단이 아니다. 바알 숭배자들이 갈멜산에게 어떻게 바알에게 호소했는가? 그들은 아침부터 정오까지 바알에게 울부짖었다. "바알이여 우리에게 응답하소서"(왕상 18:26). 바알의 침묵에 엘리야가 조롱하자 그들은 "큰 소리로 부르고 그들의 규례를 따라 피가 흐르기까지 칼과 창으로 그들의 몸을 상하게 하"였다(왕상 18:28). 그들의 난리에도 성경에 따르면 "아무 소리도 없고 응답하는 자나 돌아보는 자가 아무도 없"었다(왕상 18:29). 공급의 신이라는 자가 공급할 생각이 전혀 없어 보였다.

이것은 바로 바알이 맡은 기능 때문이었다. 바알은 초월적인 존재가 아니라 한낱 도구였다. 숭배자들은 바알이 자신들처럼 거래를 원하기 때문에 있는 힘껏 소리를 지르거나 미친 듯이 춤을 추거나 자신의 피를 흘리는 식으로 그가 원하는 것을 제공하면 바알의 관심을 끌 수 있으리라 생각했다. 바로 이것이 예수님이 경고하셨던 것이다. 예수님은 이방 나라들처럼 하나님이 "말을 많이 하여야 들으실 줄 생각"해서 "중언부언"하지 말라고 말씀하셨다(마 6:7). 대신 예수님은 하나님이 우리에게 필요한 것을 이미 아시기 때문에 그냥 간단하게 "오늘 우리에게 일용할 양식을 주시옵고"라고 요청하라고 가르치셨다(마 6:11).

이것이 엘리야와 바알 제사장들, 엘리야와 왕실의 차이였다. 다시 말하지만 우리는 엘리야의 화려한 삶을 보고서 그를 우리와 다른 사람처럼 생각하는 경향이 있다. 하지만 전혀 그렇지 않다. 사실, 예수님의 형제 야고보는 1세기 교인들에게 엘리야를 우리와 다르게 보지 말아야 한다고 말했다. "엘리야는 우리와 성정이 같은 사람이로되 그가 비가 오지 않기를 간절히 기도한즉 삼 년 육 개월 동안 땅에 비가 오지 아니하고 다시 기도하니 하늘이 비를 주고 땅이 열매를 맺었느니라"(약 5:17-18).

우리를 통해서도 엘리야와 똑같은 '힘'이 나올 수 있다. 엘리야의 힘이 그의 것이 아니었기 때문이다. 엘리야가 가진 것은 기도뿐이었다. 그가 할 수 있는 것은 하나님께 공급과 구원을 요청하는 것이고, 이는 우리도 할 수 있는 일이다. 그리고 우리처럼 엘리야도 기도하면 된다는 사실을 잊었다. 그는 하나님이 수없이(까마귀, 이방인 과부, 길가의 천사를 통해) 공급해 주셨다는 사실을 잊어버렸다.

하지만 이런 상황 속에서도 우리는 하나님과 바알의 차이점을 볼 수 있다. 하나님은 선지자들의 반응에 의존하시지 않는다. 하나님의 행동은 신을 조종하는 어떤 비밀스러운 수단에 좌우되지 않는다. 만약 하나님이 이런 의미에서 '엘리야의 하나님'이었다면 엘리야가 죽여 달라고 하소연했을 때 바로 죽었을 것이다. 하나님은 역사하시는 방식이나 요구하시는 예배 모두에 대해서 바알과 완전히 다르시다. 그리고 이 차이의 이면에는 힘이라는 주제가 있다.

힘의 조건에서 하나님을 정의하면 바알 종교에서와 같은 정신으로 이어질 수밖에 없다. 이 정신은 하늘에서 불이 내린 뒤로도 소멸되지 않고 오늘날까지 여전히 살아 있다. 이름만 달라졌을 뿐이다. 이것이 내가 소위 '번영 복음'이 역사적인 기독교의 일파도 새로운 종교 운동도 아니라고 오랫동안 주장해 온 이유이다. 번영 복음은 옛 가나안에서 성행했던 풍요의 신에 대한 숭배를 되살리려는 운동이다. 이것은 예수 그리스도의 복음이 아니라 마술일 뿐이다.

'번영 복음'은 다단계 사기나 다름없다. 이 상품을 판매하는 사기꾼들은 역사적인 기독교에 속한 것처럼 보이는 이들의 지지를 바탕으로 수많은 삶을 무너뜨리고 있다. 많은 이들이 교인 숫자와 정치적 영향력 같은 세속적인 이익을 얻기 위해 이 미치광이들과 이교도들의 연합에 동조하고 있다. 그 결과는 참담하다. 너무 절박하지 않거나 잘 속지 않는 이들은 기독교에 대해 더 큰 반감만 갖게 되고, 먹잇감이 된 이들은 지옥행 열차를 타게 된다. 이런 '기독교'는 아합과 이세벨의 길이지 예수님과 엘리야의 길이 아니다. 이런 '기독교'의 결말은 아합과 이세벨의 경우처럼 외면당하고 무너지고 개들에게 핥음을 당하는 것이다.

하지만 예수님을 내세워 순진한 자들의 돈이나 표를 약탈하려는 자들만 이런 짓을 하는 것이 아니다. 자고로 모든 인간에게는 하나님을 거래 대상으로 전락시키려는 죄된 성향이 존재한다. "이번 임신 테스트만 임신으로(혹은 임신이 아니게) 나온다면 매일 성경책을 읽겠습니다." "승진되게만 해 주시면 절대 아이들에게 소리를 지르지 않겠습니다." 우리 하나님은 이런 분이 아니며, 이는 우리 모두에게 정말 좋은 소식이다. 우리가 세상이나 하나님 앞에 선보이는 '인상적인 모습들'은 오래지 않아 무너지기 때문이다. 광야에서 엘리야는 자신이 열심히 행한 일이 모두 실패로 끝났기 때문에 자신은 죽어 마땅하다고 한탄했다. 그가 하나님 앞에 서기 위해서는 복음의 힘을 새롭게 깨달음으로 회복되어야만 했다.

우리에게도 이것이 필요하다. 사도 바울은 1세기의 비방자들에게서 비난의 폭격을 받았다. 처음 그들은 바울이 너무 강해서 두려웠다. 바울은 교인들을 죽이러 가는 '열심 있는' 바리새인이었다. 하지만 그가 사도로서 살아가는 모습을 본 뒤에 비방자들의 비난이 변했다. 이제 바울은 너무 강하기는커녕 오히려 약했다. 이제 그의 말이나 행동에서 인상적인 구석이란 하나도 보이지 않았다. 그 자신도 하나님을 만난 특별하고 신비로운 경험을 내세우기보다는 자신이 수없이 패했던 경험을 강조기 시작했다. 그는 마을에서 쫓겨나고 감옥에 갇히고 난파와 버림, 배신, 반대를 당하고 심지어 하나님이 도무지 없애주시지 않는 불가사의한 '육체의 가시'로 고생을 한 일을 거리낌 없이 고백했다. 그러고 나서 하나님이 자신에게 이렇게 말씀하셨다고 증언했다. "내 은혜가 네게 족하도다 이는 내 능력이 약한 데서 온전하여짐이라"(고후 12:9). 이 말씀으로 인해 힘과 성공에 대한 바울의 정의가 바뀌었다. "그러므로 도리어 크게 기뻐함으로 나의 여러 약한 것들에 대하여 자랑하리니 이는 그리스도의 능력이 내게 머물게 하려 함이라 그러므로 내가 그리스도를 위하여 약한 것들과 능욕과 궁핍과 박해와 곤고를 기뻐하노니 이는 내가 약한 그때에 강함이라"(고후 12:9-10). 대부분의 크리스천들이 이 구절을 알지만 이 구절이 의미하는 근본적인 변화를 볼 줄 아는 사람은 그리 많지 않다.

십자가의 고난에 동참할 때 얻게 되는 용기

10대 시절의 나는 학교에서 전혀 말썽을 피우지 않고 규칙을 잘 따르는 '착한 아이'였다. 하지만 딱 한 번, 커닝을 했다는 의심을 받은 일이 있었다. 수학은 내가 가장 싫어하는 과목이었고 기하학은 악몽과도 같았다. 한번은 선생님이 기말시험 중에 내 책상 위에 쓰인 암호 같은 것을 보고 방과 후에 남으라고 하셨다. 교무실에서 나는 머리를 긁적이며 그건 커닝하려고 쓴 것이 아니라 그냥 나를 다독이기 위한 문장이라고 설명했다. 그것은 킹 제임스 성경(당시 내가 알았던 유일한 성경)의 빌립보서 4장 13절 "내게 능력 주시는 자 안에서 내가 모든 것을 할 수 있느니라"에서 각 단어의 첫 번째 글자만 모아 놓은 것이었다. 그런데 돌이켜 보면 나는 이 구절의 의미를 제대로 모르고 있었다.

이 구절에서 바울은 그리스도가 성공이나 번영을 위해 활용할 수 있는 힘의 원천이라고 말한 것이 아니었다. 오히려 정반대였다. "내가 궁핍하므로 말하는 것이 아니니라 어떠한 형편에든지 나는 자족하기를 배웠노니 나는 비천에 처할 줄도 알고 풍부에 처할 줄도 알아 모든 일 곧 배부름과 배고픔과 풍부와 궁핍에도 처할 줄 아는 일체의 비결을 배웠노라 내게 능력 주시는 자 안에서 내가 모든 것을 할 수 있느니라"(빌 4:11-13).

이 구절의 진짜 의미는 예수님이 내 편이시면 내가 시험을 통과할 수 있다는 것이 아니다. 그보다는 이런 뜻이다. "이 시험을 통과하든 통과하지 못하든, 우등생이 되든 부모님께 외출 금지를 당하든, 고등학교를 졸업하든 낙제하든, 승자가 되든 패자가 되든 상관없이 그리스도 안에서 나는 충분히 살아갈 수 있다"라는 뜻이다.

이런 태도가 용기에 중요하다. 자신과 능력, 미래에 관해서 긍정적으로 생각하는 것이 용기의 열쇠라고 말하는 사람들이 많지만 실제는 그렇지 않기 때문이다. 현실에 맞추어서 기대 수준을 조정하는 것이 꼭 염세주의나 비관주의라고 말할 수는 없다. 이생에서 유토피아를 기대하지 않으면 어떻게든 두려운 대상과 상황을 극복할 수 있다. 현실을 무시하지 않고 내 약점과 절박함을 인정함으로 내게 필요한 것을 아시는 하나님을 바라보면 생존할 수 있다. 이는 하나님이 내가 원하는 것을 다 들어주시지 않는다는 뜻이다(알다시피 엘리야는 죽음을 달라고 기도했다). 그것은 하나님이 나 자신보다도 더 내 편이시기 때문이다. 내게 필요한 것은 철저히 하나님을 의지하는 것이며, 그것은 예수님과 함께 십자가의 고난에 동참할 때만 가능하다.

이것이 바울이 고린도교회에 보낸 편지의 서두에서 고난을 새롭게 정의한 까닭이다. 그에 따르면 그의 고난은 무작위적이거나 무의미한 것이 아니라 예수 그리스도의 고난에 참여하는 일이었다(고후 1:5-7). 그리고 이런 고난은 고난 받는 다른 이들을 위로할 수 있는 원동력이 되었다(고후 1:6-7). 하나님이 이 방식을 지금도 계속해서 사용하고 계신다는 것을 아는가? 나와 아내가 불임과 유산으로 슬퍼할 때 가장 큰 위로가 되어 준 사람들은 같은 고난을 겪은 부부들이었다. 내가 아는 최고의 미혼모 사역자는 같은 위기를 겪은 적이 있는 여성이다. 암 투병을 이겨 내거나 가족을 암으로 떠나보낸 사람들이 병원에서 암 환자들을 대상으로 사역하는 일이 얼마나 많은가.

내가 가장 존경하는 목사 중 한 명은 부유한 교회에서 한 번도 아닌 두 번이나 해고를 당한 뒤에 한 도시의 월세방에서 교회를 개척한 분이다. 지금 그 교회는 많은 기존 교회 부적응자들의 상처를 어루만지는 큰 교회로 성장했다. 이 목사가 교인들에게 이렇게 말하는 것을 들은 적이 있다. "여러분이 최악의 실패자였던 시절, 가장 창피해하는 시절을 돌아보십시오. 예수님은 그때도 여러분을 떠나지 않으셨습니다. 예수님은 그때도 여러분을 창피해하시지 않았습니다. 바로 그런 순간에 예수님은 여러분을 가장 따뜻하게 보듬어 주고 계셨습니다."

이 말에 힘이 있었던 것은 그가 이 진리를 머리로만 아는 것이 아니라 실제 삶으로 경험한 사람이기 때문이었다. 하나님이 우리에게 주실 때도 있고 우리에게 있는 것을 가져가실 때도 있는 것은 우리에게 너무도 큰 유혹이 되는 번영의 우상들을 제거하시기 위함이다.

"형제들아 우리가 아시아에서 당한 환난을 너희가 모르기를 원하지 아니하노니 힘에 겹도록 심한 고난을 당하여 살 소망까지 끊어지고 우리는 우리 자신이 사형 선고를 받은 줄 알았으니 이는 우리로 자기를 의지하지 말고 오직 죽은 자를 다시 살리시는 하나님만 의지하게 하심이라 그가 이같이 큰 사망에서 우리를 건지셨고 또 건지실 것이며 이 후에도 건지시기를 그에게 바라노라"(고후 1:8-10).

실로 놀라운 말씀이다. 우리 모두는 아무리 강하고 큰 성공을 거두었다 해도 결국 궁극적인 실패를 향하고 있다. 경제학자 존 메이너드 케인스(John Maynard Keynes)의 말처럼 "장기적으로 우리 모두는 죽은 자이다."

언젠가 우리는 침대에 누워서 숨을 헐떡이게 될 것이다. 언젠가 우리는 우리의 심장 박동을 보여 주는 침대 옆 모니터 화면을 멍하니 응시하게 될 것이다. 이것에 관해서 우리가 할 수 있는 일은 없다. 우리가 할 수 있는 유일한 일은 우리 밖에 있는 힘을 의지하는 것뿐이다.

즉 십자가에 달리셨다가 부활하신 그리스도, 곧 우리를 무덤에서 꺼내 새로운 피조물로 변화시키실 수 있는 유일한 분의 힘을 의지하는 것뿐이다. 그때까지 하나님은 그 순간을 위해 우리를 준비하고 계신다. 그 방법은 우리에게 필요한 것을 주시고, 그러기 위해서 우리가 자신의 필요를 느끼게 만드시는 것이다. 즉 하나님은 우리에게서는 절대 나올 수 없는 의를 향한 굶주림과 갈증을 일으키신다.

하나님은 메신저와 함께 메시지 자체도 새롭게 하신다. 이제 엘리야는 능력의 한계에 이르고 사형 선고까지 받았던 바울과 같은 언어를 사용한다. 하지만 하나님은 그분이 어떤 분이신지를 분명히 깨닫게 하기 위해 그를 그런 상황으로 이끄신 것이었다.

"여호와께서 지나가시는데 여호와 앞에 크고 강한 바람이 산을 가르고 바위를 부수나 바람 가운데에 여호와께서 계시지 아니하며 바람 후에 지진이 있으나 지진 가운데에도 여호와께서 계시지 아니하며 또 지진 후에 불이 있으나 불 가운데에도 여호와께서 계시지 아니하더니 불 후에 세미한 소리가 있는지라"(왕상 19:11-13).

이 일을 겪은 뒤에야 엘리야는 하나님과의 결정적인 만남을 위해 동굴 입구에 이른다. 이 구절은 잘못 해석되기 쉽다. 특히 일부 번역가들이 '지극히 낮은 침묵의 소리'라고 번역한 점이 큰 혼란을 일으킨다. 침묵의 소리가 도대체 무엇인가? 얼핏 이것은 '한 손으로 박수를 치는 소리'와 같은 불교의 선문답처럼 들린다. "세미한 소리" 자체도 혼란을 일으켰다. 많은 사람이 하나님의 음성을 듣기 위해서는 자기 마음속의 '세미한 소리'에 귀를 기울여야 한다고 생각한다.

피터 드 브리스(Peter De Vries)의 소설 *The Blood of the Lamb*(어린 양의 피)에서 한 인물이 위의 구절에 관한 목사의 설교를 평한다. "조용한 묵상의 가치에 관해서 45분이나 떠들다니." 이어서 이런 문장이 이어진다. "우리는 이 구절에 관한 설교를 너무 많이 들었다고, 덕분에 길고 복잡한 강해에 대한 면역력을 얻었다고 입을 모아 말했다."[1] 그럼에도 크리스천들이 이 구절에 그토록 끌리는 데는 그만한 이유가 있다. 크리스천들은 경외감에 젖어 아무 말 없이 조용히 하나님을 경험하는 순간을 원하는 경향이 있다.

물론 지혜는 추론의 과정을 통해서만 찾아오지 않는다. 지혜와 거룩함이 자라기 위해서는 때로 '폐부 깊은 곳'에서 우러나오는 사랑과 의로운 성향이 필요하다. 하지만 우리의 이성과 마찬가지로 이런 직관도 틀릴 수 있다. 내 삶을 돌아보면 '저 사람들은 어리석어'와 같은 내 '가슴'의 소리에 귀를 기울였으면 좋았을 뻔한 순간들이 많다. 하지만 내 안의 세미한 소리가 내가 미워하고 싶은 사람들을 미워하고, 내가 저지르고 싶은 죄를 결국 저지르게 만들 때도 많다는 것을 깨달았다. 내 안의 '세미한 소리'는 내 안의 다른 부분만큼이나 스스로를 속여 다툼과 간음 같은 파멸의 길로 이끌 수 있다. 하지만 이 구절의 뜻은 이런 것이 아니다.

이 구절은 하나님이 침묵 가운데 계셨다고 말하지 않는다. 단지 하나님이 엘리야에게 본격적으로 말씀하시기 전의 구두점과도 같은 조용한 순간이 있었을 뿐이다. 알다시피 그곳은 하나님이 불타는 떨기나무 속에서 모세를 만나 말씀하셨던 곳과 같은 장소이다. 그때 하나님은 피조 세계 안에 계시되 피조 세계로부터 떨어져 계셨다. 타오르되 타서 없어지지 않는 떨기나무는 사람이 근접할 수 없는 것이기 때문이다. 거기서 모세가 하나님의 이름을 묻자 하나님은 "나는 스스로 있는 자다"라고 답하셨다. 여기서도 같은 역학이 작용한다. 하나님은 엘리야에게 자신을 드러내셨지만 먼저 자신이 바알과는 다르다는 점부터 보여 주셨다. 혹자는 이스라엘의 하나님이 자연 세계의 밖에 계신 것이 "야훼의 부족들에게 극도로 중요한 개념"이라고 주장했다.[2] 하나님이 산 위의 이런 자연 현상 '속에' 계시지 않았다는 사실로 인해 엘리야는 하나님의 힘이 세상의 여타 종교와 달리 인간의 목적을 위해 이용될 수 없는 것임을 똑똑히 깨달았다.

엘리야가 불이 내린 갈멜산에서 본 것이 하나님의 유일한 측면이라면 그는 하나님을 바알처럼 자신의 옳음을 주장하고 적들을 굴복시키기 위한 수단으로만 여겼을지도 모른다. 하지만 하나님은 그에게 더 많은 것을 보여 주셨다. 물론 때가 되자 하나님은 분명하고도 또렷하게 말씀하셨다. 하지만 먼저 엘리야는 조용한 가운데 가만히 서 있어야 했다. 엘리야는 회오리바람과 지진과 불이 난무하는 요란한 광경을 본 뒤에 이 고요한 시간을 견뎠다. 소란에 이어 조용한 순간이 끝난 뒤에야 하나님은 앞서 하셨던 물음으로 말씀을 재개하신다. "엘리야야, 네가 어찌하여 여기 있느냐?"

갈멜산에서 선지자의 부름에 응하셨던 것과 달리 여기서는 하나님이 선지자를 부르셨다. "엘리야야, 네가 어찌하여 여기 있느냐?" 여기서 하나님은 바알과 같은 잔인한 지배력의 힘과는 전혀 다른 '권위'의 힘으로 말씀하신다. 세상에서 가장 큰 존경을 받는 랍비 중 한 명인 조나단 색스 경(Lord Jonathan Sacks)은 몇 년 전 남녀 사이의 관계에서 힘이 어떻게 타락할 수 있는지에 대한 글을 썼다. 남자가 육체적 금전적 문화적 힘으로 여성을 지배하고 학대할 수 있다. 이런 현상은 남녀 관계에서만이 아니라 바알 종교에서도 볼 수 있다. 무엇보다도 '바알'이라는 이름 자체가 '주인'을 뜻한다. 하지만 하나님이 호세아에게 보여 주셨듯이 그분의 백성들은 자신을 '바알'이 아닌 '나의 남편'으로 부르게 하셨다.[3]

색스에 따르면 차이는 극명하다.

> "호세아에게 바알 숭배의 본질은 신이 무력으로 세상을 다스린다는 원시적 개념이었다. 힘이 관계의 구조를 결정하는 원시적 사회에서는 남편들이 그런 식으로 가족을 다스렸다. 이에 반해 호세아는 전혀 다른 가능성, 즉 사랑과 상호 충실을 바탕으로 한 부부 관계를 보여 주었다. 하나님은 무력으로 다스리는 바알이 아니고 사랑으로 관계를 맺는 '이쉬'(Ish)이시다. 이것은 바로 아담이 처음 하와를 봤을 때 사용한 단어다."

권위와 지배의 차이가 핵심이다. 이 둘은 모든 면에서 다르다.

하나님은 풍요를 좇는 민간 종교와의 차별점을 분명히 보여 주셨다. 하나님은 바알과 같은 힘이 아닌 권위로 말씀하셨다. 이 차이가 매우 중요하다. 사회학자 로버트 니스벳(Robert Nisbet)이 지적했듯이 '힘'은 외부에서 비롯한 무력을 바탕으로 한 강제력이다. 반면 '권위'는 신의와 교제를 바탕으로 한다. 또한 '언약'을 바탕으로 한다는 표현을 쓸 수도 있다. 니스벳은 "힘은 권위가 무너질 때만 고개를 쳐든다"라고 말했다.[4]

결혼식장에 갔는데 순서지에 "이 부부의 행복한 출발을 위해서 신부가 입장할 때 모두 일어서서 축하해 주시면 감사하겠습니다"라는 문구가 적혀 있다고 생각해 보라. 물론 실제로는 이런 말을 할 필요조차 없다. 대부분의 사람들은 이 순서에 일어서야 한다는 것을 알고, 그렇지 않은 사람들도 주변 사람들이 일어나면 따라서 일어설 것이다. 그런데 만약 순서지에 "신부가 입장할 때 일어서지 않으면 무장 경비원이 즉시 당신의 다리를 부러뜨릴 겁니다"라고 쓰여 있다고 해 보자. 이것은 강압과 무력이다. 관계와 신의를 바탕으로 한 권위가 아니라 두려움을 바탕으로 한다.

복음서에서 나사렛 예수란 인물의 가장 이상한 점 가운데 하나가 바로 이것이다. 마가에 따르면 "뭇 사람이 그의 교훈에 놀라니 이는 그가 가르치시는 것이 권위 있는 자와 같고 서기관들과 같지 아니함일러라"(막 1:22).

이 권위는 복음서 곳곳에서 나타난다. 예수님이 말씀하시자 귀신들이 줄행랑을 친다. 예수님이 말씀하시자 바람과 파도가 잠잠해진다. 예수님이 "나를 따르라"라고 한마디밖에 하지 않았는데 제자들이 그물이나 정부에서 준 돈 가방, 혁명을 위한 무기를 당장 내려놓고 그분을 따른다. 그들이 예수님께 끌린 이유는 보복을 당할지 모른다는 두려움이나 세상적인 뭔가를 얻을 수 있다는 기대가 아니었다. 그 이유는 바로 행동과 목소리에서 흘러나오는 권위였다.

이는 지금도 동일하다. 사도 바울은 우리 모두가 어떻게 어둠의 지배에서 하나님 나라로 옮겨졌는지를 설명했는데, 그 방식은 그가 경험한 것과 정확히 일치한다. "어두운 데에 빛이 비치라 말씀하셨던 그 하나님께서 예수 그리스도의 얼굴에 있는 하나님의 영광을 아는 빛을 우리 마음에 비추셨느니라"(고후 4:6).

이런 종류의 권위는 바로나 아합, 바알처럼 강압과 지배에 뿌리를 둔 권위와는 차원이 다르다. 교회든 정부든 가족이든 권위주의적인 시스템 아래서는 분노가 들끓는다. 그것은 진정한 권위가 없기 때문이다. 그런 시스템 아래서 사람들은 처벌이나 추방이 두려워 자신의 진정한 감정과 생각을 억누르고 살 뿐이다.

바알은 단순한 우상이 아니라 정부 프로그램이었다. 성경에 따르면 이세벨이 자신의 나라에서 이 우상들을 가져왔다. 하지만 필시 아합은 바알과 아세라를 사랑했기 때문에 혹은 그 신들이 자신을 사랑한다고 생각했기 때문에 그들에 대한 숭배를 멈추도록 명령하지 않았을 것이다. 이것도 이세벨과의 혼인처럼 정치적 연합을 이루기 위한 방법 중 하나였다. 나아가, 바알과 아세라 숭배는 백성들을 연합시켜 백성 중 누구도 '이스라엘을 괴롭게' 하지 않도록 만들기 위한 수단이었다.

분노와 혼돈, 걱정의 우상으로 가득한 시대

나는 하나님과 세계, 역사, 경제, 도덕 등 모든 면에서 마르크스(Karl Marx)의 주장에 반대한다. 하지만 최소한 하나만큼은 그의 말이 옳다고 여긴다. 정말로 종교는 현실을 보지 못하도록 대중을 마비시키는 '아편'으로 사용될 수 있다.

나아가 나는 종교가 사람들을 권력자들의 필요에 따라 활용할
수 있도록 사람들을 활성화시키는 '코카인'으로도 사용될 수 있다
고 생각한다. 내가 이 글을 쓰는 지금도 중국의 전체주의 정부는 국
가의 라이벌이 되는 기독교나 이슬람교나 불교 같은 종교를 말살
하려고 애를 쓰고 있다. 동시에, 국력을 키우고 독재자들의 권위를
높여 줄 수 있는 조상 숭배와 알맹이 빠진 기독교 같은 종교들은 장
려하고 있다. 가이사는 "다른 임금 곧 예수라 하는 이"를 섬기는 이
들을 제거하려고 애를 썼지만(행 17:7) "예수(를 비롯한 아무나)와 가이사
가 둘 다 주다"라고 선포하는 종교들에 대해서는 거의 신경을 쓰지
않았다.

　　이 분노의 시대에는 온갖 신과 우상들이 각축전을 벌이고 있
다. 나는 보통 자동차의 범퍼 스티커를 눈여겨보지 않는데 한 범퍼
스티커는 자주 떠오른다. 심지어 무슨 뜻인지도 정확히 모르는 범
퍼 스티커인데 자꾸만 생각이 난다. 한 저널리스트가 경찰서 주차
장에서 자신의 옆 차에 붙은 범퍼 스티커라며 사진을 찍어서 보내
주었다. 그 범퍼 스티커의 메시지는 "예수가 총이 있었다면 아직 살
아 있을 것이다"였다. 나는 그 사진을 보고 고개를 흔들며 이렇게
속삭였다. "예수님은 여전히 살아 계신데, 무슨 소리야?"

　　처음에는 그 차가 크리스천의 차라고 생각했다. 나 같은 복음
주의자가 총기 소유에 관한 자신의 견해를 표현한 것이라고 생각
했기 때문이다. 그렇게 생각하니 화가 치밀었다. 단, 그의 견해 때
문이 아니었다. 나는 무저항주의자가 아니다. 나는 악인들을 향해

칼을 휘두르는 가이사도 필요하다고 생각한다(롬 13:1-7). 그리고 위험에 처한 이웃들을 보호하는 사람들도 필요하다. 내가 화가 난 것은 그가 예수님을 목적을 위한 수단 정도로 여겼기 때문이다. 그는 자신이 이미 정한 결론을 뒷받침하기 위해 예수님의 이름을 들먹였다. 게다가 성경적으로 전혀 맞지도 않는 주장을 펼치고 있다. 물론 이런 사례가 드물지 않다. 하지만 이 경우에는 성경 전체의 요지를 훼손하고 있다는 점에서 더욱 괘씸했다.

바로 이것이 종교가 뭔가(정치적 성공, 경제적 번영, 개인적인 지위 등)의 도구로 사용될 때 나타나는 문제점이다. 심지어 추구하는 명분이 옳다 해도 하나님을 도구로 사용하려는 것은 심각한 문제이다. 이는 하나님을 하나님으로 인정하지 않는 행위다. 한 세대 전에 사회학자 피터 버거는 이렇게 말했다. "하나님을 정치적 갈등의 이념적 도구로 삼는 것은 곧 신성모독이다."

하나님을 도구로 보는 것은 하나님이 선지자들을 통해 그분에 관해 드러내신 것과 정면으로 배치된다. 버거에 따르면 "예언의 메시지의 하나님은 모든 나라와 제국의 위에 계신다. 심지어 이스라엘도 그분을 안전한 정치적 동맹으로 소환할 수 없다."[5]

하지만 그 범퍼 스티커에 관해서 생각할수록 크리스천의 것이 아니라는 생각이 점점 강해졌다. 오히려 정치화된 미국 기독교를 조롱하는 세속주의자나 총기 소지 권리 옹호자들을 조롱하는 총기 규제 옹호자의 것이 아닐까 하는 생각이 들었다. 아니면 지하철에서 만났던 그 토르 숭배자와 같은 공공연한 신이교도가 옛 이교도들처럼 예수님을 제 한 몸도 지키지 못한 약자로 보고 조롱한 것은 아닐까? 여전히 잘 모르겠다. 하지만 그런 것은 전혀 중요하지 않다. 이 모든 메시지의 본질은 하나로 귀결되기 때문이다. 이 모두는 다 힘을 강한 자기주장과 공격과 승리로 이해하는 것이다.

이 범퍼 스티커의 메시지는 어리석기 짝이 없다. 그래서 이 메시지가 다수의 의견, 심지어 신앙을 고백하는 이들 중 상당수의 의견을 반영하고 있지 않다면 여기서 굳이 언급할 가치도 느끼지 못했을 것이다. 이 메시지의 핵심은 예수님께서 자신을 방어할 힘만 있었다면 희생되지 않았을 것이라는 점이다. 하지만 예수님은 이런 주장을 몇번이고 반박하셨다. 누구도 예수님의 목숨을 빼앗지 않았다. 예수님은 스스로 목숨을 내놓으셨다(요 10:17-18).

사도 베드로는 이 범퍼 스티커의 정신에 따라 예수님을 체포하려는 병사에게 검을 휘둘렀다. 하지만 그래서 어떻게 되었는가? 예수님께 꾸중을 들었다. 열두 군단의 천사들을 부르실 수 있는 분에게 검 따위가 필요하겠는가?(마 26:47-56)

예수님은 다른 누군가의 힘에 압도당하시지 않았다. 예수님은 진정한 힘이 무엇인지 보여 주셨고, 그 힘은 세상 사람들의 눈에는 약해 보이기만 하는 십자가였다. 예수님은 베드로에게 그가 적을 쓰러뜨리려고 쓰는 힘이 궁극적으로는 오히려 그를 망하게 할 것이라고 말씀하셨다(마 26:52).

더 중요한 사실은 예수님이 진짜 위기를 알고 계셨다는 점이다. 진짜 위기는 외적인 위해에 대한 위협이 아니었다. 위기는 하나님의 정죄 아래에 놓인 세상이었다. 이 위기를 해결하는 열쇠는 인간의 노력이 아니라 하나님의 어린양의 희생이었다. 베드로는 자신의 최대 적이 로마 제국이라고 생각했다. 하지만 예수님은 로마 제국을 넘어 하늘에서 번개처럼 떨어지는 사탄을 보셨다. 이 시대는 승리와 과시의 우상을 섬긴다. 사람이 무엇에 열정을 쏟고 무엇에 분노하는지를 보면 그 사람에게 정말로 중요한 것이 무엇인지를 알 수 있다. 우리 시대에는 복음의 사명보다 '자기 편'만 챙기는 정체성 정치에 몰두하는 이들이 수두룩하다.

오늘날 논쟁에서 우리가 서로 주장하는 것은 주로 그리스도와 복음이 아니라 사회적 혹은 문화적 혹은 정치적 '기독교'이다. 다시 말하지만, 우리가 한탄하거나 분노하는 이유를 보면 이 점을 분명히 확인할 수 있다. 옛 조상들은 자신의 땅이나 성전을 외국 침략자들에게 빼앗긴 것에는 분노했지만 스스로 하나님의 성전에 우상을 들여놓은 것에 대해서는 전혀 분노하지 않았다(겔 8:1-18).

반면, 예수님은 가이사에게 세금을 내야 하는가, 세리와 열성당원, 바리새인과 사두개인 중 누구의 편에 서야 할까와 같은 당시의 격렬한 논쟁에 격렬하게 반응하시지 않았다. 예수님은 주변 사람들의 대우에도 전혀 분노하시지 않았다. 하지만 하나님을 찾는 이들을 방해하는 자들에 대해서는 눈에 띄게 격노하셨다(마 21:12-17; 23:1-36).

문화나 도덕이나 정책에 관한 논쟁은 분명 중요하다. 자신의 의견을 제시하는 것은 좋은 일이고, 때로는 꼭 필요하기도 하다. 하지만 이를 자기 정체성의 중심으로 삼는다면 옳은 궤도에서 벗어 난 것이다. 이것이 북미의 기독교가 병약하고 심지어 그 사실을 깨 닫지도 못하고 있는 이유이다. 우리는 성경이 밝혀 주는 신비롭고 영광스러운 것은 따분해하고, 영원의 관점에서 중요하지 않은 문제 들에 열을 올린다. 왜일까?

걱정의 우상을 이기는 십자가의 능력

세상이 인정해 주는 종류의 힘에 열광하고, 십자가에 달리신 그리스도를 통해서 오는 하나님의 능력에는 관심이 없기 때문이 다. 우리는 약함과 항복처럼 보이는 산상수훈을 버리고 영향력과 인맥을 선택한다. 이 모든 것은 우리가 무엇을 진정으로 중시하는 지를 분명히 보여 준다. 그것은 바로 이 시대가 치켜세우는 힘과 권 력이다. 우리는 남들보다 더 공격적이고 강하면 희생자가 되지 않 을 것이라고 생각한다. 예수님처럼 패하지 않고 토르처럼 승리할 수 있다고 여긴다.

하지만 진정한 힘은 지배의 길이 아닌 십자가의 길에 있다. 십 자가, 극악무도한 범죄자를 처형하는 방식이다. 십자가에 처형을 당하는 사람은 공동체의 수치요, 국가의 적이요, 하나님의 저주를 받은 자로 취급을 받았다. 1세기 로마 제국에서 추종자를 모으려 는 종교라면 십자가는 절대 강조하지 말아야 할 사실이다. 십자가 를 인정하는 것만 해도 '상대편'에게 백기를 드는 것이나 다름없었다. 십자가는 로마의 힘을 가장 극명하게 보여 주는 상징이었기 때문이다. 길가에 쭉 늘어선 십자가들은 권력에 도전할 생각조차 못하게 만들었다.

바울은 누구든 십자가를 진정으로 이해하면 충격을 받는다고 가르쳤다. 힘과 지혜, 성공, 승리에 관한 시각이 완전히 뒤바뀌기 때문이다. 십자가는 우리가 흔히 추구하는 힘, 혹은 우리가 과시하는 힘과 너무도 다르다. 바울은 십자가에 달리신 그리스도만 선포하겠다고 고백했다. 그 이유는 이렇다. "하나님의 어리석음이 사람보다 지혜롭고 하나님의 약하심이 사람보다 강하니라"(고전 1:25).

나아가 바울은 이렇게 주장했다. "하나님께서 세상의 천한 것들과 멸시받는 것들과 없는 것들을 택하사 있는 것들을 폐하려 하시나니 이는 아무 육체도 하나님 앞에서 자랑하지 못하게 하려 하심이라"(고전 1:28-29). 힘은 영광의 길이 아닌 골고다로 가는 길에 있다. 그리고 하나님이 엘리야도 거기로 이끄셨다.

우리는 대부분 악의 소굴에서 세계를 지배할 계획을 세우는 악당처럼 힘을 추구하지는 않는다. 하지만 사회다윈주의 관점에서 자신을 바라보며 성공과 과시를 추구할 위험은 누구에게나 있다. 이런 지배 욕구가 주변 사람들에게는 분명히 보이지만 자신은 전혀 깨닫지 못할 수도 있다. 물론 대부분의 사람들은 이세벨처럼 사람의 생사를 마음대로 주무를 힘이나 의지가 없다. 하지만 누구나 다른 방식으로 자신의 힘을 사용할 수 있다.

예컨대, 교회의 사역 혹은 운영 방식이 자신의 마음에 들지 않으면 십일조를 내지 않거나 다른 단체에 내겠다고 위협할 수 있다. 헌금을 많이 내면 그 '힘'을 유리하게 사용할 수 있다. 그런가 하면 일터에서 라이벌의 승진을 막거나 최소한 그에 관한 의심이 퍼지도록 험담을 하는 이들도 있다.

당신은 관심을 싫어하고 누구와 다투는 것을 질색하기 때문에 이런 유혹과는 상관이 없다고 생각하는가? 전혀 그렇지 않다. 공격과 지배를 추구하지 않더라도 누구나 강해 보이고 싶은 욕구를 가지고 있기 마련이다.

한번은 나보다 나이가 많고 지혜는 훨씬 더 많은 사람에게 내 인생에서 가장 고통스러운 순간에 대해 털어놓았다. 그때 그가 이런 말을 했다. "자네는 힘든 일을 이야기할 때마다 웃는 것을 아는가?" 나는 전혀 몰랐지만 곰곰이 생각해 보니 그의 말이 맞았다. 나는 약한 모습을 보이면 더 많은 공격이 들어온다는 것을 터득한 후부터 힘들어도 아무렇지 않은 듯 웃어넘기는 습관을 길렀다. 내 삶의 거의 모든 단계에서 이 패턴이 보인다. 문제가 생겨도 매번 괜찮은 척 웃어넘기는 것은 진화론적 생존전략이며 현실을 부인하는 행동이다.

물론 많은 사람이 약한 부분까지 자신을 솔직히 드러낼 줄 알아야 한다고 조언하지만, 모든 사람에게 우리의 깊은 상처와 고통, 문제를 밝힐 수는 없다. 심지어 교회 안에서도 그렇다. 하나님이 우리에게 여러 종류와 수준의 친분과 관계를 주신 데는 다 이유가 있다. 하지만 서로에게 문제를 고백하고 도움을 받기보다는 강한 척만 하는 것은 우리 시대의 그릇된 흐름이다. 우리는 강해 보이기를 원한다. 그리고 그 강함의 일부로서 '행복한' 모습을 보이기를 원한다. 이것은 도마뱀이 위협적인 대상을 쫓아내기 위해 몸집을 크게 부풀리는 행동과도 같다. 이는 힘을 바라보는 왜곡된 시선에서 비롯한 몸짓이다. 예수님은 이와 정반대되는 행동을 보이셨다. 그분은 상처로 신음하는 사람들을 위해서는 강하게 일어나야 한다고 말씀하셨다. 그러나 자신이 욕을 먹고 오해를 받고 심지어 '패자'라는 조롱을 받을 수 있어야 한다고 가르치셨다.

그러나 우리는 이 길을 따르기를 원하지 않는다. 시몬 베드로처럼 세상에서 이 길이 통하지 않는다는 것을 알기 때문이다. 그리고 실제로 그렇다. 우리가 어릴 적부터 듣고 자란 성공의 기준으로만 본다면 십자가의 길은 통하지 않는다. 더 심한 말로 맞받아치지 않으면 그렇게 하는 사람들보다 뒤처질 수밖에 없다. 금배지를 달기 위해 무리에 편승하지 않으면 그렇게 하는 사람들보다 뒤처질 수밖에 없다. 가해자를 용서하는 사람은 또 다른 사람에게 당하기 십상이다. 세상이 그렇다. 단기적으로는 눈에는 눈으로 대응하는 다원주의 전략이 산상수훈의 기독교보다 훨씬 더 좋은 결과를 낳는다.

하나님의 힘으로 가는 그분의 길이 타락한 세상의 길과 다르다는 사실을 반복적으로 보여 주셨다. 예를 들어, 하나님은 기드온에게 군대를 줄이고, 더 줄여서 일부만 남기라고 명령하셨다. 이스라엘 백성들에게는 외모를 보고 왕을 고르지 말라고 말씀하셨다.

소용없어 보이는 하나님에 대한 의존보다 강한 애굽인들과의 동맹에서 안전을 찾으려는 자들을 꾸짖으셨다. 하나님의 길은 지금도 동일하다.

보이는 것 이면의 신비를 묘사한 요한계시록은 '짐승'의 힘을 어린양의 힘과 대비시킨다. 짐승은 강한 힘과 용맹을 갖춘 모습으로 찾아온다. 그 모습에 궁중 선지자들은 감탄을 금치 못한다. "누가 이 짐승과 같으냐? 누가 능히 이와 더불어 싸우리요"(계 13:4). 하지만 그리스도와 함께 다스리는 자들은 불쌍히 여김을 받아 마땅한 자들이다. 즉 제국에 의해 머리가 잘린 자들이 왕 노릇 할 것이다(계 20:4). 바벨론은 화려하고 강했지만 그 미래는 몰락이었다. 예루살렘은 포위를 당해 패했지만 새예루살렘은 영원할 것이다.

집, 일터, 교회, 국가, 문화까지 거의 모든 영역에서 단기적으로는 십자가를 지는 것보다 힘을 휘두르는 것이 더 좋아 보인다. 하지만 그것은 어디까지나 단기적인 상황일 뿐이고, 인생은 한낱 수증기에 불과하다. 우리의 궁극적인 문제점은 외국 열강, 이 시대의 우상, 자신의 욕심, 죽음의 필연성에 사로잡혀 있다는 것이다. 이 문제에 대해서 민간 종교는 아무것도 하지 못한다. 이 문제 앞에서 힘을 추구하는 자세는 아무런 소용이 없다. 이 문제 앞에서 '성공'도 무의미하다.

실패의 상징 십자가, 승리를 향한 지름길

엘리야의 위기는 그 자체로는 큰 의미가 없었다. 단지 엘리야가 원한 것처럼 그 위기 덕분에 세상으로부터 잊혔다는 점에서만 가치가 있었다. 하지만 엘리야의 위기는 그 자체를 넘어 또 다른 위기를 가리켰다. 바로, 호렙산이 아닌 골고다 언덕의 위기를 가리켰다. 그곳에서 예수님은 정부에 의해 처형되실 뿐 아니라 조롱(자주색 옷, 가시관, 머리 위로 '유대인의 왕'이란 푯말)까지 당하셨다. 그곳에서 예수님은 극도의 갈증으로 고통스러워하셨지만 십자가형을 집행한 병사들은 도저히 먹을 수 없는 음료를 내밀었다. 그곳에서, 악한 세상의 한가운데서, 예수님은 죄와 죽음의 저주를 온 몸으로 받아내셨다.

이 약함은 예수님의 적들에게 필요한 증거, 곧 하나님이 그분의 편이 아니라는 증거였다. 하나님이 기름 부은 종을 이토록 철저히 무너지고 고통받게 놔 두실 리가 없으니까 말이다. 예수님은 하늘을 향해 소리를 지르셨다. "나의 하나님, 나의 하나님, 어찌하여 나를 버리셨나이까?" 하지만 돌아온 것은 침묵뿐이었다. 예수님이 아람어로 "엘리 엘리 라마 사박다니"라고 울부짖으실 때 군중은 그분이 엘리야를 부른다고 조롱했다(막 15:34-35). 하지만 그런 것이 아니었다. 수세기 전 엘리야는 하나님의 음성을 기다리며 고통스럽게 울부짖었다. 그가 찾는 구원은 그가 경험한 것보다 훨씬 더 큰 약함의 순간이 올 때까지 온전히 이루어지지 않았다. 그 약함은 바로 십자가였다. 십자가 위에서 예수님은 엘리야를 부르신 것이 아니었다. 오히려 광야에서 엘리야가 예수님을 불렀다.

　용기를 얻으려면 십자가의 아이러니를 마주해야 한다. 다시 말해, 용기로 가는 길은 두려움을 통한다. 과거 바알 숭배자들처럼 우리는 두려움에서 해방되기 위해 힘을 사용한다. 우리에게 나쁜 일이 일어나지 않도록 막기 위해서 혹은 우리에게 해를 입힐지 모르는 사람들에게 겁을 주기 위해 힘을 사용한다. 하지만 그 결과는 더 큰 두려움이다. 작가 데이비드 포스터 월리스(David Foster Wallace)는 한 무리의 졸업생들에게 통찰력 깊은 조언을 했다.

> "힘을 숭상하면 약해지고 두려워질 것입니다. 그래서 그 두려움을 몰아내기 위해 더 큰 힘이 필요해질 겁니다."[6]

　힘을 우상으로 삼으면 그 우상처럼 되며, 결국 모든 우상은 무너진다는 사실을 깨닫게 된다. 우상들이 무너지기 시작하면 처음에는 겁이 난다. 두려운 것에 노출된 기분을 느낀다. 하지만 사실은 오히려 기뻐해야 마땅하다. 그때에야 쩍 벌린 입이나 꽉 쥔 주먹으로 상대방을 위협하지 않고 찢어진 몸과 흘린 피로 자신을 내어 주신 하나님께로 갈 준비가 되기 때문이다. 자기보호와 성공에 대한 집착에서 해방된 뒤에야 비로소 진리 안에 설 수 있다.

　나치 시대 독일 순교자 디트리히 본회퍼(Dietrich Bonhoeffer)는 우리가 되고 싶은 인물들 혹은 모델로 삼는 인물들의 '성공'이 하나의 우상으로 변질되면 선악의 기준이 모호해진다고 말했다. 성공에 도움이 된다면 악도 정당화되는 사태가 벌어진다. 본회퍼는 이렇게 썼다. "성공한 사람의 화려함을 보며 자신도 그렇게 성공하기를 강렬히 갈망하는 중에 도덕적 지적 비판적 능력이 무뎌진다."

하지만 "십자가에 못 박힌 사람은 성공을 기준으로 삼는 생각을 거부한다." 성공의 우상은 외로움과 절망과 궁극적으로는 약함으로 이어지는 반면 "오직 십자가에 못 박힌 사람만 하나님과 화평하다."[7]

이것이 용기가 약함을 필요로 하는 이유이다. 우리는 영양과 물과 쉼을 필요로 한다. 우리는 생각보다 훨씬 약한 존재들이다. 그리고 이런 것에 관해 생각하지 않으려고 해도 임박한 몰락 앞에서 우리의 무능력을 절감하는 순간이 오고야 만다. 무너지는 관계나 사라지는 일자리나 무너지는 건강의 형태로 우리의 나약함을 마주하게 된다. 혹은 단순히 이런 일이 일어날까 두려워하는 자신의 모습에서 무기력을 경험한다. 하지만 엘리야의 경우처럼 그리스도에게 속한 사람들에게는 하나님과 바알, 그리스도와 맘몬이 대결하는 순간이 찾아온다. 하나님은 엘리야에게 힘의 길에서 떠나 십자가의 길로 가라고 하셨다. 하나님은 우리에게도 십자가의 길로 갈 것을 말씀하신다.

우리의 두려움은 엘리야의 두려움과 별반 다르지 않다. 물론 우리 중에 적을 쓸어버리기 위해 실제로 하늘에서 불이 내리기를 바라는 사람은 거의 없다. 하지만 우리는 자신을 보호하고 자신의 '승리'를 이루기 위해 애를 쓴다. 그 과정에서 자신의 주변에 보호막을 친다. 빈정거리는 말투나 계속된 분노 폭발, 직업적 성취 같은 것이 그런 보호막이다. 하지만 그럴수록 우리는 무적이 되기는커녕 더없이 연약해진다. 바알이 이긴다. 바알이 다수이다. 바알이 왕실과 통한다. 하지만 하나님은 예수 그리스도의 하나님이시며, 그리스도는 십자가에 못 박히셨다. 그 십자가만이 하나님의 능력이요 지혜이다.

그날 지하철에서 내 옆에 앉았던 남자는 날카로운 논리로 제압해야 할 적이 아니었다. 나처럼 그도 자신의 약점을 두려워하는 죄인이었다. 그는 강하다고 느끼려고 힘 있는 무리에 속하기를 원했다. 과거 우상을 섬기던 자들만 그러했던 것이 아니다. 현시대를 사는 우리도 같은 모습, 같은 마음으로 행동한다. 우리는 토르와 제우스, 바알, 용을 선택한다. 하지만 그런 종류의 힘은 약하기 짝이 없고 결국 무너져 내린다.

예수님은 천둥의 신이 아니다. 예수님은 망치를 들기는커녕 망치를 든 자들에 의해 십자가에 달리셨다. 이것이 진짜 위기이다. 이것이 예수님이 귀신들 앞에서 눈 하나 깜짝하지 않고, 풍랑으로 가라앉기 일보 직전의 배에서도 주무시고, 자신을 죽일 법적 권력을 지닌 빌라도 앞에서도 태연하셨지만 십자가를 앞두고서는 피땀을 흘리신 이유이다. 예수님은 우리를 위해 최악의 위기 곧 우리의 죄와 죽음과 정죄를 홀로 감당하셨다. 그리고 십자가의 실패를 통해 최종적인 승리를 거두셨다. 이런 약함을 통해 세상과 육신과 사탄을 이기셨다. 이런 굴욕을 통해 하나님이 영광을 받으셨다. 적어도 하나님이 직접 그렇다고 말씀하셨다. 그리고 이 말씀은 천둥소리가 아니었다.

Part 3

십자가로
빚어진 용기로
다시 일어서다

Chapter 6

외로움 앞에서

공동체와 함께
노래하는 법을
배우라

누구에게나 되돌리고 싶은 순간이 있다. 나도 그런 순간이 많은데, 그중 하나는 노숙자들에게서 한 컨트리 송을 빼앗으려고 했던 순간이다. 일부로 좀 과장해서, '빼앗으려 했다'는 표현을 쓰긴 했지만 실제로 그것이 내가 한 행동이었다. 당시 나는 신학대학원에 다니고 있었고, 한 달에 한 번씩 월요일 밤에는 교회 가족들과 함께 당시 우리가 살던 도시 내의 노숙자 쉼터에서 봉사를 했다. 봉사 외에 예배도 드렸는데 때로 가끔 설교를 하기도 했다. 이 노숙자 쉼터의 전통 중 하나는 남자들이 예배 시간에 부를 찬송가를 고르는 것이었다.

고통에서 비롯된 노래

한번은 그들이 톰 T. 홀(Tom T. Hall)의 "나와 예수님"(Me and Jesus)을 골랐고, 나는 안 된다고 말했다. 그 노래가 공식적인 찬송가가 아니라 컨트리 음악이기 때문이 아니었다. 나는 내슈빌 사운드(Nashville Sound)와 베이커필드 사운드(Bakersfield Sound)를 밤새도록 비교하는 토론을 할 만큼 컨트리 음악의 팬이다. 켄터키 주 시골 출신의 존경받는 작곡가 홀이 빠른 말이나 젊은 여성, 묵은 위스키, 더 많은 돈 같은 세속적인 노래를 자주 불렀다는 사실도 문제가 아니었다. 내가 자주 듣는 음악을 생각하면 그에게 돌을 던질 자격이 없었다. 그렇다고 내가 그 노래를 좋아하지 않는 것도 아니었다. 그 곡조는 전염성이 강했고 홀의 목소리는 그 노래와 완벽히 어울렸다. 사실, 그 노래는 나도 자주 부르는 노래였다(항상 약간의 죄책감을 느꼈지만 말이다).

문제는 그 노래의 메시지가 미국 기독교의 한 가지 큰 문제점을 가중시킨다고 생각해서였다. 내 주변의 문화적 종교의 문제는 기독교를 개인과 예수님 사이의 개인적인 부분으로만 본다는 점이다. 문화적 종교는 신약처럼 교회를 강조하지 않고 동산 안에 예수님과 단 둘이 있는 모습을 그린다. 사실 나는 컨트리 음악에 관해서 하나도 모르는 사람들, 심지어 자신이 그 노래의 곡조에는 끌리는 줄도 모르는 사람들이 '나와 예수님의 기독교'를 비난하는 말을 자주 들었다. 하지만 나는 내키지 않으면서도 노숙자들이 스스로 고른 노래를 부르지 못하도록 계속 막을 수는 없었다. 결국 설교 직전에 한목소리로 부르는 노랫소리가 홀 전체에 가득해졌다. "나와 예수님은 우리만의 방법대로 했지. 나와 예수님은 결국 해냈지. 나와 예수님은 우리만의 방법대로 했지. 남들이 이래라 저래라 할 게 아니지."

홀 안에는 폭발적인 에너지가 가득했다. 전주가 연주되자 청중은 곧 부를 노래로 한껏 들떴다. 옛 부흥회의 피와 은혜에 관한 찬송가를 부를 때마다 그들은 목소리에 힘이 있었다. 그러나 유독 이 노래를 부를 때는 모두의 손이 위로 올라가고 눈에는 눈물이 가득했다. 많은 이들이 서로 팔짱을 끼고 한껏 웃음을 지었다. 그들은 공동체를 경험하고 있었던 것이다. 사실, 그들이 수많은 노래 중에서 함께 부를 노래로 "나와 예수님"을 골라 합창하는 것 자체가 공동체의 행위였다. 나는 이렇게 될 줄 모르고 그들을 '개인주의'에서 구한답시고 그들에게 "이래라 저래라" 했다.

나중에 그들이 그 노래를 오해한 것이 아니라 내가 오해했다는 사실을 깨달았다. 나는 홀이 인터뷰와 책에서 그 노래를 쓴 배경에 관해 이야기한 것을 읽었다. 사실, 그 노래는 제도화된 종교를 반대하는 성가였다. 홀은 하나님과 절박한 사람들 사이의 중재자를 자처하며 사람들에게 돈을 뜯어내는 라디오 설교자들의 방송을 듣고 이 노래를 썼다고 말했다. 하지만 그는 그 가사들이 저항만이 아닌 고통에서 비롯했다고 말했다. 가난했던 어린 시절 어머니가 늘 하던 말을 엿듣고 가사로 옮긴 것이었다. "나와 예수님은 이겨 내리라."

외로움을 피해 안정감을 찾아 헤매다

이 노래에는 외로움이 묻어 있다. 하지만 이 쉼터의 남자들이 이 노래에서 느낀 외로움은 저항자의 외로움이 아니라 사회적 지지를 잃은 사람의 외로움이었다. 이 노래의 가사는 그들의 이야기였다. 그들 중 많은 이가 알코올 중독자였다. 개중에는 마약 중독자도 있었다. 일부는 정신병을 앓고 있었다. 범죄를 저지른 이들도 있었다. 그들은 대부분 가족과 왕래가 오래전에 끊어졌다. 그들이 다니던 교회에 돌아가 보아야 배척과 험담과 거부를 겪을 뿐이었다. 그리고 그것이 바로 이 노래의 내용이었다. "한때 죄인이었던 자를 알고 있지. 한때 술주정뱅이였던 자를 알고 있지. 한때 패배자였던 자를 알고 있지. 그는 어느 날 밖으로 나가 그루터기를 제단으로 삼았네."

그곳에 아무도 없어도 예수님은 그들을 있는 그대로 받아 주셨다. 그들은 꼭 화목한 가족의 일원이나 사회의 존경받는 일원으로서 예수께 갈 필요가 없었다. 그들이 온 세상에서 혼자일 때 예수님은 기꺼이 그들을 받아 주셨다.

이것이 그들이 그 노래를 부르며 기쁨의 웃음을 터뜨린 이유이다. "예수님이 내 모든 문제를 이겨 내게 해 주셨다. 예수님이 내 모든 시련을 이겨 내게 해 주셨네. 예수님이 가슴 아픈 모든 일을 이겨 내게 해 주셨네." 이 다음이 가장 중요한 대목이다. "예수님이 나를 버리시지 않을 줄 아네."

그들은 모두 외로움과 절박함을 겪었다. 그리고 그 외로움을 통해 공동체를 찾았다. 그들은 함께 삶의 남은 그루터기들을 제단으로 삼았다.

이런 종류의 외로움, 갈망과 고통만이 아닌 두려움과 섞인 외로움을 겪은 사람은 그리 많지 않다. 광야에 있는 엘리야는 두려움의 배경 속에서 외로움의 도가니에 빠졌다. 엘리야는 왕실을 피해서 도망쳤지만 이것을 단순히 위협을 피해 도망친 것으로만 생각해서는 곤란하다. 광야의 엘리야는 자신이 속한 가족과 집단을 떠나 홀로 있었다. 어떤 면에서 이 외로움은 자기 백성들에게서 육체적으로 떨어지기 전부터 존재했다. 엘리야가 아합의 잘못을 지적하며 "내가 섬기는 이스라엘의 하나님 여호와께서 살아 계심을 두고 맹세하노니"라고 한 말에서 "나"라는 1인칭 단수가 왠지 애처롭게 들린다. 당시 엘리야는 홀로 하나님을 섬겼던 것이 분명하다.

바알 선지자들에게 맞설 때도 비록 승리하기는 했지만 엘리야는 무리에 맞선 외톨이였다. 혼자라는 느낌은 광야에서 현실이 되었고 그는 외로움에 사무친 탄식을 쏟아냈다. "내가 만군의 하나님 여호와께 열심이 유별하오니 이는 이스라엘 자손이 주의 언약을 버리고 주의 제단을 헐며 칼로 주의 선지자들을 죽였음이오며 오직 나만 남았거늘 그들이 내 생명을 찾아 빼앗으려 하나이다"(왕상 19:10, 14).

하나님의 반응은 예상 밖이었다. 하나님은 엘리야의 불평을 일축하시면서 그가 혼자가 아니라고 말씀하셨다. "내가 이스라엘 가운데에 칠천 명을 남기리니 다 바알에게 무릎을 꿇지 아니하고 다 바알에게 입 맞추지 아니한 자니라"(왕상 19:18).

하나님은 엘리야가 자신의 생각처럼 혼자가 아니라는 말씀으로 그의 외로움을 다루셨다. 이러한 현상을 파악하기 힘든 이유 중 하나는 사실상 모든 사람 속에 개인화의 욕구와 공동체의 욕구가 공존하기 때문이다. 사춘기 자녀를 둔 부모들은 자녀의 기분이 왔다갔다 하는 것에 당혹감을 감추지 못한다. "저런 아이가 아니었는데!" 물론, 실제로 심각한 문제가 원인일 수도 있다. 하지만 대개는 어린 시절에서 성인기로 가는 도중의 자연스러운 격동기일 뿐이다. 그 시기의 아이들은 가족과의 차별화를 추구한다. 하지만 물론 그들의 생각과 감정은 다 부모에게서 물려받은 것일 뿐이다. 동시에 이 시기의 아이들에게 가장 중요한 것은 또래 '집단'에 속하는 일이다. 10대 아이들은 계속해서 "남들은 나를 어떻게 생각할까?"라고 묻는다. 이 물음은 사춘기 시절에 가장 강하게 나타나지만 그 뒤에도 완전히 사라지지 않는다. 사실, 대부분의 사람들은 개인으로 살려는 욕구와 공동체에 속하려는 욕구가 공존한 상태에서 살아간다.

오늘날 서구 산업 사회에서 많은 사람이 '외로움'을 우려하고 있다. 이는 합당한 우려이다. 중독, 가정 파멸, 심지어 자살에까지 이르는 상황의 뿌리에는 경제적 문제보다 깊은 뭔가가 있다.

자신의 삶, 나아가 주변 이웃들의 삶 속에서 이 현상을 볼 수 있다. 어릴 적에는 내가 살던 집에서 반경 3킬로미터 이내 모든 집의 내부를 도면으로 그릴 자신이 있었다. 우리는 이웃집 숟가락의 개수까지도 알고 지냈다. 그런데 지금은 바로 옆집 사람의 이름조차도 모르고 산다.

이 현상에는 많은 요인이 작용한다. 각자 자신을 개인 생산자와 소비자로 보는 문화적 상황, 가족에 대한 정의의 변화, 전에 없는 이동성을 필요로 하는 경제, 얼마든지 혼자서도 삶을 즐기게 해주는 테크놀로지까지 많은 요인이 있다. 그런데 이런 깊은 외로움은 우리가 흔히 예상할 수 있는 종류의 개인주의를 동반하지 않았다. 우리는 개인들이 집단으로 녹아들어가 높은 일치성을 보여 주는 시대에 살고 있다. 즉 방송에서는 연일 정치적 문제로 논쟁이 치열하지만 동네 커피숍에서 그런 논쟁이 벌어지는 경우는 극소수라는 조사 결과가 있다. 그것은 지역 사회들이 문화적 정치적 성향에 따라 모이는 경향이 강하기 때문에 생기는 것이다.[1] 우리는 개인적인 의견을 안전하게 표출할 수 있는 집단, 소속될 수 있는 집단 속으로 녹아들어 가기를 원한다.

이런 현상에는 자연적인 인간 성향이 한몫을 한다. 예전에 나는 하늘에서 비행기가 난기류를 만나 흔들리기만 해도 곧 추락할지 모른다는 두려움에 휩싸였다. 그때 진정시키는 방법은 주변 승객들, 특히 승무원들을 보는 것이었다. 수많은 비행 경험을 지닌 승무원들이 서로 웃고 떠들거나 사다리 게임을 하는 모습을 보면 놀란 가슴이 바로 진정되었다. 하지만 승무원 중 한 명이라도 눈을 감고 입술을 중얼거리며 묵주를 만지작거리면 내 심장이 더 빨라지기 시작했다.

인간은 누구나 무리 안에서 안정감을 찾기를 원한다. 하지만 이렇게 무리 안에서 자신을 보호하려는 인간 성향은 단순히 개인성의 상실보다 훨씬 끔찍한 결과를 가져올 수 있다. 신다윈주의자인 생물학자는 무리 속에서 개인성을 상실하면 사람들이 절대 하지 않을 일을 하게 될 수 있다는 점을 지적했다. 얼굴을 가리고 모두 똑같은 모습 속에 숨은 KKK(Ku Klux Klan) 테러리스트들이 단적인 예이다. 이처럼 개인적인 차별성이 외적인 동일성으로 흡수되면 사람들이 같은 인간을 고문하거나 신체를 절단하는 괴이한 행동을 할 가능성이 높아진다. 이 생물학자에 따르면 이것은 "익명성이 책임성을 분산시키기" 때문이다.[2]

그는 가해자들은 남들에게 자신의 정체를 들키고 싶지 않을 뿐 아니라 "내가 한 것이 아니라 집단이 한 것이다"라는 말로 책임을 회피하기를 원한다고 했다. 물론 이 생물학자는 단순히 이것을 자연적인 현상으로만 받아들였다. 하지만 나는 이 현실 앞에서 심판대를 가리키는 양심의 소리에 귀를 기울여야 한다고 믿는다. 우리는 하나님으로부터 숨기를 원하며, 그 방법 중 하나는 서로의 뒤에, 무리 속에 숨는 것이다.

바로 이것이 엘리야가 경험한 위기의 핵심이었다. 엘리야는 국민 연합을 깨뜨려 "이스라엘을 괴롭게 하는 자"라는 비난을 받았고, 실제로 그는 국민 연합을 뒤흔들었다. 이스라엘 국가는 왕을 중심으로 연합되어야 했다. 이에 관해 주로 목자와 양 떼의 비유가 사용되었다. 다만 이 경우, 왕은 악한 왕이었다. 나아가, 바알 숭배 자체가 여느 민간 종교처럼 연합의 도구였다. 공동체를 위한 공동체가 주변 위협에 대한 답이라면 하나님은 엘리야를 그 공동체 안에 놔 두셨을 것이다. 그가 공동체를 괴롭게 하도록 그냥 두지 않으셨을 것이다.

하지만 하나님은 엘리야를 집단 밖으로 끄집어내셨다. 엘리야는 신념의 측면에서 집단 밖으로 나왔고, 나중에는 육체적으로도 집단에서 벗어나 고립되었다. 그 이유는 무엇이었을까?

미래를 위해 필요한 현재의 외로움

예수님은 홀로 서는 것에 대한 두려움을 비겁의 주된 측면 중 하나로 지적하셨다. 예수님이 나귀의 등에 타고 예루살렘에 입성하실 때 많은 무리가 하나님의 기름 부은 자라며 환호했다. 하지만 불과 몇 줄 뒤에서 요한은 관리들이 예수님을 믿는다고 드러내 놓고 말하지 못한 이유가 그분의 주장이 믿을 만하지 않았기 때문이 아니라 두려움 때문이었다고 말한다. 구체적으로 그들은 집단의 수문장들(바리새인들)을 두려워했다. 육체적인 안전의 위협보다는 "출교를 당할까 두려워함이라 그들은 사람의 영광을 하나님의 영광보다 더 사랑하"(요 12:42-43)였다.

우리는 상반된 두 가지 욕구를 가지고 있다. 하나는 자기 삶과 운명의 주인이 되려는 욕구이고, 다른 하나는 집단 속으로 녹아들어가려는 욕구이다. 우리는 하나님으로부터 오는, 볼 수도 들을 수도 없는 영광이 아닌 서로에게서 얻을 수 있는, 볼 수 있고 들을 수 있는 영광을 위해 집단 속으로 들어간다. 또한 자신의 부나 성취 같은 것 뒤에 숨으려는 자들에게 예수님은 보통 부담스러운 존재가 아니었다. 그분께 가려면 그들이 원하지 않는 주인과 공동체를 받아들여야 했기 때문이다(요 15:1-16).

하나님은 외로움에 대한 엘리야의 두려움을 다루기 위해 그가 모르는 '남은' 7천 명에 관해 말씀하셨다. 그들은 바알에게 무릎을 꿇거나 입을 맞추지 않은 자들이었다. 이 언어는 충성을 의미한다. 이것이 성경이 궁극적으로 "모든 무릎이 내(하나님)게 꿇을 것이요"라고 말하는 이유이다(롬 14:11).

'남은 자'의 개념은 이 이야기를 넘어 인류 역사 전체와 계시에 핵심적인 개념이다. 남은 7천 명은 엘리야가 전혀 모르는 사람들이었다. 그들에 관해서는 엘리야가 상관할 바가 아니었기 때문이다. 엘리야가 그들의 존재를 미리 알았다면 오히려 믿음에 방해가 되었을 것이다. 먼저 엘리야는 하나님을 철저히 의지하고 혼자서라도 그분이 원하시는 길을 꿋꿋이 가야만 했다. 만약 큰 군대를 이룰 수 있는 남은 자들이 있다는 것을 알았다면 엘리야는 아합 왕실 선지자들의 '무리' 속으로 들어가기보다는 반(反)바알 '무리' 속에 숨는 편을 선택했을것이다.

엘리야는 당시에 짐작도 못했던 남은 자들을 섬길 수 있는 사람이 되기 위해서 한동안 홀로 있어야 했다. 이 개념은 신약에서 매우 중요하게 표현된다. 사도 바울은 로마 교회에 보낸 편지에서 이렇게 썼다. "너희가 성경이 엘리야를 가리켜 말한 것을 알지 못하느냐 그가 이스라엘을 하나님께 고발하되 주여 그들이 주의 선지자들을 죽였으며 주의 제단들을 헐어 버렸고 나만 남았는데 내 목숨도 찾나이다 하니 그에게 하신 대답이 무엇이냐 내가 나를 위하여 바알에게 무릎을 꿇지 아니한 사람 칠천 명을 남겨 두었다 하셨으니 그런즉 이와 같이 지금도 은혜로 택하심을 따라 남은 자가 있느니라"(롬 11:2-5).

여기서 바울은 당시 이스라엘 백성의 다수가 복음을 거부한 것이 하나님이 그분의 백성들을 거부하신 증거가 아니라고 주장한다. 다시 말하지만, 얼마나 많은 사람이 옹호하느냐로 진리와 의미를 판단해서는 안 된다. 바울은 남은 자들은 그대로 남아 있다고 말한다. 이스라엘에서 충성스러운 종의 계보는 엘리야에서 끝나지 않았다. 지금도 하나님은 그분의 포도나무 가지에 사람들을 접붙이신다. 로마 교인들은 그 은혜의 수혜자들이었다.

사실, 하나님이 역사하시는 방식이 항상 이와 같다. 하나님은 아브람이란 한 여행자로 이스라엘 민족을 시작하여 거대한 왕국으로 키우셨다. 분열과 망명과 심판 뒤에 하나님은 그 이스라엘을 다시 불탄 토양에 남은 뿌리 하나로 줄이셨다. 그렇게 가지치기된 포도나무의 작은 가지 하나, 바로 나사렛 예수에서 다시 열두 '돌'이 만들어졌고, 그 돌들이 새예루살렘의 기초석들이 될 것이다(계 21:14). 하나님의 목적 안에서 거대한 나무는 언제나 잘 보이지도 않는 씨앗 하나로 시작되고 거세게 흐르는 강은 잘 보이지도 않는 실개울 한 줄기로 시작된다(겔 47:1-11). 그리고 앞서 확인했듯이 하나님이 이루시는 공동체는 대개 외로움과 무기력과 비주류 속에서 출발한다.

사실 엘리야는 이것을 진작 알았어야 했다. 갈멜산에서의 대결 이후 엘리야는 아합에게 비가 다시 올 것이라고 선포했다. 엘리야는 하나님 앞에 엎드리면서 종에게 바다 쪽으로 가서 비가 올 조짐이 보이는지 확인하게 했다. 종이 돌아와서 아무런 조짐이 없다고 보고하자 엘리야는 다시 가 보라고 명령한다. 하지만 결과는 똑같았다. 그렇게 종을 6번이나 보냈지만 비가 올 기미는 보이지 않았다. 마침내 7번째로 다녀온 종이 엘리야에게 "바다에서 사람의 손 만한 작은 구름이 일어나"는 것을 보았다고 보고한다(왕상 18:41-44). 이 작은 구름이면 충분했다. 엘리야는 곧 비가 억수같이 쏟아질 것이라고 자신 있게 선언했다. "조금 후에 구름과 바람이 일어나서 하늘이 캄캄해지며 큰 비가 내리는지라"(왕상 18:45). 갈멜산에서 엘리야는 하나님 말씀이 얼마나 믿을 수 있는 것인지를 똑똑히 확인했고, 큰 것의 예표인 작은 것들 속에서 용기를 얻는 법을 배웠다. 다만, 대부분이 그렇듯 광야에 있는 엘리야는 이것을 잊어버린 듯했다. 하지만 하나님은 예나 지금이나 이런 방식으로 목적을 이루신다. 현재의 외로움은 미래를 위해 꼭 필요한 순간이다.

헬라인 인파가 예수님을 보겠다고 몰려들자 그분은 그 자리를 피하시고 십자가 쪽으로 시선을 돌리셨다. 그분을 따르는 자들로서는 이해할 수 없는 일이었다. 열국이 하나님 나라로 합류하는 것이 옛 약속이 아닌가? 물론 그렇다. 하지만 예수님은 이렇게 말씀하셨다. "내가 진실로 진실로 너희에게 이르노니 한 알의 밀이 땅에 떨어져 죽지 아니하면 한 알 그대로 있고 죽으면 많은 열매를 맺느니라"(요 12:24).

예수님은 가장 깊은 고립과 외로움인 십자가를 바라보며 이렇게 말씀하셨다. "내가 땅에서 들리면 모든 사람을 내게로 이끌겠노라"(요 12:32). 오순절과 새예루살렘 공동체를 위해서는 겟세마네와 골고다의 외로움이 필요했다. 예수님과 바울의 경우 하나님의 역사는 이런 방식으로 이루어졌음을 보게 된다. 이는 인기 있는 길이 반드시 옳은 길이 아님을 보여 주는 좋은 예이다.

예수님 주변의 군중이 복음을 거부한 것은 이사야 선지자가 이미 하나님께 들어서 알고 있던 바이다. 하나님은 이사야가 성전에서 본 영광, 요한이 예수님의 것이라고 말한 영광을 사람들이 보고도 깨닫지 못할 것이라고 말씀하셨다(사 6:1-13; 요 12:36-41). 이 거부는 실패처럼 보인다. 대부분의 언약 공동체가 사도들이 전한 복음을 거부한 것도 실패처럼 보인다. 하지만 하나님의 역사는 늘 이러했다. 이사야에 따르면 땅이 황폐해지고 타서 쓰러진 나무의 그루터기 하나만 남을 때까지 거부는 계속된다. 그리고 이 그루터기에서 싹 하나가 난다(사 6:11-13). 조용히 땅 속으로 들어간 씨앗 하나는 포도나무로 자란다. 본래 이스라엘 가지든 외부에서 접붙여진 가지든 모든 하나님의 백성이 이 포도나무에서 생명과 성장을 얻는다.

사도 바울은 거짓 교사들과 외식하는 제자들에게 홀로 맞섰다. 시몬 베드로가 갈라디아에서 이방인들과의 식사를 거부하자 바울은 그것이 신앙보다 두려움에서 비롯한 것임을 간파했다. 바울은 이 상황에 관해서 이렇게 말했다. "야고보에게서 온 어떤 이들이 이르기 전에 게바가 이방인과 함께 먹다가 그들이 오매 그가 할례자들을 두려워하여 떠나 물러가매 남은 유대인들도 그와 같이 외식하므로 바나바도 그들의 외식에 유혹되었느니라 그러므로 나는 그들이 복음의 진리를 따라 바르게 행하지 아니함을 보고 모든 자 앞에서 게바에게 이르되 네가 유대인으로서 이방인을 따르고 유대인답게 살지 아니하면서 어찌하여 억지로 이방인을 유대인답게 살게 하려느냐 하였노라"(갈 2:12-14).

여기서 바울은 공동체와 등을 진 것이 아니다. 엘리야와 마찬가지로, 바울은 자신이 상속받은 공동체의 도에 따라 이의를 제기한 것이다(롬 4:1-25). 로마 교회에 쓴 편지에서 그는 할례자들의 규정대로라면 할례 받기 전에 하나님 앞에서 의롭다 칭함을 받은 아브라함마저도 공동체에서 배제될 수밖에 없다는 점을 명쾌하게 설명했다(롬 4:1-25). 즉 바울은 개척자가 아니라 상속자였다. 베드로를 비롯한 일부 제자들은 잠시 흔들린 것이었을 뿐이다. 이는 얼마든지 동료 사도의 질책으로 바로잡을 수 있는 문제였다.

반면, 바울은 거짓 교사들에 대해서는 완전히 인연을 끊었다. 그것은 그들이 할례를 받은 사람만 그리스도를 통한 하나님 약속의 진정한 상속자라는 거짓 가르침을 펼쳤기 때문이다. 하지만 두 경우 모두, 바울은 공동체를 떠나기 위해서 그들을 반대한 것이 아니었다. 논객들 앞에서 자신의 명예나 지성이나 충성을 변호하기 위한 것도 아니었다(그가 어디서도 하지 않은 일). 거짓 교사들에 대해서 바울은 "그들에게 우리가 한시도 복종하지 아니하였으니 이는 복음의 진리가 항상 너희 가운데 있게 하려 함이라"라고 말했다(갈 2:5). 그 시대와 장소에서는 거짓 복음이 '정상'처럼 보였다. 하지만 바울은 시대의 주류에 편승하는 것에 관심조차 없었다. 그는 율법과 선지서, 그리고 예수님께 받은 복음을 알고 그에 따라 행동했다.

바울이 홀로 섰기 때문에 우리는 함께 설 수 있다. 모든 민족과 방언과 나라의 수많은 사람들, 이 땅에 있는 사람들과 하늘에 있는 사람들이 함께 설 수 있게 되었다. 아합과 바알 앞에서의 엘리야처럼 바울도 문지기들의 주장에 토를 달지 않고 가만히 있었다면 당장 눈앞의 '공동체'를 얻을 수 있었을 것이다. 하지만 그렇게 되면 목소리 없는 이들, 즉 갈라디아의 힘없는 이들만이 아니라 수천 년 뒤에나 태어날 우리에게는 치명적인 손해일 것이다.

남들을 위한 우리의 소명도 마찬가지다. 물론 우리보다 더 지혜로운 사람들의 조언은 받아들일 줄 알아야 하지만 비판을 받거나 관심을 받지 못한다고 해서 하나님이 부르신 일을 그만둘 수는 없다. 사람들이 시간 낭비로 여긴다고 해서 가난한 사람들에게 글을 가르치는 일을 멈추어서는 안 된다. 사람들이 난민들을 무서워한다고 해서 그들에게 복음을 전하는 일을 그만두어서는 안 된다. 선교 현장, 심지어 기독교계에서 정론이나 정행이 잠시 사라졌다고 해서 우리까지 그것을 포기해서는 안 된다. 하나님이 우리에게 맡기신 일이 무엇이든 우리가 하는 일을 미워하는 사람들이 전혀 없다면 그것은 우리가 정말 필요한 일을 하지 않고 있다는 증거일 뿐이다. 우리는 하나님이 주신 사람들을 섬기기 위해서(때로는 훗날 돌아오는 반대자들을 섬기기 위해서!) 반대의 목소리들을 이겨 내야 한다.

홀로, 그리고 공동체로

공동체를 장기적으로 위하려면 단기적으로는 외로움을 감수할 수 있어야 한다. 아타나시우스(Athanasius)는 그리스도의 신성을 모두가 부인할 때 그 진리를 수호하기 위해 '세상에 맞서야' 했다. 마르틴 루터는 홀로 수도원을 나와 면죄부 판매가 성경에서 가르치는 은혜의 복음에 위배된다는 주장을 펼쳤다. 매사추세츠 주의 청교도 리더들이 양심의 문제에 대한 이견을 용인하지 않았기 때문에 로저 윌리엄스(Roger Williams)는 홀로 사막으로 들어가야 했다. 이들은 외로움에도 불구하고가 아니라, 외로움을 통해 하나님을 섬겼다.

전 세계적으로 폭정에 반대하는 운동은 대개 세상 사람들의 관심 밖에서 일어났다가 사라지기를 반복한다. 하지만 천안문 광장에서 수많은 탱크에 맞서 홀로 섰던 무명의 한 젊은 중국인의 모습은 30년이 넘게 지난 지금까지도 전 세계 자유주의 운동의 상징으로 남아 있다. 그가 폭도나 저항군의 일부가 아니었다는 사실이 너무도 놀랍다. 그는 무기도 동료도 없이 홀로 섰다. 하지만 바로 그것에서부터 힘이 시작되었다. 세상이 그에게 그토록 주목한 것은 그의 행동이 너무도 무모하고 무의미해 보였기 때문이다. 어찌 반격할 도구도 힘도 없이 목숨과 지위를 걸었단 말인가! 안전하게 숨을 무리도 없이 어찌 그런 일을 벌일 수 있단 말인가! 그의 용기는 소속감이 아니라 신념과 이상에서 나왔다. 하지만 어느 시대에나 이와 반대로 하려는 유혹, 즉 현재에 순응하기 위해서 미래를 포기하려는 유혹이 존재한다.

교회의 '상황화'(contextualization)가 필요하다는 말이 자주 들린다. 우리의 메시지를 주변 세상이 좋아하지는 않더라도 이해할 수는 있게 만들어야 한다는 말이다. 물론 이는 교회의 사명 중 하나이다. 하지만 복음에 충실하면 현재(누구든 지금 우리 앞에 있는 사람들)만이 아니라 과거(하나님이 그분의 백성들을 만나주신 이야기)와 미래(아직 크리스천이 되지 않았거나 아직 태어나지 않은 사람들)에 대해서도 상황화를 할 수 있다. 이를 위해 우리는 때로는 말로, 때로는 침묵으로 홀로 설 수 있어야 한다. 눈앞의 어두운 상황을 볼 때 우리는 기독교가 끝났다고, 미래는 없다고 절망할 수 있다. 하지만 어느 시대에나 남은 자들이 있었다. 그리고 어느 시대에나 그 남은 자들에게 미래가 있었다.

때로는 하나님 나라 밖에 있는 이들이 안에 있는 우리보다 이 원칙을 잘 이해하기도 한다. 예를 들어, 리더십 전문가 세스 고딘(Seth Godin)은 "저항"(resistance)이라고 불리는 것(뭔가를 해야 한다는 것을 알면서도 비판이나 배척이 두려워 그것을 하지 못하게 만드는 내부의 압박)이 얼마나 자기 파괴적인지에 대해 이야기를 했다. 무엇이든지 현재 상태를 뒤흔드는 것은 비판을 받기 마련이다. 개척자들은 언제나 추방의 위협을 직면했다. 현재 상태가 아닌 것은 널리 받아들여지고 사랑받지 못한다. 하지만 모든 발전은 미래를 위해 비난을 무릅쓰는 사람들로부터 시작된다. 세스 고딘은 이렇게 말했다. "정상들의 비위를 맞추면 괴짜들을 실망시킬 수밖에 없다. 그리고 세상이 괴짜스러워질수록 이는 더 어리석은 전략이 된다."[3]

이는 예나 지금이나 마찬가지다(고전 1:21-31; 4:1-20). 그렇다고 해서 현재 상태에 반하는 것이면 다 옳다는 뜻은 전혀 아니다. 현재 상태가 옳은 경우도 많고, 그럴 때 그 상태를 뒤흔드는 것은 곧 하나님이 세우신 질서를 허무는 행동이다. 이스라엘의 바알 숭배자들도 '소수'로 시작되었다. 그러다 나중에 공동체 전체에 받아들여졌다. 그러므로 엘리야의 주장은 "새로운 것"이 아니었고 다만 되돌아가자는 것이었다. 나중에 신약의 유다서에서 그것을 "성도에게 단번에 주신 믿음"이라고 표현했다(유 1:3).

엘리야는 바알 선지자들과 대결할 때 12개의 돌로 제단을 쌓았다. 왜 하필 12개였을까? 성경에 따르면 "여호와의 말씀이 임하여 이르시기를 네 이름을 이스라엘이라 하리라 하신 자"인 "야곱의 아들들의 지파의 수효를 따라" 그렇게 한 것이다(왕상 18:31). 이 장면은 이스라엘 백성들이 요단강을 건너 약속의 땅으로 들어가던 장면을 떠올리게 한다. 당시 여호수아는 "이스라엘 자손들의 지파 수대로" 어깨에 돌을 짊어질 열두 명을 뽑았다(수 4:5-6). 이 돌무더기는 이스라엘 국가가 자신들의 힘이 아닌 약속에서 비롯했다는 사실, 그들이 강력한 국가가 아닌 열두 아들에서 시작했다는 사실을 늘 기억하게 해 주는 기념물이었다. 이스라엘은 남은 자들로 시작했다. 우리가 바울이 말한 "이 세대"(롬 12:2)를 따라가지 말아야 하는 것은 단순히 자신의 안녕을 위해서만이 아니다. 이는 미래를 위해, 우리가 생전에 얼굴을 볼 수 없는 사람들, 거듭나기는커녕 아직 태어나지도 않는 사람들을 위해서이다. 그들을 섬기기 위해서는 외로운 길을 가야 할 때가 많다.

하지만 엘리야처럼, 심지어 가장 지독한 외로움 속에서도 우리가 생각처럼 혼자가 아니라는 사실을 결국 깨닫게 된다. 물론 광야에서 엘리야는 하나님의 얼굴 앞에 있었다. 하지만 하나님은 보이지 않을 때가 많다. 엘리야는 하나님과만 함께한 것이 아니었다 (물론 당시는 그분만으로 충분하지 않다고 생각했다). 이 7천 명의 의미는 나중에서야 온전히 드러나게 되지만, 어떤 의미에서 그것은 분명 현실이었다. "내가 나를 위하여 바알에게 무릎을 꿇지 아니한 사람 칠천 명을 남겨 두었다 하셨으니"(롬 11:4). 엘리야는 혼자가 아니었다. 그리고 우리도 어떤 일을 겪든 혼자가 아니다.

문화 운동과 유행을 오랫동안 관찰해 온 한 사람이 내게 차세대 크리스천들의 주된 과제는 특정한 문제들에 관해서 논쟁하는 것이 아니라 한 가지 간단한 질문에 답하는 것이라는 말을 했다. 그 질문은 "우리가 말하는 '우리'는 가장 먼저 누구를 의미하는가?" 이다. 그 답이 세대나 정치 성향, 국적, 인종이 같은 집단이라면 우리는 키 없는 배와 같다. 먼저 우리를, 그리스도의 몸을 함께 이루는 '우리'로 보아야만 이런 임시적인 집단 안에서 진정한 공동체를 이룰 수 있다. 물론 그리스도의 몸이라는 공동체는 시공간을 초월한다.

이것이 히브리서가 이렇게 말하는 이유이다. "이러므로 우리에게 구름 같이 둘러싼 허다한 증인들이 있으니 모든 무거운 것과 얽매이기 쉬운 죄를 벗어 버리고 인내로써 우리 앞에 당한 경주를 하며 믿음의 주요 또 온전하게 하시는 이인 예수를 바라보자 그는 그 앞에 있는 기쁨을 위하여 십자가를 참으사 부끄러움을 개의치 아니하시더니 하나님 보좌 우편에 앉으셨느니라"(히 12:1-2).

우리에게는 먼저 신앙을 고수하며 살다 간 과거의 공동체만 있는 것이 아니다. 우리 눈에 보이지 않지만 성도의 친교는 현실이다. 이 공동체에는 외로웠던 옛 엘리야도 포함된다. 히브리서 기자는 "광야와 산과 동굴과 토굴에 유리"하였던 "세상이 감당하지 못하"는 이름 모를 성도들에 관해서 이야기했다(히 11:38). 우리가 외로운 시기를 지나고 나면 하나님은 마찬가지로 외로운 길을 걸었던 사람들의 공동체와 우리를 하나로 엮어 주실 것이다. 그리고 대개 이 공동체는 우리가 선택하지 않을 만한 공동체이다.

하나님은 엘리야에게 이렇게 해 주셨다. 하나님은 그에게 믿음의 아들이 되어 줄 엘리사에 대해서 말씀하셨다. 사실 엘리야는 그 전에도 하나님이 이런 방식으로 역사하신 것을 경험한 적이 있었다. 엘리야가 처음 아합에게 하나님의 심판을 선포한 뒤, 하나님은 그를 동쪽 요단강으로, 이어서 사르밧으로 도망치게 하셨고 사르밧에서 한 과부를 만났다. 흔히 우리는 엘리야가 과부를 도왔다는 사실에만 초점을 맞춘다. 물론 엘리야는 과부를 도왔다. 그는 과부의 항아리에 기적처럼 기름을 공급해 주었고, 심지어 그녀의 죽은 아들을 살리기까지 했다(왕상 17:8-24). 하지만 이 과부도 엘리야를 도왔다는 사실을 놓치곤 한다. 과부는 엘리야에게 먹을거리와 숙소를 제공하고 외로움을 달래 주었다(왕상 17:15).

아이러니하게도 사르밧은 바알을 비롯한 이방 우상들의 본고

장이었다. 엘리야는 하나님의 땅에서는 바알을 보았고, 바알의 땅에서는 하나님을 보았다. 하나님은 중심이 아닌 변두리라는 예상하지 못한 곳에서 생각하지 못한 공동체를 형성하셨다. 이것이 예수님이 나사렛 회당에서 전한 첫 설교에서 언급하신 역학이다. "선지자가 고향에서는 환영을 받는 자가 없느니라"(눅 4:24). 그런데 이 말씀은 오랫동안 많은 오해를 받아 왔다. 적지 않은 사람들이 자신의 기저귀를 갈아 준 사람들에게는 존경을 받을 수 없기 때문에 그들을 목회하기는 힘들다는 뜻으로 이 말씀을 해석했다. 그들의 말이 옳든 그르든 예수님의 말씀과는 상관이 없다. 예수님은 엘리야가 맞선 것에 맞서신 것이다. 즉 예수님은 현재 공동체의 이익을 추구하기 위한 도구로 이용되는 민간 종교의 개념에 맞서셨다. 그 배경은 예수님이 다른 지역들에게 행하신 기적을 고향 사람들이 일종의 '표밭 관리' 차원에서 고향에서도 행해 달라는 요구였다. 하지만 예수님은 고향과 거리를 두어 스스로 고립됨으로써 하나님이 이루시는 공동체는 자연적인 혈연과 지연에 따라 이루어지지 않는다는 점을 분명히 하셨다. 예수님은 이렇게 가르치셨다. "내가 참으로 너희에게 이르노니 엘리야 시대에 하늘이 삼 년 육 개월간 닫히어 온 땅에 큰 흉년이 들었을 때에 이스라엘에 많은 과부가 있었으되 엘리야가 그중 한 사람에게도 보내심을 받지 않고 오직 시돈 땅에 있는 사렙다의 한 과부에게 뿐이었으며"(눅 4:25-26).

물론 이는 예수님이 엘리야에게만이 아니라 항상 행하시는 일이다. 예수님은 이 땅에서 처음 사역을 하실 때 뒤죽박죽인 공동체를 형성하셨다. 갈릴리의 어부들, 로마에 협조한 세리들, 로마에 저항한 열성당원들, 율법을 연구해 온 종교 지도자들, 마을에서 쫓겨난 창기들 등 도무지 공통점이라곤 없었다. 그리고 부활하신 후에는 유대인들과 이방인들을 섞어서 새로운 인류요 유기적인 몸을 형성하셨다.

예수님이 수리아의 교인들을 죽이기 위해 가는 자를 불러 열국의 사도로 삼으실 때도 이러한 패턴이 작용했다. 예수님이 회심한 바울에게 처음 하신 일은 수리아의 한 크리스천에게 돌봄을 받게 하신 것이었다. 이는 서로 반기지 않는 일이었다. 하지만 예수님은 외로운 변두리에서만 이루어질 수 있는 뜻밖의 공동체를 형성하신다. 나중에 이 공동체는 분열되었고, 바울은 아직 태어나지 않은 공동체를 위해 홀로 서야만 했다.

성경적인 공동체의 힘

뜻밖의 공동체가 탄생하려면 먼저 추방이 이루어져야 한다. 우리가 자연스럽게 끌리는 공동체에서 떨어져 나와야 한다. 그래야 절박한 가운데, 자신에게 필요하다고 생각지도 않았던 공동체를 찾게 된다. 인생에서 가장 외로웠던 순간을 되돌아보라. 그때 하나님이 당신에게 보내 주신 사람들을 떠올려 보라. 필시 그들은 당신이 평소라면 선택하지 않았을 사람들일 것이다.

우리가 의지하는 공동체는 대개 혈연이나 지연이나 공통 관심

사나 환경 같은 것으로 이루어지는 자연적인 공동체이다. 복음은 이런 공동체를 금하지 않는다. 예수님은 자신의 어머니를 돌보셨고, 떠난 뒤에 어머니를 돌볼 사람을 준비하셨으며, 우리에게도 그렇게 할 것을 명령하신다. 하지만 이것이 유일한 형태의 공동체라면 그것은 주변에서 흔히 보이는 실리주의적 '공동체'로 변질되기 쉽다. 서로가 서로를 위해 '해 줄' 수 있는 것 때문에 모이는 공동체, 아니 집단인 것이다. 이런 공동체는 우리를 사랑으로 이끌어 주지 않는다.

그리스도를 닮은 자기희생적인 사랑을 할 수 있으려면, 심지어 하나님이 존재하지 않아도 우리가 '자연스럽게' 사랑할 사람들에게 그리스도의 사랑을 보여 주기 위해서는, 자신에게 '필요하지' 않은 사람들을 사랑하는 법을 배워야 한다. 필요성만 아니면 쳐다보지도 않을 사람들, 심지어 미워해야 한다고 배운 사람들까지도 사랑하는 법을 배워야 한다. 이는 C. S. 루이스가 말한 "이익 단체가 우정을 대체한" 시대에는 특히 중요하다.[4] 루이스의 말은 우리가 의식적으로나 무의식적으로 실리에 따라 사람들과 관계를 맺는 경향이 있다는 의미이다. 우리는 주로 나에게 무엇을 해 줄 수 있는지를 통해 상대방의 가치를 결정한다. 혹시 나를 향한 친절이 알고 보니 나의 친구에게 이성적으로 접근하거나, 직장에서 승진을 하거나, 선거에서 표를 얻기 위한 것이었던 적이 있는가? 필시 이렇게 상대방의 친절이 목적을 위한 수단이었던 경험을 해 본 적이 있을 것이다. 아마도 이용을 당한 기분에 화가 났을 것이다. 누구나 자신에게 뭔가를 얻기 위해 다가온 사람으로 인해 배신감을 느껴 본 적이 있다.

어머니가 화를 내는 것을 본 유일한 순간이 있다. 어릴 적 한 사진사가 우리 형제들의 사진을 찍고서 가장 비싼 세트를 강매하려고 했을 때였다. 어머니가 거부하자 사진사는 하지 말아야 할 말을 했다. "이 예쁜 아이들이 혹시라도 교통사고로 죽으면 사진을 하나라도 더 챙기지 못한 것을 후회하게 되실 거예요."

어머니는 사진사를 차분하면서도 엄하게 꾸짖고 나서 우리의 손을 잡고 사진관을 나오셨다. 어머니는 이 사진사가 금전적인 이익을 얻기 위해 사람의 두려움을 자극한다는 사실을 정확히 간파하셨다. 사진사는 자신의 목적을 위해 소중하고 신성한 것을 이용하였다. 물론 이 정도까지 심하게 구는 사람은 별로 없지만, 우리 모두는 이런 경험을 해 본 적이 있다. 그러고 나면 우리는 또 누구에게 자신도 모르게 당하고 있는지 돌아보게 된다.

때로는 새로운 시각 혹은 새로워진 시각이 필요하다. 웬델 베리(Wendell Berry)는 이렇게 말했다. "변화는 외부에서 와야 한다. 변두리에서 와야 한다." 베리에 따르면 "선지자들이 탄생한 것은 성전이 아니라 광야에서이다. 애덤스(Adams)와 제퍼슨(Jefferson)이 나온 것은 본국이 아니라 식민지에서였다." 베리는 정말로 중요한 것을 깨닫기 위해서는 시급한 생계와 공동체 내의 지위에서 벗어나는 일종의 변두리화가 필요하다고 주장한다.

"외피에 덮인 종교 구조는 그 종교에 종속된 자들을 통해 변화되지 않는다. 그들은 외피의 일부이기 때문이다. 그 구조는 광야로 홀로 나가 금식하며 기도하고 나서 정화된 시각으로 돌아오는 사람을 통해 변화된다."

물론 이 사람은 옳은 계시와 권위에 반대해서 변두리로 가는 사람을 말하지 않았다. 베리는 이렇게 결론을 내린다. "그는 꼭 새로운 진리가 아니더라도 기존 진리에 대한 새로운 시각을 가지고 공동체로 돌아온다. 이제 그는 그 진리를 전보다 더 온전하게 본다."⁵ 성경의 이야기와 역사가 이 패턴을 증명해 준다.

성경적인 공동체는 힘이나 지위가 아닌 전혀 다른 것을 바탕으로 한다. 바울은 엘리야처럼 아라비아에서 방황한 뒤 갈라디아 교인들에게 자신이 예루살렘에서 예수님의 형제 야고보를 비롯해서 예루살렘 교회의 주요 인사들을 만난 적이 있다고 말했다. 하지만 그는 그들과의 인맥을 권위의 근거로 삼지 않았기 때문에 아라비아에서 3년간 기다린 뒤에 다메섹으로 돌아갔다가 예루살렘으로 향한다. 그렇게 3년 뒤 그는 다시 예루살렘에 가서 이 저명한 리더들을 만났다. "유력하다는 이들 중에 (본래 어떤 이들이든지 내게 상관이 없으며 하나님은 사람을 외모로 취하지 아니하시나니) 저 유력한 이들은 내게 의무를 더하여 준 것이 없고"(갈 2:6). 여기서 바울은 자신과 이 사도들이 같은 사명을 위해 하나가 되었지만 그들의 영향력이나 명예나 화려함 뒤에 숨을 생각이 추후도 없다는 점을 분명히 밝힌다. 그리고 그는 선교를 위해 열국으로 떠날 때 그들에게서 이런 당부를 듣고 떠났다고 말했다. "다만 우리에게 가난한 자들을 기억하도록 부탁하였으니 이것은 나도 본래부터 힘써 행하여 왔노라"(갈 2:10).

바울을 비롯한 사도들에게 왜 가난한 사람들이 그토록 중요했을까? 그것은 그들이 영향력과 공동체에 관한 장기적인 관점을 가지고 사역했기 때문이다. 여기서 내가 말하는 '장기'는 수억 년을 의미한다. 가난한 사람들은 단순히 돈이 없는 사람들이 아니라 남들에게 줄 것이 없어서 공동체의 변두리로 쫓겨난 사람들이다. 잠언은 이렇게 말한다. "가난한 자를 불쌍히 여기는 것은 여호와께 꾸어 드리는 것이니 그의 선행을 그에게 갚아 주시리라"(잠 19:17).

가난한 사람들은 수많은 '공동체'가 원하는 세속적인 힘에 아무런 도움이 되지 않는 자들이다. 가난한 사람들과 변두리로 밀린 사람들에게는 아무것도 얻어낼 것이 없다. 그래서 변두리에서 공동체를 이루려면 야고보가 말한 것을 깨달아야 한다. "내 사랑하는 형제들아 들을지어다 하나님이 세상에서 가난한 자를 택하사 믿음에 부요하게 하시고 또 자기를 사랑하는 자들에게 약속하신 나라를 상속으로 받게 하지 아니하셨느냐"(약 2:5).

다음 달 월세를 어디서 구할지 막막하기만 한 이혼녀, 회복 중이지만 언제 재발할지 모르는 마약 중독자, 낯선 외국어를 배울 뿐만 아니라 자신을 위협으로 보는 사람들의 모욕을 참는 법을 배우느라 고생하는 이민자 가족, 자신의 어머니에게서 괜히 낳았다는 말을 들으며 자라는 어눌한 소녀 등과 공동체를 이루면 하나님 나라가 어떻게 도래하는지를 깨닫게 된다. 서로 도왔던 엘리야와 사르밧 과부처럼 이들을 도울 뿐 아니라 하나님이 이들에게 주신 선물로 도움을 받을 때 하나님 나라에서 우리의 자리가 타락한 인간의 공동체들에서처럼 거래적인 것이 아니라 다른 뭔가를 바탕으로 한다는 사실을 보기 시작할 수 있다. 다른 뭔가란 바로 아버지의 사랑, 아들의 피, 성령의 연합이다. 하나님은 우리가 이 점을 깨닫고 진정한 사랑에 이르도록 거래적이고 이기적인 안전한 공동체를 해체시키신다. 그리고 난 뒤에 외로움의 도가니 속에서 복음의 공동체를 이루어 주신다. 이 과정은 두렵지만 꼭 필요하다.

기독교에서는 이 과정이 특히 중요하다. 현재 상태를 뒤흔들어 "처음 사랑"(계 2:4)을 회복시켜야 교회가 자연적인 형태의 소속과 순응으로 유지되는 것이 아니라 초월적인 성경에 뿌리를 내린 상태를 유지할 수 있기 때문이다. 한 사회학자는 소위 "기독교 세기"의 한복판에서 "기독교 국가 미국"이 사람들의 순응을 이끌어 내기 위한 도구로 종교를 만들어냈다고 경고했다. 기독교 국가의 미국은 사람들에게 "사회와 우주 안에서 편안하게" 지내라고 가르쳤다. 그로 인해 엘리야나 아모스나 예수님의 열심은 이해할 수 없는 것이 되어 버렸다. 그것은 이 명목상 기독교의 목적이 "위험에서 그를 보호하는" 것이기 때문이다. 여기서 위험은 외로움과 고립과 낯선 상황의 위험을 말한다. 이 기독교는 "성경의 예언적 믿음이 어리석게 보일 정도로 그를 완벽하게 보호한다."[6]

이런 일이 일어날 때마다 하나님은 우리에게 목소리를 보내 주신다. 우리가 심판대에 홀로 설 것이며 무리 속에 숨을 수 없으니 거듭나야 한다는 사실을 다시 일깨워 주신다. 우리가 우주에서 편안하게 지낼 때 하나님은 주로 광야에서 들려오는 목소리를 통해 이곳이 우리의 영원한 본향이 아니며 본향은 따로 있다는 사실을 기억하게 해 주신다(히 11:13-16).

실제로, 연구들에 따르면 사람이 현실을 정확히 인식하지 못하는 주된 요인은 개인이 자신과 같은 부류의 집단으로 녹아들어가는 것과 관련이 깊다. 일부 학자들은 이 현상을 '동종애'(homophily)로 부른다.[7] 그래서 끼리끼리 어울린다는 말이 있는 것이다. 끼리끼리 모이면 자신이나 주변 세상을 정확하게 읽지 못하게 된다. 이것이 하나님이 인류를 공통점과 차이점이 공존하는 공동체로 창조하신 이유 중 하나가 아닐까 싶다. "사람이 혼자 사는 것이 좋지 아니하니"(창 2:18). 하나님은 태초에 그렇게 말씀하셨다. 이 문제에 대한 하나님의 답은 아담의 복제인간을 만드는 것이 아니라 '그의 뼈 중에 뼈요 살 중에 살'이면서도 다른, 인간을 만드는 것이었다. 마찬가지로, 예수님이 세우신 교회에서는 타고난 존엄과 악한 욕구라는 공통된 인간 경험이 남녀, 유대인과 헬라인 등의 차이점들과 어우러져 같은 몸이라는 신비로운 연합을 만들어 낸다(갈 3:28-29).

하지만 하나님의 목적은 결국 개인적인 것과 공동체적인 것을 하나로 묶는 일이 있다. 개인화는 진정한 공동체를 위해서 필요하다. 벌집 속의 벌떼로서는 사랑을 진정으로 알 수 없다. 마찬가지로, 공동체는 개인을 위해 필요하다. 서로 사랑하고 사랑받는 경험,

섬기고 섬김을 받는 경험 없이는 진정한 자신의 모습을 찾을 수 없다. 사실, 이 점을 보기 위해서 계시까지 필요하지도 않다. 심리학자들은 사춘기 아이들의 '개성화'(individuation) 필요성에 관해 이야기한다. 즉 그들은 자신들의 가치와 원칙 중 무엇이 진정으로 자신들의 것이며 무엇이 단순히 부모들의 가정을 의심 없이 받아들인 것인지를 파악할 필요성이 있다. 이것이 부모들이 사춘기 아이들의 불안정한 행동에 겁을 먹을 필요가 없는 이유이다. 당시는 질풍노도와 같지만, 그런 발견을 중년에 가서 하는 것보다 훨씬 낫다.

복음을 통해 이뤄지는 연합

어떤 이들은 "관계로부터의 독립이 아닌 관계 안에서의 차별화"를 통해 성숙해질 필요성을 이야기한다.[8] 이는 분리와 가까움을 결합해야 한다는 뜻이다. 자신만의 동굴로 들어가는 단절과 집단의 생각과 감정, 정체성, 심지어 양심 속으로 녹아들어가는 용해를 모두 피해야 한다는 것이다. 누구나 이런 필요성을 인식할 수 있지만, 복음은 광야의 외로운 엘리야까지, 아니 그 이전까지 거슬러 올라가 우리에게 그 이유를 보여 준다.

그리스도 안에서 하나님은 개인적인 것과 공동체적인 것을 하나로 묶으셨다. 복음을 통해 우리는 자신의 부류나 혈육, 인종, 가족, 종교 속에 숨지 말고 새로운 탄생을 통해 한 명씩 하나님의 가족 안으로 들어와야 한다는 사실을 보게 된다(요 3:3). 우리는 허공

속에 태어나는 것이 아니라 새로운 나라, 새로운 가족 속에 태어난다. 교회는 하나의 몸처럼 서로를 섬기고 함께 같은 주님을 예배하는 공동체이다(고전 12:12-31). 하지만 과거의 공동체와 미래의 공동체를 위해 때로는 외로운 목소리들이 홀로 외쳐 사람들을 무리에서 좁은 길로 불러내야 한다. 미국에서 가장 '기독교화된' 지역들이 외로움이 가장 심한 지역들이라는 사실에 경각심을 가져야 한다. 이런 상황은 우리가 성경적, 복음적 모습에서 얼마나 멀리까지 표류했는지를 적나라하게 보여 준다. 성경적인 모습은 개인적인 것과 공동체적인 것, 한 사람과 많은 사람, 개인과 공동체가 균형을 이루는 것이다. 그리스도 안에서 우리는 혼자가 되는 동시에 공동체가 될 수 있다.

나는 "나와 예수님"에 관해서 잘못 알았다. 하지만 그 곡을 쓴 사람도 잘못 안 것이 있다. 그는 교회가 필요하지 않다고, 혼자서도 할 수 있다고 노래했다. 하지만 그 노래를 혼자서 부를 수는 없었다. 톰 T. 홀은 어릴 적에 교회에 가지는 않았지만 주일 아침에 현관 앞에서 찬송가 소리를 들었다고 말했다. 그것은 그의 집에서 1킬로미터도 채 떨어지지 않은 흑인 교회인 마운트피스가연합감리교회(Mount Pisgah United Methodist Church)에서 부르는 찬송가 소리였다. 협력자가 "나와 예수님" 녹음에 많은 코러스가 필요하다고 말했을 때 그는 그 시절을 떠올렸다. [9]

그리하여 녹음실에 백인과 흑인 가수들이 함께 모였다. 이는 홀이 어린 시절을 보낸 켄터키 주에서는 있을 수 없는 일이었다. 그곳의 암묵적인 규칙은 백인과 흑인이 철저히 분리된 상태를 유지하는 것이었다. 하지만 "나와 예수님"은 그들을 하나로 모았다. 물론 그것만으로 인종 차별의 거대한 흐름을 바꾸어 놓을 수는 없다. 훨씬 더 많은 '코러스'가 필요할 것이다. 하지만 숨 막히는 순응을 강요하는 공동체가 낳는 고통과 고립을 노숙자들은 이해했다. 내가 잠시 맡았던 그 작은 양 떼는 설교자조차 이해하지 못한 것을 이해하고 있었다.

용기는 공동체에서 홀로 나와 스스로는 선택하지 않을 공동체와 함께하는 것이다. 진정한 공동체는 깊은 외로움 속에서 탄생하는 경우가 많다. 단기적인 외로움은 진정한 공동체로 이어진다. 가장 깊은 외로움 속에서 우리는 예수님을 가장 강렬하게 만날 뿐 아니라 그분이 내내 우리와 함께하시면서 우리만큼이나 외로운 사람들에게로 이끌고 계셨음을 깨닫게 된다. 우리는 셀 수 없이 많은 사람들, 즉 역사의 시작부터 끝까지 이어지는 교회 공동체와 함께 노래하는 법을 배워야 한다. 하지만 동시에 외로운 순간마다 우리가 궁극적으로는 단 한 분의 관중 앞에서 살아간다는 사실을 배워야 한다.

귀를 기울이면 우리 삶의 노래 이면에서 수많은 코러스가 들려올 것이다. 그리고 우리도 수많은 다른 인생들의 노래 이면에서 코러스를 불러야 한다. 우리 모두는 "나와 예수님"을 불러야 하지만 결국 그것을 혼자서는 부를 수 없다.

Chapter 7

불의 앞에서

두려움에 떠는 겁쟁이들,
정의에 분연히
일어서다

오래전 한 친구가 버밍엄의 한 백인 복음주의 교회를 컨설팅한 적이 있다. 유구한 성공의 역사를 지닌 그 교회는 갑자기 급격한 쇠락의 길을 걸었고 그 원인을 파악하고 싶어 했다. 같은 지역에 있는 흑인교회인 16번가침례교회(16th Street Baptist Church)가 백인우월주의자들에게 폭탄 공격을 받아 4명의 어린 소녀가 목숨을 잃었던 당시, 이 백인 교회는 성도와 현금으로 가득 차 있었다. 그 살인극이 벌어진 날 아침, 이 백인 교회는 침묵했다. 이 백인 교회는 공민권 투쟁이 '공산주의'의 선동에서 비롯한 '정치적' 문제라는 주변 세상의 시각을 대변하고 있었다. 거리에서 공민권 운동가들이 매를 맞고 소방 호스로 공격을 받는 동안, 예수님의 얼굴을 형상화한 스테인드글라스가 산산조각이 나는 동시에 주일학교 아이들이 진짜 예수님의 얼굴을 보러 간 그 순간, 이 백인 교회는 '정치'와 '사회 정의'에 관한 문제에는 관여하지 말아야 한다는 결론을 내렸다. 그런 문제에 관여하는 것은 진보주의자들이나 하는 짓이기 때문에 이 교회는 그저 '복음 선포'에만 매진했다.

사라진 정의

이 교회가 내 친구에게 말하지 않은 사실이 있었다. 학교 내

기도 허용에 대한 대법원의 결정과 같은 다른 '정치적' 문제에 관한 발언은 전혀 반대하지 않았다는 점이다. 하지만 성경에서 분명하게 반복적으로 말하고 있는 것처럼 모든 인류가 하나님의 형상을 품은 '한 형제'이고 그리스도의 몸 안에서 화해가 이루어지고 억압받는 자들을 위한 정의가 이루어져야 한다는 발언을 누구라도 대놓고 하면 이 교회는 발칵 뒤집혔을 것이다. 교회가 흑인들을 받아들이거나 흑인들에게 세례를 베푸는 날이면 큰 논란이 되고 온 교인이 목사와 장로와 집사들을 향하여 거칠게 따지고 들었을 것이다.

시간이 흘러 이 지역은 흑인이 다수가 되었다. 이 교회는 교외에 살면서 주일마다 차를 타고 오는 몇몇 백인 노인들만 남았다. 규모는 당연히 줄어들게 되었다. 이 교회는 흑인 이웃들을 전도하려고 했지만 아무도 찾아오지 않았다. 자신들이 이미 오래전에 그 이웃들에게 분명한 메시지를 전달했다는 사실을 전혀 모르고 있었다. 그들이 전한 메시지는 자신들의 생존과 번영에 그 이웃들이 전혀 필요하지 않다는 내용이었다.

이 교회가 옳은 일을 꺼려한 이면의 이유는 무엇이었을까? 많은 교회의 경우, 도덕적인 맹목이 원인이었을 것이다. 많은 교회가 주변 세상에 완벽히 적응한 나머지, 자신들이 하는 행동이 잘못인지도 모르고 있었다. 속으로는 하나님의 뜻을 거역하는 짓임을 알면서도 예수 그리스도보다 짐 크로우의 명령을 따르기로 선택한 교회들도 있었다. 그런가 하면 양심으로는 거리끼면서도 도태될까 두려워 현실과 타협한 교회들도 있었다.

실제로 '남부 생활 방식'을 거부한 목회자는 즉시 교회에서 축출을 당했다. 평신도들은 '이상한' 사람이나 '진보주의자' 취급을 받았고, 심하면 위험 인물로 낙인이 찍혔다. 대부분의 목회자들이 이 불의에 맞서고 싶지만 결국 현실과 타협했다. "내가 가고 나면 금세 눈치껏 행동하는 인종주의자를 내 자리에 앉히겠지?"

그들은 교회가 원하는 목사가 되는 길을 택했다. 교회들도 이런 차별이 옳지 않다는 것을 알았지만 흑인들을 받아들였다가는 그 시대의 다수 백인들을 전도할 수 없다고 판단했을 것이다. 당시 백인들은 자녀들이 유색인종과 사랑에 빠져 결혼한다고 할까 봐 통합된 교회를 '불편해 할' 것이 분명했다. 나아가, 교회들은 그런 이슈에 관해 교인들에게 이야기해 봐야 현실과 아무 상관없는 이야기를 왜 하느냐는 물음만 돌아오리라 판단했을 것이다. 아이러니한 것은 그 교회가 그릇된 행동으로 도덕적 온전함을 잃었을 뿐 아니라 자신들이 추구하던, 현실에 맞는 교회로서의 위치도 결국 상실했다는 점이다. 현실에 타협해서 불의와 공모한 결과, 예수님의 반대편에 서게 될 뿐 아니라 미래까지도 잃어버렸다.

이 안타까운 상황 이면에는 누가 진정으로 '중요한지'에 관한 착각이 존재한다. 요한계시록에서 힘과 영향력을 지닌 '짐승'과 그를 찬양하는 거짓 선지자들은 강하고 영향력이 높아 보인다. 하지만 종말을 이겨 낸 유일한 보좌에 앉은 자들은 참수를 당한 순교자들이다. 그들은 우리의 머리도 날아갈까 두려워 절대 어울리고 싶지 않은 이들이다. 하지만 그들이야말로 그리스도와 함께 다스리는 이들이다(계 20:4).

그런데 이전 세대가 불의와 타협한 일을 돌아보며 손가락질하기는 너무도 쉽다. 바로 이런 지적이 예수님이 당시의 종교 지도자들에게 하신 경고였다. "너희는 선지자들의 무덤을 만들고 의인들의 비석을 꾸미며 이르되 만일 우리가 조상 때에 있었더라면 우리는 그들이 선지자의 피를 흘리는 데 참여하지 아니하였으리라 하니"(마 23:29-30).

하지만 불의를 못 본 척하고 나아가 불의에 참여하는 것은 이전 세대만의 일이 아니다. 이런 일은 시대와 장소를 막론하고 항상 벌어지고 있다. 이런 타협은 짐 크로우 체제에서처럼 거대한 사회적 불의 속에서만 나타나는 것이 아니라 일상 속의 더 작고 평범한 결정 속에서도 나타난다.

때로 무엇이 옳은 일인지를 모르는 것이 문제이다. 정말 딜레마라고밖에 말할 수 없는 상황들이 존재한다. 예를 들어, 첩보원으로 일하는 크리스천이 다른 종교를 믿는 사람처럼 정체를 숨기고 다른 신에게 예배하는 것이 잘못일까? 부부가 몇 년 전에 불임 시술을 받을 때 배아를 수정시켜서 냉동고에 보관해 놓았는데 이제 인간 생명이 임신과 동시에 시작된다고 믿게 되었다면 과거에 그렇게 한 것은 잘못일까? 남편이 손이 발이 되도록 빌어 놓고도 몇 번이나 바람을 피웠다면 이혼을 해도 될까? 옳은 일을 하고 싶지만 무엇이 옳은지 몰라서 하지 못하는 경우가 있다.

하지만 용기의 삶과 관련해서 더 중요한 상황은 그런 애매한 순간이 아니라 전형적인 순간이다. 즉 양심 깊은 곳에서 무엇이 옳은 일인지를 알지만 그 일을 할 용기가 없는 상황이다. 앞서 살폈듯이 누군가의 힘이 두렵거나 공동체에서 쫓겨날까 봐 두려울 때 비겁한 행동을 할 수 있다. 하지만 그보다는 우리가 애를 써 봐야 불의가 지속될 것처럼 보일 때 비겁한 행동이 나오는 경우가 많다. 불의한 관행이나 구조가 지속되면 '세상이 원래 그런 것'이라는 결론을 내리게 된다. 그리고 '현실 직시'라는 이름으로 그런 불의를 그냥 받아들이게 된다. 어느새 모든 불의한 것을 정상으로 받아들이기 시작한다. 혹은 그런 상황을 바꾸지 못하는 자신의 무능력에 절망하게 된다.

물론 그런 '현실' 속에서 자신의 자리를 지키려는 이들이 있다. 이는 용기가 아닌 비겁에서 나온 태도이다. 이들은 자신의 지위를 유지하는 데 어떤 집단이 중요하고 어떤 집단을 희생시켜도 되는지를 따진다. 예를 들어, 같은 반인 따돌림 당하는 친구가 학교 식당에서 혼자 앉아 있는 것을 보지만 자신도 왕따를 당할까 봐 그 친구의 옆에 앉지 않는 학생이 있다. 안타깝게도 이런 성향은 졸업 이후에도 사라지지 않고 지속된다.

요양소에서도 같은 역학이 작용한다. "정말, 김 할머니 옆에 앉았다고? 그 할머니를 좋아해?" '현실'에 순응하다 보면 행동만 변하는 것이 아니라 양심도 변해서, 나중에도 전혀 가책을 느끼지 않기에 이른다. 그런가 하면 불의와 싸우다 지쳐서 포기하는 이들도 있다. 아무리 노력해도 변함없는 악에 모든 것이 시간낭비라는 결론을 내린다. 그렇게 어떤 이들은 불의에 적응하고 어떤 이들은 불의에 지쳐버린다.

불의가 해결될 기미가 보이지 않고 지속되면 우리를 지켜 줄 것이라고 굳게 믿었던 제도나 관계나 윤리규범에 대한 회의에 빠진다. 이때 사람들은 '절망'이라는 단어를 사용한다. 살인을 저지른 증거가 차고 넘치는데도 범인이 풀려나면 희생자의 가족들은 사법 시스템에 대한 믿음이 뿌리째 흔들린다고 말한다. 나는 감옥에서 수년을 보내고 나서야 무죄가 밝혀져 풀려난 사람들에게서도 비슷한 말을 자주 들었다. 이런 불의한 일이 우리를 보호해 주리라 굳게 믿었던 시스템에서 일어나면 결국 모든 희망을 잃기에 이른다. 이런 위기는 가정과 지역 사회, 정부, 교회, 일터까지 어느 곳에서나 일어날 수 있다.

바로 이것이 엘리야가 산에서 하나님을 만났을 때의 상황이다. 그의 문제는 개인적인 위험만이 아니라 세상의 불의에 지쳐 열심이 식은 것에 있었다. 산에서 침묵의 시간이 지난 후 하나님은 앞서 던졌던 질문을 다시 하신다. "네가 어찌하여 여기 있느냐?" 그러자 엘리야가 다시 대답한다. "내가 만군의 하나님 여호와께 열심이 유별하오니 이는 이스라엘 자손이 주의 언약을 버리고 주의 제단을 헐며 칼로 주의 선지자들을 죽였음이오며 오직 나만 남았거늘 그들이 내 생명을 찾아 빼앗으려 하나이다"(왕상 19:14).

여기서 '열심'은 정의를 바로 세우려는 강한 열정과 동기를 지칭한다. 물론 엘리야의 열심은 당장 정의로 이어지지 못했고, 그는

232

국가의 변두리에서 다시 시간만 낭비하고 있었다. 그가 볼 때 이는 단순히 자기 인생의 실패만이 아니라 정의의 실패였다.

하지만 하나님의 반응은 엘리야의 자신감을 끌어올려 주는 것이 아니었다. "너는 생각보다 훨씬 잘했다"라며 치켜세워 주는 것이 아니었다. 대신 하나님은 엘리야의 시선을 밖으로 돌리신다. 세 명의 사람을 찾아서 기름을 붓는 사명을 주신 것이다. 하나님은 하사엘을 아람의 왕으로, 예후를 이스라엘의 왕으로, 엘리사를 엘리야의 후계자로 임명하게 하셨다. 하나님은 이들을 통해 정의를 이루기로 하신 것이다. 아합의 가문은 정의의 칼날을 잘도 피해왔지만 계수의 날이 다가오고 있었다. 하나님은 이 수수께끼 같은 반응 속에서 정의에 관한 '무엇'과 '누구'와 '어떻게'라는 질문들을 다루셨다. 이 질문들은 우리 삶의 표면은 아니더라도 이면에서 계속해서 흐르는 질문이다.

크리스천에게 정의가 중요한 이유

정의는 '무엇'인가? 정의는 하나님께 중요한 문제이다. 하나님은 정의의 하나님이시다. 그런데 엘리야는 더 이상 정의는 없다는 결론에 도달한다. 국가는 왕이 원하는 방향으로만 흘러갔고, 이제 엘리야가 할 수 있는 일은 이 지긋지긋한 목숨을 끊는 것뿐이었다. 하지만 하나님은 열왕기의 나머지 부분에서 펼쳐질 다른 시나리오를 예고하신다. 실제로 하사엘이 불순종한 이스라엘을 공포에 빠뜨렸다. 예후는 이세벨을 죽일 뿐 아니라 아합 왕실을 완전히 파멸시키고 바알의 제단들을 화장실로 만들었다(왕하 9:30-10:27).

이야기에 등장하는 두 왕은 영웅과는 거리가 멀었다. 하사엘은 환자를 수건으로 질식사시켜 왕좌에 올랐고, 예후는 결국 선조들과 같은 우상 숭배의 길을 걸었다. 혹자는 하나님이 이렇게 부도덕한 사람들을 통해 역사하신 모습을 보며 옳은 목적이라면 크리스천들이 부도덕한 방법을 사용해도 된다는 뜻으로 해석했다. 하지만 하나님은 이를 분명히 금하셨다(롬 12:21). 하나님은 인간과 달리 생사와 수단과 목적을 주권적으로 다스리시며, 나중에 앗수르와 바벨론과 로마를 사용하신 것처럼 언약의 백성들을 심판하기 위해 이 인물들을 선택하셨다. 하나님은 사탄이 악하게 꾸민 일로 오히려 사탄을 무너뜨리고 그분의 은혜와 영광이라는 목적을 이루신다. 당연히 이는 우리가 선한 목적을 위해 사탄에게 기도해야 한다는 뜻이 절대 아니다(하나님이 분명히 금하신 일이다!). 여기서 요지는 하나님이 영원할 것만 같았던 아합 왕실을 결국 무너뜨리셨다는 점이다. 엘리야는 결국 절망 가운데 모든 것을 포기하고 심지어 '원래 그런' 세상에 적응하지 않도록 이 사실을 알아야만 했다.

이 사실이 중요한 또 다른 이유는 불의와 부도덕을 행하는 자들은 항상 불가피하고 지속될 것처럼 말하기 때문이다. 그런 악에 동참해도 당장은 눈에 띄는 결과가 나타나지 않기 때문에 아무런 문제가 따르지 않을 것처럼 보인다. 그래서 창세기에서 에덴동산의 뱀은 하와에게 하나님의 명령을 어겨도 "결코 죽지 아니하리라"라고 장담했다(창 3:4). 요한계시록에서 선지자들까지 포함된 군중은 이렇게 외친다. "누가 이 짐승과 같으냐 누가 능히 이와 더불어 싸우리요"(계 13:4). 우리의 무력감은 양심을 통해 부도덕하거나 불의하다고 분명히 아는 행동을 용인하거나 그런 행동에 동참하게 만든다. 이런 일은 성경의 요한계시록에서 바로 튀어나온 것 같은 거대한 사건 속에서만 일어나지 않는다. 이런 일은 일상 속에서도 늘 일어나고 있다. 예를 들어, 상사가 회사 돈을 부당하게 사용하거나 부하 직원에게 비인격적인 가혹한 말을 쏟아 내거나 여성 동료를 성희롱한다면 속으로는 분개하면서도 "늘 이래 왔고 앞으로도 이럴 거야"라며 별다른 행동을 취하지 않는다. 지위를 유지하거나 승진하려면 오히려 이러한 악한 행동에 동참해야 할 것만 같다.

하지만 정의로 가는 첫걸음은 이런 불의를 조장하는 힘이 보기와 달리 영원하지 않다는 점을 드러내는 것이다. 불가피하고 영원하다는 환상을 깨뜨려야 한다. 예수님은 헛간에 재물을 잔뜩 쌓아 놓고서 득의양양해서 중얼거리는 부자에 관해 말씀하셨다. "영혼아 여러 해 쓸 물건을 많이 쌓아 두었으니 평안히 쉬고 먹고 마시고 즐거워하자." 이에 하나님은 코웃음을 치신다. "어리석은 자여 오늘 밤에 네 영혼을 도로 찾으리니 그러면 네 준비한 것이 누구의 것이 되겠느냐"(눅 12:19-20).

부자는 현재 상황이 영원히 지속될 것이라고 믿었지만 생명의 한계로 인해 결국 그 모든 상황은 끝이 나고 말았다. 이것은 하나님이 바로와 느부갓네살과 벨사살 같은 군주들에게도 보내신 메시지였다. 심지어 성경을 모르는 사람들도 이런 이야기에서 가져온 표현들을 사용한다. 예를 들어 "진흙 발"(약점)이나 "벽에 나타난 글씨"(불길한 조짐), "저울에 달아보니 부족해"(너는 탈락이야) 같은 표현이 있다. 끝없는 부를 누릴 것만 같았던 바벨론이 불과 1시간 만에 무너지는 예언도 있다(계 18:10).

이는 스스로를 높이는 권력자들에게 경고가 되며 그들 아래서 고통을 당하는 이들에게는 격려가 된다. 피비린내 나는 '문화 혁명' 당시, 중국 공산당은 종교를 잔인하게 핍박하면서 독재자 마오쩌둥 외에 그 누구에 대한 충성도 용납하지 않았다. 마오쩌둥은 거의 신처럼 군림했다. 하지만 한 관찰자가 지적했듯이 "살아 있는 신으로서 마오쩌둥에게는 한 가지 문제점이 있었다. 그것은 그가 죽었다는 것이다."[1]

마오쩌둥의 죽음으로 중국에 자유가 찾아오지는 않았다. 하지만 그 죽음은 마오쩌둥을 중심으로 뭉쳤던 이들에게나 그를 반대했던 이들에게나 그 어떤 인간과 인간의 제국도 영원할 수 없다는 경종이 되었다. 이것이 하나님이 엘리야에게 주셨던 메시지이다. 하나님은 아합과 이세벨의 세상을 종식시킬 계획을 가지고 계셨고, 그 계획에 엘리사를 포함시킴으로써 그 종식이 하나님 말씀의 최종 결과라는 점을 강조하셨다. 권력자들의 불의는 변하지 않을 것처럼 보였다. 심지어 그들의 불의에 이의를 제기할 사람도 없어 보였다. 하지만 오래전에 우리 교파의 한 설교자가 사용한 표현대로 "언젠가 청산하는 날"이 오게 되어 있다.

우리가 아는 한, 하나님은 이 장면에서는 이 불의를 끝낼 시발점이 될 사건을 밝혀 주시지 않았다. 하지만 더 뒤를 보면, 아합과 이세벨의 추악한 행동이 정의의 바퀴를 돌리기 시작했음을 알 수 있다. 그것은 한 농부의 포도원 문제로 엘리야가 아합을 꾸짖은 사건이었다. 그 이야기의 전말을 살펴보자. 한 선지자에게 질책을 받은 아합은 자존심이 상해서 "근심하고 답답하여" 사마리아로 슬그머니 돌아갔다. 거기서 그는 나봇이란 사람의 포도원에 반해 그것을 팔라고 권했다. 그 포도원을 채소밭으로 개조할 생각이었다. 그때 나봇의 반응은 이러했다. "내 조상의 유산을 왕에게 주기를 여호와께서 금하실지로다." 이에 아합의 근심이 더 심해졌다(왕상 21:1-4). 하지만 이세벨은 엘리야를 죽이겠다고 맹세할 때처럼 남편의 품에 이 포도원을 안겨 주겠다고 맹세한다. 이런 태도는 특권의식에서 비롯한 것이었다. "왕이 지금 이스라엘 나라를 다스리시나이까?" 이세벨은 마치 백성들의 재산을 마구잡이로 빼앗는 것이 왕의 역할이라는 듯 물었다. 그런 다음, '교회'와 '국가'의 힘을 모두 동원해서 나봇을 향한 마수를 펼쳤다. 이세벨은 나봇에게 덫을 치기 위해 금식일(하나님을 예배하기 위한 종교 의식)을 선포했다. 그러고 나서 남편의 더러운 욕심을 채워 주기 위해 이번에도 왕의 지위와 권력을 사용하여 나봇을 처형했다.

이는 지금 우리에게도 중요한 문제이다. 물론 우리가 사람들을 멋대로 죽일 수 있는 왕의 권력을 가지고 있지는 않다. 사실, 현대 세상에서는 왕이나 여왕이라 할지라도 그럴 만한 권력이 없다. 하지만 동시에 우리 시대에는 누구나 아합과 이세벨에 버금가는 힘을 쉽게 휘두를 수 있다. 예를 들어, 항공 교통 관제사는 사람의 생사를 좌지우지할 힘이 고대 근동의 왕보다 크다. 그리고 당신이 강대국의 시민이라면 포도원 하나 정도가 아니라 그 지역 전체를 단숨에 날려 버릴 무기 시스템에 대해 직간접적인 책임이 있다. 또한 최신 통신 기술 덕분에 가장 힘이 없는 사람들도 얼마든지 다른 누군가에 관한 허위 사실을 퍼뜨릴 수 있다. 이세벨이 이 기술을 보았다면 마술이라고 놀라면서 더없이 부러워했을 것이다. 우리는 자기 힘의 사용에 대해 책임이 있다. 힘을 의롭고 도덕적으로 사용하든, 악하고 착취적으로 사용하든 반드시 책임을 져야 한다.

　타락한 인간 양심의 문제는 정의의 기준이 있는 것을 알면서도 원하는 죄를 저지르고 싶어서 그 기준에 대하여 아예 생각하지 않으려고 한다는 점이다. '현재 중요한 문제'라는 개념에서 이런 성향을 볼 수 있다. 예를 들어, 어떤 이들은 성적인 죄에 대한 지적에 발끈한다. 목사가 간음을 경고하는 설교를 하면 간음을 회개하지 않고 계속 저지르기를 원하는 사람은 잘 알지도 못하면서 사생활에 대해 간섭한다고 화를 낼 수 있다. "다 큰 성인이 은밀한 침실에서 하는 일에 왜 감 놔라 배 놔라 하십니까? 그럴 시간에 주변에서 굶어 죽는 가난한 아이들에게나 신경을 쓰세요."

　또한 현재의 불의한 상태를 유지하기를 원하는 사람들은 '사회정의 같은 것'에 한눈을 팔지 말고 '복음 선포'에만 집중하라고 말한다. 개인적인 도덕의 영역에서 하나님의 정의를 회피하려는 자들이나 사회적 관계의 영역에서 하나님의 정의를 회피하려는 자들이나 모두 비슷한 전술을 사용한다. 개인적으로 부도덕한 사람은 도덕적 문제에 초점을 맞추는 것이 '하나님의 은혜'를 무시하는 '율법주의'라고 말한다. 공적 사회적 영역에서 하나님의 정의를 회피하려는 사람은 사회 정의에 관한 이야기가 교회의 사명에 집중하는 것을 방해하는 '정치적' 언동 혹은 '사회적 복음'이라고 말한다. 이 둘의 주장처럼 실제로 그런 경우가 있다. 율법주의는 실재한다. 자신이 성적으로 순결하다고 하나님 앞에서 의인이라고 주장하는 사람은 꾸지람을 당해야 마땅하다. 우리의 노력으로는 결코 하나님의 은혜를 입을 수 없다. 하지만 반대의 경우도 경계해야 한다. "성적 순결이 아니라 은혜로 구원을 받으니 마음껏 삶을 즐기라."

크리스천 삶의 핵심이 규칙을 지키기 위해 노력하는 것이라고 말하며 복음이 빠진 도덕주의를 주장하는 사람들이 있는가? 물론이다. 그리고 성경은 그런 주장을 경계한다.

그렇다면 도덕, 즉 하나님이 기뻐하시는 행위에 관한 성경의 가르침을 무시해야 할까? 전혀 아니다. 그런 식으로라면 성경이 자녀나 부모, 남편과 아내, 직원과 고용주로서 어떻게 살아야 할지에 관해서 많은 말을 하는 '도덕주의적' 책이기 때문에 성경 자체를 버려야 한다. '도덕성'과 '도덕주의'의 차이는 복음에 따라 도덕을 지키려고 노력하는 것과 도덕 자체를 복음으로 보는 것의 차이다.

예수 그리스도의 복음을 거부하는 '사회적 복음'이 존재할까? 물론이다. 그런 관점은 사회 정의를 이루면 하나님 나라가 임할 것이라는 식의 주장으로 거듭남의 필요성을 부인한다. 하지만 개인적인 영역에서 스스로 죄 없이 완벽해지려는 노력이 잘못되었다고 해서 성경적인 거룩함을 추구하는 것이 '자기 노력으로 의에 이르려는 것'은 아닌 것처럼, 사회적 복음이 비성경적이라고 해서 '사회적' 질문까지 비성경적인 것은 아니다.

흔히 볼 수 있는 또 다른 전술은 개인적인 도덕성에 조금이라도 관심을 가지는 것이 '청교도적'이거나 '근본주의적'이라고 말하는 것이다. 이 전술의 반대편에는 사회적 문제에서 정의에 조금이라도 관심을 가지는 것이 비정통적인 진보주의나 '마르크스주의' 혹은 '극단주의'라고 말하는 전술이 있다(이는 '기독교'가 노예제도, 린치, 짐 크로우 인종차별법을 옹호하기 위해 자주 사용했던 전술이다). 바로는 자기 자식들을 사랑했다(이것이 그가 유월절에 통곡한 이유이다). 그렇다고 해서 자녀를 사랑하라는 명령을 '바로주의'라고 부를 수는 없다.

그런데 두 가지 전술을 사용하는 부류 중에 자신이 말한 대로 믿는 사람은 극소수이다. 개인의 도덕성을 추구하는 것이 복음의 정신에서 벗어난 것이라는 식으로 말하는 사람들도 실제로는 그와 정반대로 믿고 있다. "우리는 다 죄인이고 하나님은 죄인을 사용하신다"라는 논리로 불륜을 저지른 목사를 내보내는 것을 반대하는 사람도 그 목사가 자기 배우자를 상대로 간음을 저지르기 시작하면 전혀 다른 입장을 취한다. 반대로, 성경이 개인적인 도덕성에만 관심이 있을 뿐 '사회 정의'에는 관심이 없다고 말하는 사람도 구조적 불의로 자신이나 자신의 집단이 피해를 입으면 길길이 날뛴다.

아동 포르노가 개인적인 도덕성의 문제일까? 아니면 사회 정의 문제일까? 둘 다 해당된다. 이런 식으로 아동을 착취하는 것은 개인적으로 하나님께 죄를 짓는 행동이고, 이 착취로 돈을 벌거나 이 착취를 허용하는 집단도 끔찍한 불의를 저지르는 것이다. 아동 포르노가 죄라는 것을 분명히 알면서도 그런 범죄자에게 무죄 판결을 내리는 판사가 아무리 사적인 감정은 없다고 주장한다 해도 하나님 앞에서 자신의 행동이 부도덕하지 않다고 말할 수는 없다. 이는 요셉의 맏형 르우벤이나 빌라도가 개인적인 감정 없이 집단이나 국가로서 행동한 것이기 때문에 동생을 노예로 팔거나 무고한 사람을 십자가에 못 박게 한 것에 대해 자신에게 '사회 정의'를 따지는 것은 맞지 않다고 주장하는 것과도 같다. 사실, 도덕을 '사적' 영역과 '사회적' 영역으로 나누어서 책임을 면하려는 것은 썩은 양심을 보호하려는 시도일 뿐이다. 그것은 개인적으로 혹은 집단적으로 저지른 부도덕을 변명하려는 시도이다. 그것은 직접 저지른 죄나 "그런 일을 행하는 자들을 옳다"라고 인정함으로써 간접적으로 저지른 죄를 변호하려는 시도이다(롬 1:32) 혹은 그런 일을 행하는 자들을 두려워해서 그런 것일 수도 있다.

개인적인 도덕성에 대한 성경의 명령을 무시하는 자들은 "내가 성을 즐기든 말든 남들이 알 바가 아니다"라는 식으로 말한다. 사회적 영역에서 정의를 외치는 것이 '전복적'이라며 거부하는 자들은 "내가 유색 인종을 어떻게 대하든 남들이 알 바가 아니다"라는 식으로 말한다. 두 접근법 모두 비성경적이다. 아합과 이세벨은 개인적으로 우상 숭배를 범한 점, 종교를 가진 지도자로서 하나님 백성들을 그런 우상으로 이끈 점, 왕실의 힘과 국가의 군사력을 사적으로 사용하여 백성들을 상대로 불의를 자행한 점 모두에 대해서 하나님의 심판을 받았다. 그들은 하나님과 '동시에' 이웃들에게 죄를 지었다. 그들은 불결한 입술을 지닌 '개인'으로서, 동시에 불결한 입술을 지닌 '집단'으로서 죄를 지었다. 그들은 혼자 죄를 짓는 동시에 함께 죄를 지었다. 그들은 부부로서 죄를 짓는 동시에 국가로서 죄를 지었다. 간통인의 부도덕이나 노예 상인의 부도덕이나 회개와 믿음 없이는 같은 종착지로 이어진다. 물론 그 종착지는 지옥이다.

수년 전, 내가 아는 한 목사가 철저히 낙태 찬성 입장을 고수하는 크리스천들에게 낙태 권리를 옹호하는 설교를 했다. "우리가 10대 아이들과 청년들에게 성적 순결에 관해 가르쳤다면 지금처럼 낙태 문제로 옥신각신할 필요는 없을 겁니다."

성도들은 그 발언의 의미를 전혀 인식하지 못한 채 "아멘"으로 화답했다. 이 목사는 낙태를 개인적인 도덕성의 문제로 다루어야지 공적인 정의 문제로 다루어서는 안 된다고 말한 것이다. 물론 그렇게 다루어야 하는 문제도 많다. 예를 들어 나는 질투가 악한 것이지만 불법으로 취급되어서는 안 된다고 생각한다. 하지만 연약한 인간의 생명을 법으로 보호하지 않는 것은 이런 차원의 문제가 아니다.

낙태가 개인적인 도덕성의 문제인가? 물론이다. 나이와 발달 상태에 따라 생명권이 거부되는 낙태가 법적 불의의 문제인가? 물론이다. 낙태가 약탈적인 산업이 절박하고 취약한 여성들을 먹이로 삼는 구조적 불의 문제인가? 물론이다. 이 모두가 맞다. "태어나지 않은 아이도 인간이라고 생각하지만 복음은 '사회 정의' 문제를 다루고 있지 않기 때문에 시민으로서 나는 그 아이의 권리를 박탈하는 것에 찬성한다." 이렇게 말하는 것은 큰 오류이다. "낙태는 불의하고, 불법이어야 마땅하다. 하지만 낙태가 합법일 동안에는 나는 낙태를 선택할 것이다. 나를 욕하지 말고 시스템을 욕하라." 이렇게 말하는 것도 큰 오류이다.

성경이 말하는 정의

성경이 옳은 사회 구조와 그릇된 사회 구조에 관한 세부적인 틀을 제시하고 있는가? 그렇지는 않다. 성경은 도덕적인 개인이나 도덕적인 가족이 되기 위한 세부적인 틀도 제시하고 있지 않다. 다시 말해, 무엇을 하고 무엇을 하지 말아야 하는지 일일이 다 알려주지 않는다. 우리가 '개인적인' 부분으로 취급하는 영역에서 옳고 그름이 명백한 문제들이 있다. 예를 들어 "이번 주말에 마약 범죄 조직에 조카를 팔 때 후한 가격을 받을 수 있도록 기도해 주시오"라고 말하는 사람을 보면 크게 혼을 내고 즉시 경찰에 신고해야 마땅하다. 하지만 다른 문제들에서 성경은 큰 원칙 차원에서만 이야기할 뿐, 세부적으로 다루지 않는다.

예를 들어, 성경은 부부가 특별한 기간 외에는 잠자리를 거부하지 말라고 명령한다(고전 7:1-5). 그런데 교회에서 성경 읽기표처럼 날짜에 '부부 관계'와 '휴식'을 표시한 달력을 만든다면 그것은 지나친 간섭이다. 성경은 일부 문제들에 대해서는 아예 개인의 양심에 맡기고 있다. 고기를 먹을지, 채소만 먹을지, 특정한 절기를 지킬지가 그런 문제들이다. 이런 문제에 대해서는 상대방이 자기 양심에 반하여 행동하게 강요하지 말고 서로의 생각을 존중해 주어야 한다(롬 14:1-23).

우리가 흔히 '정의' 문제로 오해하는 문제들에 대해서도 마찬가지이다. 성경 어디에도 세율을 규정하는 곳이 없다. 따라서 특정한 세율을 주장하는 것은 도를 지나친 행위이다. 하지만 동시에, "정부가 뭔데 나한테 돈을 내래?"라며 사람들에게 세금을 내지 말라고 선동하는 사람도 성경의 가르침을 어기는 것이다(마 22:17-22; 롬 13:7). 소위 '개인적인' 도덕성의 문제와 마찬가지로, 이런 문제에 대해서는 분별력이 필요하다. "이웃을 내 몸처럼 사랑하라"와 같은 성경의 원칙을 참고로 할 수는 있지만 구체적인 적용에서는 논쟁의 여지가 있다. 그런가 하면 명백한 문제도 있다. 과부들의 재산을 편취하지 말고, 무고한 사람을 고소하거나 법정에서 죄인에게 무죄를 선고하지 말아야 하는 것 등이 그런 문제이다.

아합과 이세벨의 불의가 자신과는 상관없다고 생각하기 쉽다. 우리는 대부분 일국의 독재자가 아니기 때문이다. 하지만 꼭 독재자가 아니더라도 남을 해칠 힘을 조금이라도 가진 사람에게는 책임이 있다. 예수님은 로마의 세금 착취에 대해 갈릴리의 군중에게는 책임을 묻지 않으셨다. 그들에게는 그런 상황을 바꿀 힘이 전혀 없었기 때문이다. 하지만 삭개오 같은 세리들에게는 회개하고 배상을 하라고 명령하셨다. 눈이 먼 채로 태어난 사람은 여리고 도상에서 얻어맞은 남자를 도울 책임이 없었다. 그러고 싶어도 그럴 힘이 없기 때문에 책임이 없었다. 하지만 얻어맞은 사람을 보고도 모른 체 지나간 제사장과 레위인의 경우는 달랐다.

상점에서 시급을 받고 일하는 직원인가? 그렇다면 관리자가 매춘이나 마약에 빠져 공급을 횡령하는지 확인하기 위해 그의 소비 습관과 영수증을 분석할 책임은 없다. 하지만 이 관리자의 직속 상관이라면 그것을 파악할 책임이 있다. 사우디아라비아 가정 교회의 교인이라면 정부가 종교적 소수자들을 핍박하는 것에 대해 책임이 없다. 하지만 사우디 왕실 소속이라면 분명히 책임이 있다. 심판의 날 본디오 빌라도가 제국의 연합을 위해 반란의 누명을 쓴 선량한 사람의 처형을 허락한 것이 '정치' 혹은 '사회 정의' 문제일 뿐이니 자신에게는 책임이 없다고 주장해 봐야 소용이 없다. 마찬가지로, 헤롯도 자신의 결혼이 '개인적인' 문제일 뿐이라고 주장해 봐야 소용이 없다.

호렙에서 하나님은 엘리야에게 정의가 이루어질 것이라고 말씀하셨다. 비록 실제로 정의가 이루어지기까지는 시간이 좀 걸렸지만, 살인이 이루어진 뒤 나봇의 포도원에서 엘리야는 하나님의 끔찍한 심판을 선포했다. "개들이 나봇의 피를 핥은 곳에서 개들이

네 피 곧 네 몸의 피도 핥으리라"(왕상 21:19). 엘리야는 이세벨의 최후에 관해서도 비슷한 예언을 했다. 이에 아합이 삼베옷을 입고 금식하며 후회의 빛을 보이는 바람에 하나님이 닥칠 심판을 연기하신다(왕상 21:27-29). 하지만 이어지는 이야기들을 보면 이것은 복음적인 회개가 아니라 파멸을 잠시 늦추는 역할밖에 하지 못했다. 결국 이세벨도 최후를 맞았다.

전에 엘리야가 우상 숭배를 지적했을 때와 마찬가지로 이번에 아합을 꾸짖은 사건도 단순히 그 당시에 펼쳐지는 역사의 한 쪽이 아니라 엘리야를 위한 미래의 사명을 가리키는 사건이었다. 사실 그것은 엘리야가 살아서 수행하지는 못한 사명이다. 이 시대에 가장 유행하는 영적 사상 중 하나는 뿌린 대로 거둔다는 불교 업보의 개념이다. 어떤 면에서 이는 세상 사람들이 심판을 부정하는 대신 그 공백에 채워 넣은 개념이다. 하지만 죄와 불의가 영원하지 않고 언젠가 정의가 이루어지는 날이 온다는 인간의 직관에 뿌리를 두고 있다는 점에서는 이 개념이 완전히 틀린 것만은 아니다. 그런데 대개 정의는 즉시 이루어지지 않는다. 그래서 가장 끈질긴 신학적 질문 중 하나가 "왜 선한 사람들이 고난을 겪는가?"이지만 성경 시대나 지금이나 사람들의 마음속에서 그만큼, 어쩌면 훨씬 더 자주 떠오르는 불의에 관한 질문은 바로 "왜 악인이 번영하는가?"이다.

여기서 하나님은 정의가 '무엇'인지를 밝히실 뿐 아니라 '누구' 인가의 문제도 다루셨다. 성경은 정의의 문제에 관해서 '무엇'이 중요한지만이 아니라 '누가' 중요한지를 가르쳐 준다. 이것이 예수님이 첫 설교에서 '주의 날'의 내용(포로 된 자가 자유를 얻고 눈먼 자가 보고 억눌린 자가 자유롭게 되는 것)만이 아니라 그것이 누구에게(이스라엘 백성만이 아니라 사르밧 과부나 수리아의 나아만 같은 이방인들에게도) 적용되는지에 관해서도 말씀하신 이유이다(눅 4:18-27). 예수님은 자기의에 빠진 율법 교사에게 자비가 무엇인지(이웃을 내 몸처럼 사랑하는 것) 알려 주셨을 뿐 아니라, 주변 세상으로부터는 경멸을 당하지만 여리고 도성의 길 가에 쓰러진 사람을 돌봄으로써 자비의 명령을 지킨 사마리아인의 이야기를 통해 누가 이웃인지에 관한 기존의 생각을 뒤엎으셨다(눅 10:25-37).

마찬가지로, 여기서 하나님은 아합 가문의 심판에 관한 이야기에서 곧바로 남은 자의 개념으로 넘어가신다. 하나님은 엘리야가 연패에서 벗어나 성공할 것이라고 말씀하시는 대신 남은 자를 가리키신다. "그러나 내가 이스라엘 가운데에 칠천 명을 남기리니 다 바알에게 무릎을 꿇지 아니하고 다 바알에게 입 맞추지 아니한 자니라"(왕상 19:18).

그런데 당시 이 사람들은 현재 상황과 전혀 상관없어 보이는 사람들이었다. 사실, 엘리야는 자신이 유일하게 남은 자 아님을 알고 있었다. 그는 동료 선지자인 오바댜가 아합과 이세벨의 눈을 피해 1백 명의 선지자를 2개의 동굴에 나누어 숨겨 두었다는 사실을 알고 있었다(왕상 18:4).

엘리야는 아합처럼 이 약한 선지자들을 괴롭히지는 않았지만 그들에 관해 전혀 생각하지 않고 있던 것이 분명하다. 그들은 눈앞의 문제를 다룰 영향력이 전혀 없었기 때문이다. 사실, 그들이 조용히 사라져도 신경을 쓸 이는 없다. 이어지는 나봇의 사건에서도 상황이 비슷하다. 이세벨이 환기시켰듯이 아합은 이스라엘의 왕이었다. 그에 반해, 나봇 같은 일반인은 조용히 사라져도 아무도 신경쓰지 않았다. 하지만 하나님은 모든 것을 보고 모든 것을 알고 계셨다. 우리는 자신이 정의를 위해 일어서지 못한 것이 어떤 집단을 남들보다 더 중시하고 더 두려워하는지의 문제로 귀결된다는 점을 놓칠 때가 많다.

이 이야기에서 정의에 관한 하나님의 계시에는 '어떻게'라는 질문도 포함되어 있다. 즉 하나님은 힘을 숭배한 아합이 오히려 그 힘에 당하도록 힘, 심지어 악한 하사엘과 도덕적으로 애매한 예후의 힘을 사용하셨다. 아합은 자신의 힘을 옳고 그름의 잣대로 여겼기 때문에 힘에 의해 몰락했다. 한편, 미래의 소망은 예후나 하사엘의 새로운 왕조에 있지 않았다. 소망은 남은 자들에게 있었다. 미래의 소망은 현재 상황에 대한 해법과 전혀 상관없어 보여서 엘리야가 언급할 생각조차 하지 않았던 사람들에게 있었다.

하나님의 반응에 엘리야는 당황했을 것이 분명하다. 그의 한탄은 국가의 운명만이 아니라 자신이 주변으로 밀려나고 처형을 당할 위기에 처한 상황에서 비롯한 것이었다. 그에게 국가의 상황과 자신의 상황은 둘이 아니라 하나였다. 그는 하나님의 말씀을 대언하는 자였기 때문이다. 그런데 하나님은 미래를 바로잡을 계획을 말씀하시면서 엘리야가 아닌 다른 사람들을 언급하시는 것이 아닌가. 심지어 하나님은 엘리야를 대신할 사람의 이름까지 밝히신다. 하나님의 말씀은 대체 불가하지만 엘리야는 대체 불가한 존재가 아니었다. 그리고 아합이 엘리야를 광야로 몰아갔지만 결과적으로 하나님의 계획은 조금도 어긋나지 않았다. 오히려 그 일이야말로 엘리야를 위한 하나님의 계획이었다. 이는 엘리야가 아합처럼 자기 자신에게 궁극적인 가치를 부여하지 않도록 막기 위한 하나님의 조치였다.

영웅이 아닌 제자의 길을 가다

앞서 자녀의 이름을 성경 인물로 지으려 한다면 왕들보다 선지자들의 이름에서 찾는 편이 훨씬 쉽다는 이야기를 했다. 그 글을 쓸 때, 아내로 인해 당혹스러웠던 유일한 사건을 떠올렸다. 갓 결혼해서 함께하는 삶에 적응해 가고 있을 무렵 어느 주일에 새로운 교회에 가게 되었다. 그때 목사는 요한계시록의 서두 부분을 본문으로 설교하다가 부활하신 그리스도가 거짓 교사를 "이세벨"로 부른 장면을 언급했다. 목사는 이 사악한 왕비의 악명이 영원히 지속된다는 점을 설명하기 위해 이렇게 말했다. "여러분 중에 '이세벨'이란 이름으로 불리는(called) 분이 계시면 손을 들어보세요." 그러자 아내는 그것을 "이세벨이란 이름을 기억하는(recall) 분이 계시면 손을 들어보세요"라는 말로 잘못 알아들었다. 아내는 교인들이 그 인물을 얼마나 아는지 파악하려는 질문으로 알고서 손을 들었다. "지금, 뭐

하는 거예요?" 나는 주변을 둘러보며 나지막이 속삭였다. 그 교회에 등록하면 한동안 "러셀과 이세벨 무어 부부"로 불릴 것이라 생각하니 앞이 캄캄했다.

그날 오후, 내 창피함은 실소로 바뀌었다. 내가 알기로 침착하고 온화한 아내만큼 권모술수에 능한 살인녀를 닮지 않은 사람도 별로 없기 때문이다. 아내와 함께 한바탕 웃은 뒤에야 나는 그날 우리가 얼굴을 붉힌 것이 바로 그 목사가 전하려는 요지였다는 사실을 떠올렸다. 내 아내의 이름은 이세벨이 아니며, 나는 이세벨이라는 이름을 가진 사람을 본 적도 없다. 물론 이것은 아이의 이름을 찾기 위해 성경을 뒤지는 사람 중에 악당의 이름을 거들떠보는 사람은 없기 때문이다. 이방 요녀의 이름을 자식에게 붙여 주고 싶은 사람은 세상 어디에도 없다. 심지어 이세벨이 추구했던 돈과 명예와 권력을 원하는 사람도 그녀의 이름만큼은 원하지 않는다. 마찬가지로, 이가봇의 뜻이 '불명예'라는 것을 모르는 사람도 《슬리피 할로우의 전설》(The Legend of Sleepy Hollow)의 실수투성이 주인공 '이가봇'을 보고서라도 그 이름을 자식에게 붙여 주지 않을 것이다.

이세벨은 힘으로 흥했다가 힘으로 망했다. 이세벨은 세상에서 자신의 위치를 자랑했지만 그녀가 죽은 뒤에 하나님은 그녀의 흔적조차 지워 버리셨다. 성경은 그녀가 천벌을 받은 뒤에 "그 두골과 발과 그의 손 외에는" 장사할 신체가 하나도 남지 않았다고 말한다 (왕하 9:35). 예후는 이 말을 듣고 이전에 들었던 말을 기억했다. "이는 여호와께서 그 종 디셉 사람 엘리야를 통하여 말씀하신 바라. 이르시기를 이스르엘 토지에서 개들이 이세벨의 살을 먹을지라. 그 시체가 이스르엘 토지에서 거름 같이 밭에 있으리니 이것이 이세 벨이라고 가리켜 말하지 못하게 되리라 하셨느니라 하였더라"(왕하 9:36-37).

참으로 참혹한 광경이다. 자신의 힘을 궁극적인 우선사항으로 삼으면 이처럼 파멸과 수치에 이른다. 하지만 엘리야의 길은 남들이 그를 대신한 덕분에 다른 방향으로 이어졌다. 엘리야의 사역이 잠시나마 실패처럼 보인 것은 그 사역이 중요하지 않아서가 아니라 오히려 너무 중요해서이다. 그 사역이 너무 중요하기 때문에 하나님은 엘리야가 스스로 '바알'로 전락하지 않도록 막으셨다. 우리도 마찬가지이다. 자녀 양육, 소그룹 인도, 선교, 가난한 자들을 위한 자금 조성 등 하나님이 우리를 어떤 일로 부르셨던 그분이 우리를 통해서 하시는 일은 대부분 보이지 않는다. 심지어 우리가 실패하고 있는 것처럼 보이기도 한다. 대개 이는 자신을 높이지 않고 남들을 섬기셨던 그리스도의 형상으로 우리를 변화시키려는 하나님의 뜻이다.

헨리 나우웬(Henri Nouwen)은 관심을 한 몸에 받던 사역지에서 장애인 시설로 갔을 때 일어난 변화에 관해 말한 적이 있다. 그 장애인들은 그가 누군지도 모르고 그의 사역에 관해서 전혀 감흥을 느끼지 않을 사람들이었다.

"이 망가지고 상처 입은 사람들, 가식이라곤 눈곱만큼도 없는 사람들 앞에서 나의 강한 자아를 내려놓아야 했다. 뭔가를 하고 보여 주고 증명하고 쌓을 수 있는 자아를 버리고, 철저히 약해서 성취에 상관없이 사랑을 주고받을 수 있는 볼품없는 자아를 되찾아야 했다. 내가 이런 말을 하는 것은 미래의 크리스천 리더는 자신의 약한 자아 외에 내놓을 것이 아무것도 없는 존재로 세상에 서도록 부름을 받을 것이라고 절대적으로 확신하기 때문이다."[2]

이는 엘리야와 요한, 그리고 우리 모두에게 해당되는 이야기이다. 신약을 읽다 보면 놀랍게도 메시아 콤플렉스가 없는 사람은 실제 메시아밖에 없는 것처럼 보인다. 나머지 모든 사람은 아무리 옳은 일에 헌신한다 해도 그 옳은 일을 성취하는 과정의 중심에 서려는 성향을 가지고 있다. 하나님은 우리를 이런 성향에서 구해 주신다. 하나님은 불의에 무관심하거나 참여하려는 유혹에서 우리를 해방시켜 주실 뿐 아니라 정의가 오로지 우리의 어깨에만 달려 있다는 생각에서 비롯하는 피로와 낙심에서 해방시키신다. 그럴 때 우리는 "무엇이 정의인가? 그 정의를 위해 하나님은 이 순간 우리에게 무엇을 요구하시는가?"라고 묻는 동시에, 우리 없이도 일을 수행할 수 있는 남은 자들이 없는지 주변을 둘러볼 수 있다. 《카라마조프가의 형제들》(*The Brothers Karamazov*)에서 조시마 장로(Elder Zosima)는 이렇게 말한다. "모두가 자네를 버리고 억지로 쫓아내서 자네 혼자 남아 땅에 엎드려 땅에 입을 맞추고 눈물로 땅을 적신다면 아무도 봐 주는 이 없어도 땅이 자네의 눈물 덕분에 열매를 낼 것이네." 조시마 장로는 이렇게 결론을 내린다. "자네의 노고는 전체를 위한 것이네. 자네의 행위는 미래를 위한 것이지."[3]

엘리야, 그리고 그 보이지 않는 남은 자들의 사역이 그러했다. 우리의 길은 영웅의 길이 아닌 제자의 길이어야 한다. 정의를 위한 하나님의 계획, 그리고 그 계획을 이루시는 하나님의 불가사의하고도 반직관적인 방식은 계속해서 엘리야 이야기의 틀 속에서 펼쳐진다. 즉 구약의 마지막 부분에서 하나님은 "여호와의 크고 두려운 날이 이르기 전에" 엘리야가 돌아올 것을 이야기하신다(말 4:5). 이 엘리야의 영은 예수님보다 앞서 와서 그분의 오심을 선포하는 메신저의 형태로 찾아온다. "너희가 구하는 바 주가 갑자기 그의 성전에 임하시리니"(말 3:1). 하지만 이 자체로는 전혀 좋은 소식이 아니다.

이 오심은 그분의 이름으로 이루어지는 모든 악인에 대한 심판 중 하나이다. "그가 임하시는 날을 누가 능히 당하며 그가 나타나는 때에 누가 능히 서리요"(말 3:2). 이는 우리가 '수직적'으로 규정하는 것들(하나님에 대한 잘못된 방식의 예배, 우상 숭배)과 '수평적'으로 분류하는 것들(이웃을 올바로 대하지 않는 것)에 대한 심판이다. 그리고 '수평적인' 심판에는 일부 사람들이 '개인적인 도덕성'으로 분류하는 것들과 일부 사람들이 '사회 정의'의 문제라고 부르는 것들이 모두 포함될 것이다. "점치는 자에게와 간음하는 자에게와 거짓 맹세하는 자에게와 품꾼의 삯에 대하여 억울하게 하며 과부와 고아를 압제하며 나그네를 억울하게 하며 나를 경외하지 아니하는 자들에게 속히 증언하리라. 만군의 여호와가 말하였느니라"(말 3:5).

하나님은 그분의 이목을 피할 수 있는 부도덕이나 불의는 있을 수 없다는 말씀으로 구약의 계시를 마무리하셨다. 하나님의 이목을 피하려는 것은 엘리야 시대에 이스라엘을 공격했던 수리아 군대와 같은 실수를 저지르는 것이다. 그들은 "여호와는 산의 신이요 골짜기의 신은 아니라"라고 말했다(왕상 20:28). 하지만 마지막 말씀은 심판에 관한 것이 아니라 그 심판에서 비롯할 화해에 관한 것이다. 엘리야의 영은 결국 '수직적인' 화해(파멸에서 구원으로)와 '수평적인' 화해("그가 아버지의 마음을 자녀에게로 돌이키게 하고 자녀들의 마음을 그들의 아버지에게로 돌이키게 하리라")를 함께 가져올 것이다(말 4:6).

그리고 정확히 이 말씀대로 이루어졌다. 예수님이 성전에 오셔서 탁자를 엎어 환전상들을 쫓아내셨다. 이는 예배의 거룩함을 훼손한 '수직적' 측면("내 집은 기도하는 집이라 일컬음을 받으리라")과 동시에 그 순간 보이지 않는 이들("모든 민족을")에 대한 잘못이라는 '수평적' 측면 때문이었다. 예수님의 제자들은 이 당혹스러운 사건을 돌아보면서 시편의 한 구절을 떠올렸다. "주의 전을 사모하는 열심이 나를 삼키리라"(요 2:17; 시 69:9). 이는 "주의 전을 사모하는 열심이 나를 갈기갈기 찢으리라"라는 뜻이다. 그리고 물론, 실제로 그런 일이 일어났다.

예수님이 성전을 파괴하려고 했다는 것은 그분을 십자가에 못 박기 위한 기소 항목 중 하나였다. 하지만 바로 그 십자가 처형을 통해 예수님은 약속하신 일을 이루셨다. 성전(그분의 몸)은 허물어졌고, 예수님은 사흘 만에 그 성전을 다시 세우셨다. 그리고 하늘과 땅을 연결시키는 산 돌로 지어진 그 성전 안에서 예수님은 하나님에 대한 진정한 예배, 거룩한 삶, 하나님과 이웃을 향한 사랑, 사람들과 하나님 사이의 화해 및 사람들끼리의 화해를 구현하셨다. 그분을 통해 우리는 하나님이 거듭난 사람들에게 요구하시는 것을 배울 수 있다. 그것은 바로 "오직 정의를 행하며 인자를 사랑하며 겸손하게 네 하나님과 함께 행하는 것"이다(미 6:8). 엘리야를 고갈로 이끈 열심은 예수님을 십자가 희생으로, 나아가 새로운 피조물로 이끄셨다.

십자가가 보여 준 정의와 희생

불의는 하나님의 진노를 일으킨다. 하지만 하나님의 화해시키는 능력은 우리를 예수님의 우선순위에 따라 살아가는 사람들로 새롭게 빚어낸다(시 72:1-14). 이는 우리가 무엇이 중요하고 누가 중요한지에 대한 장기적인 시각을 품게 된다는 뜻이다. 그리고 이제 우리는 패배를 두려워하지 않게 된다. 하나님과 화해한 우리는 창조와 타락을 함께 볼 수 있다. 이제 우리는 타락이 이야기의 끝도 시작도 아니라는 것을 안다.

사람들이 하나님의 형상을 따라 창조되었고 양도할 수 없는 권리들을 받았다는 제퍼슨(Jefferson)의 말은 지극히 옳다. 아울러 모든 사람은 창조주의 메시지를 품은 양심을 받았다. 사람들은 마음을 열면 피조 세계의 선함과 이웃들의 존엄과 자기 삶에 대한 필연적인 심판을 볼 수 있다(롬 2:15-16). 그럴 때 우리는 세상이 귀를 기울이지 않는 이들의 소리를 듣고 그들을 위해 목소리를 높일 수 있다.

단순히 현안에 관한 논쟁에서 이기기 위해서가 아니라 당장의 승패보다 중요한 분을 증언하기 위해 무시와 학대를 당하는 여인들, 아직 태어나지 않은 아이들, 희생양이 되는 이민자들, 핍박받는 종교 소수자들의 편에 설 수 있다. 하나님의 섭리와 주권을 알면 절망에 빠지지 않는다. 인간의 타락과 우리 주변의 영적 전쟁을 알면 승리주의에 빠지지 않는다. 이 두 가지를 함께 보면 인간의 도성과 하나님의 도성을 함께 볼 수 있다. 하나는 죽음으로 치닫고 있지만 다른 하나는 시온으로 행진하고 있다.

나봇을 죽이고 포도원을 빼앗는 자들 중 일부는 회심할 것이다. 개중에는 나중에 정의와 인간 존엄과 화해를 위해 앞장설 이들도 있을 것이다. 반면, 그렇지 않은 이들도 있을 것이다. 하지만 우리는 단기적으로 이기든 지든 전체 그림을 보아야 한다. 우리는 정의와 자비를 위한 하나님의 거대한 계획에 참여하도록 부름을 받았다. 단, 이 계획은 우리가 있든 없든 상관없이 꾸준히 펼쳐질 것이다.

열심은 필요하다. 하지만 열심만으로는 부족하다. 열심은 자기희생으로 이어져야 한다. 열심은 십자가 형태의 정의와 십자가 형태의 복음으로 이어져야 한다. 다시 말해, 기꺼이 현실과 동떨어진 이상한 사람 취급을 받고 조롱을 당하고 세상에서 잊혀질 수 있어야 한다. 우리가 전에 들었던 음성 곧 "나를 따라오라"라고 하셨던 음성을 따라가고 있다면 얼마든지 어둠 속으로 들어가도 상관없다.

앨라배마 주의 어딘가에는 과거에 영광을 누렸지만 지금은 문을 닫은 한 교회가 있다. 이 교회는 하나님 나라와 남부 문화, 그리스도의 몸과 백인 시민 의회를 구분할 줄 몰랐다. 하지만 복음은 이교회 없이도 계속해서 뻗어 나갔다. 전성기 시절의 이 교회가 거부한 사람들이 사명을 이루고 있다. 요한계시록 5장에서 보좌 주위로 모인 무리의 대부분은 교회로부터 문전박대를 당한 이들이다. 무엇보다도 영어를 할 줄 모르는 중동 사람이 그 광경 한복판의 보좌에 앉아 계신다. 그분도 그 옛날 배척을 당한 분이다. 정의를 위해 일어선다는 것은 당장은 이상하고 '무능력하게' 보일 각오를 한다는 뜻이다. 그래서 그 교회는 옳은 길보다 당장의 현실에 맞는 길을 선택했다. 우리 중 얼마나 많은 사람이 그렇게 하는지 모른다. 이는 두려움에서 비롯한 것이다. 하지만 믿음은 우리를 다른 것으로 이끈다. 옳은 것을 위해 일어서는 용기로 이끈다. 역사는 길지만 결국 그 끝의 승리자는 예수님이시다.

Chapter 8

실패 앞에서

광야에서
생명의 미래를
보다

무드등 하나가 우리 집 복도의 어둠을 밝혀 준다. 사실, 이 등은 어둠 속을 보는 데 별로 도움이 되지 않는다. 단지 내가 볼 수 있다는 사실을 상기시킬 뿐이다. 이 무드등은 옷장 모양이고, 나니아 나라의 눈밭으로 들어가는 문과 그 앞에 서 있는 어린 루시를 묘사하고 있다. 위쪽에 달린 별들과 한가운데에 서 있는 가로등에서 빛이 난다. 이 무드등을 볼 때마다 그 이야기가 나를 깊고 깊은 어둠속에서 어떻게 꺼내 주었는지 생각난다.

이 무드등은 익숙한 이야기를 발하는 동시에 미스터리로 빛나고 있다. 나는 루시가 어디로 갈지 알고 있다. 툼누스 씨(Mr. Tumnus)의 집으로, 나니아 나라로 갈 것이다. 하지만 이야기의 이 시점에서 루시는 자신에게 닥칠 상황을 전혀 모르고 있다. 이 순간, 루시는 마녀나 사자와 파우누스(fauns, 반인반수의 숲의 신)에 관해서 아무것도 모르고 있다. 그저 가로등과 겨울 하늘만 보일 뿐이다. 어둠 속에서 희미한 빛만 반짝일 뿐이다. 그 어두운 숲길로 들어설 때 나도 내가 어디로 가고 있는지 전혀 몰랐다. 내게 어서 오라고 손짓하는 것이 정확히 무엇인지 알지 못했다. 당신도 마찬가지일 것이다. 이것이 당신이 두려워하는 이유가 아닌가?

나의 미래가 궁금하다

사실 우리가 두려워하는 것은 과연 두려운 상황을 견딜 수 있을까 하는 것이 아니다. 우리는 난관을 딛고 일어선 사람들을 많이 보았다. 그래서 난관의 실체를 알면 그것이 그렇게 두렵지만은 않을 수도 있다. 우리의 두려움은 무엇보다도 미스터리에서 비롯한다. 코너를 돌면 무엇이 기다리고 있는지 전혀 몰라서 두렵다. 상황이 어떻게 전개될지 짐작조차 할 수 없어서 두렵다. 어느 날 밤 몇몇 친구들과 벽난로 앞에 둘러앉아 있을 때 한 친구가 흥미로운 물음으로 대화의 포문을 열었다. "과거든 현재든 미래든 지금 딱 한 가지만 읽을 수 있다면 무엇을 읽고 싶어?"

그 친구는 사람들이 간음 현장에서 잡힌 여인에게 돌을 던지려고 했을 때 예수님이 손가락으로 모래 위에 쓰셨던 것을 읽고 싶다고 대답했던 것으로 기억한다. 군중으로 하여금 돌을 내려놓고 떠나가게 만들었던 그 글씨 혹은 그림 말이다.

나 역시 만약 "과거든 현재든 미래든 지금 딱 한 가지만 읽을 수 있다면 무엇을 읽고 싶어?"라는 질문이 주어진다면, 두 번 생각하지도 않고 '신문 부고란에 내 이름이 실린 것'(미국에서는 지역 신문에 많은 부고가 실린다-역주)이라고 대답했다. 한 친구가 눈살을 찌푸리며 대답했다. "맙소사, 너무 소름끼친다!" 나는 왜 미래로 가서 내 사망 기사를 보고 싶은지 설명하다가 그것이 호기심보다 두려움 때문이라는 사실을 깨달았다. 내 사망 기사를 읽으면 무엇보다도 내가 사망하는 정확한 시점을 알 수 있다. 만약 그날이 내일이라면 나는 당장 집으로 달려가서 밤새 아내와 아이들 곁에 머물 것이다. 그날이 지금으로부터 40년 뒤이고 내 사인이 상어의 공격으로 인한 사망이라면 평생 바다에서 헤엄치는 것을 두려워하겠지만 붐비는 도로를 건널 때마다 두려워서 연신 사방을 두리번거리거나 계속 머리가 아픈 것이 도대체 무슨 의미일까 걱정하지 않을 것이다. 어차피 내가 뇌졸중이나 심장마비, 뇌종양, 교통사고가 아니라 상어의 공격으로 죽을 것이기 때문이다. 40년 뒤까지는 나는 무적일 것이다. 하지만 내게 가장 중요한 사실은 이것이 아니다.

내가 죽는 날짜와 사인보다도 먼저 보고 싶은 것은 "그의 유가족은 … 이다"라는 부분이다. 내 아내와 모든 자식들의 이름을 다 확인할 때까지는 안도의 한숨을 내쉬지 못할 것이다. 그리고 이왕이면 내 모든 미스터리를 알고 싶다. 며느리들의 이름도 올라올까? 손자손녀는? 내 장례식장에서 가족들의 역할을 알고 싶다. 그때도 가족들이 여전히 나를 사랑할까? 나를 자랑스러워할까? 내 삶이 그들에게 선한 영향을 끼쳤을까? 이런 생각을 하다가 문득 현재 내 우선순위가 너무도 뒤틀려 있다는 사실을 깨닫고 충격을 받았다. 내가 진정으로 아끼는 사람들은 낯선 이들이 아니다. 바로 내 가족, 곧 내 아내와 자식들이다. 그런데 왜 나는 내 장례식에 오지도 않을 낯선 이들의 의견이나 인정에 그토록 연연하는가?

내 친구의 말이 옳다. 내 사망 기사를 보고 싶다는 생각은 좀 섬뜩하다. 하지만 그것은 궁극적으로 내 삶의 의미를 알고 싶기 때문이다. 내 이야기가 어떻게 끝나는지 알고 싶다. 내 삶의 줄거리가 어떻게 마무리되는지 알고 싶다. 모든 상황이 어떻게 해결될지 알면 두려울 것이 없다. 그것은 사망 기사가 단순히 정보들의 집합이 아니기 때문이다. 내가 아는 사람의 부고는 하나의 이야기로 다가온다(미국의 부고는 한국보다 자세하다-역주). 부고는 시작과 끝을 가진 이야기이다. 우리는 인생의 끝에서 자신의 삶이 나름대로 좋은 이야기였다고, 의미가 있었다고 말하기를 원한다. 매우 실질적인 의미에서 우리는 평생 의미를 추구하며 살아간다. 그리고 그런 삶을 살기 위해서는 바로 용기가 필요하다.

미래를 향해 내딛는 한 걸음

엘리야가 광야를 통과한 뒤에 본 것은 자신의 부고가 아니었다. 하나님이 보여 주신 미래는 악의 심판과 남은 자들을 통한 정의의 궁극적인 승리에 관한 것이었다. 하나님의 계획이 이루어질 것이었지만 이제 그 계획에서 엘리야의 역할은 자신의 후임을 영입하는 것이 전부였다.

엘리야에게 발탁되었을 때 엘리사는 부모에게 작별 인사를 할 시간을 달라고 요청했다. 이것은 전혀 부당한 요청이 아니었다. 이것이 예수님이 제자들의 동일한 부탁을 거절하신 것이 그토록 충격적인 이유이다(눅 9:57-62). 부모와의 눈물겨운 작별 인사가 끝난 뒤 엘리사는 밭을 갈 때 쓰던 소들을 죽여서 제물로 바쳤다. 요즘 세상에는 짐승을 잡아 바치는 제사는커녕 주변에 가축이 있는 집조차 구경하기 힘들기 때문에 대부분의 현대 독자들은 이 행동의 의미를 제대로 이해하지 못한다. 하지만 엘리사에게 이 행동은 단순한 의식이 아니었다. 이 소들은 밭을 갈 때 쓰던 가축이었다. 따라서 이 소들을 죽여서 제물로 바쳤다는 것은 단순한 제사의 의미가 아니라 그때까지 살아온 자신의 삶 전체를 내려놓는다는 의미였다. 엘리사는 자신의 생계와 물려받은 유산, 가족들의 기대, 미래를 위한 비전까지 다 버렸다. 그는 미스터리의 영역에 있는 미래로 한걸음을 내딛기 위해 그 전까지 자신의 이야기를 전부 내던졌다.

계속해서 성경을 보면, 엘리야는 그를 좇던 자들에게 미스터리와 같은 존재였다. 어디선가 난데없이 나타났다가 하루아침에 소리 소문 없이 사라지고, 기도로 하늘에서 불을 내리고 하나님의 신탁을 전하는 것이 어디 보통 일인가. 하지만 내내 하나님은 엘리야를 끝처럼 보이는 순간으로 인도하고 계셨다. 엘리사는 엘리야를 따라나서면서 오직 한 가지만 요청했다. 그것은 바로 스승에게 임했던 하나님의 영이 자신에게 2배로 임하게 해 달라는 것이었다. 그러자 엘리야는 엘리사가 자신의 영광스러운 최후를 봐야만 하나님이 그 요청을 들어주실 것이라고 말했다. 그리고 정확히 그런 일이 일어났다. 엘리사는 엘리야가 회오리바람을 타고 불수레 및 불말들과 나란히 하늘로 사라지는 광경을 보았다(왕하 2:11).

엘리사는 이 놀라운 광경을 보며 부르짖었다. "내 아버지여 내 아버지여"(왕하 2:12). 이런 부자(父子)의 표현이 매우 중요하다. 부모와 자식의 관계는 우리가 늙어간다는 사실을 상기시킨다. 자식이 자랄수록 부모는 노쇠해간다. 우리는 자식들에게 미래를 넘겨 주어야 하는데, 때로는 이것이 그렇게 서글플 수 없다. 한번은 한 친구가 나이를 먹으면서 젊은 시절의 탱탱한 얼굴을 잃어가는 것에 한탄하며 이렇게 말했다. "꼭 애 아빠처럼 보이잖아." 그러자 다른 친구가 그를 보며 퉁명스럽게 말했다. "너, 애 아빠 맞잖아?" 이렇게 아버지에게서 아들로, 어머니에게서 딸로 넘어가는 것은 생물학적 문제만도 아니고, 시대의 획을 긋는 선지자 계승의 문제만도 아니다. 이것은 일상적인 제자 훈련의 일부이다. 나오미는 룻의 어머니였고(룻 1:11-18) 바울은 디모데의 아버지였다(딤전 1:2). 두 경우 모두에서 부모에 해당하는 인물은 이야기가 자신의 대에서는 끝나고 다른 사람에게서 계속될 것을 분명히 보았다. 이는 타락한 인간에게는 쉽지 않은 일이다. 우리는 자신이 영원히 건재하기를 원하고, 누군가에게 추월을 당한다는 것은 생각조차 하기 싫어한다.

은퇴를 앞둔 나이 지긋한 목사의 밑에서 사역하는 젊은 목사들은 조만간 그 목사가 물러나면 자신의 시대가 올 것을 기대한다. 하지만 그 과정은 결코 순탄하지 않다. 남달리 성숙한 사람이 아닌 이상, 나이든 리더는 젊은 리더를 자신의 필연적인 죽음에 대한 증거로 보기 시작한다. 전적으로 일에서 가치와 의미를 얻는 사람이라면 삶에 불쑥 끼어든 그 애송이에게 분노할 것이다. 고질병 환자가 저승 사자 복장을 한 사람만 봐도 분노할 것처럼 말이다.

이런 상황은 목회만이 아니라 삶의 모든 영역에서 나타날 수 있다. 실리콘밸리나 월스트리트나 길 건너편의 사무용품 전문점

만큼이나 교회 안에서도 이런 시나리오대로 흘러가는 상황을 자주 목격할 수 있다. 사방에서 한 세대가 다음 세대에게 창을 던지고 있다. 그러면서 '대의'나 '우려'라는 엉뚱한 평계를 댄다. 하지만 사실 우리가 분노하는 것은 "사울은 수천을 죽였지만 다윗은 수만을 죽였다"라는 말이 들려오기 때문이다. 우리는 인생의 뒤안길로 사라져 잊혀지는 것을 죽는 것만큼이나 두려워한다. 우리는 삶의 의미가 사라질까 두려워한다.

우리가 알기로 엘리야는 자기 삶 속의 다음 세대에 적대적으로 굴지 않았다. 하지만 그는 그 남은 자들에게 신경을 쓰지 않았다. 심지어 그들 중 1백 명이 동굴에 숨어 있다는 사실을 알면서도 전혀 무관심하게 굴었다. 하지만 인생의 막바지에 그는 믿음 안에서의 아들에게 평생의 사역을 넘겨 줄 뿐만 아니라 그에게 자신을 능가할 발판을 마련해 주었다.

성경은 이것이 하나님이 의도하신 바였다고 분명히 말한다. 엘리사는 스승의 승천을 본 직후에 그의 겉옷을 입고 물가로 가서 이렇게 말했다. "엘리야의 하나님 여호와는 어디 계시니이까?" 그러자 스승인 엘리야와 출애굽 당시 선조들이 경험했던 것처럼 물이 갈라졌다(왕하 2:14). 엘리사의 질문은 옳았다. 남들은 "엘리야는 어디에 있는가?"라고 묻고 싶었다. 그들은 수색팀을 꾸려 사흘간 사방을 이 잡듯이 뒤졌다. 하지만 엘리야의 행방은 오리무중이었다.

엘리사에게 중요한 것은 엘리야의 행방이 아니었다. 엘리야의 하나님의 행방이었다. 하나님은 바로 그곳에 계셨다. 그리고 성경에서 이 이야기의 나머지 부분을 보면 엘리사는 곧장 엘리야의 이야기 속으로 들어가 엘리야가 광야에서 받은 사명을 이어간다(왕하 8:10-15; 9:1-13). 하나님은 엘리야를 자기 이야기의 중심에서 끌어내셨다. 그러기 위해 하나님은 엘리야가 광야에서는 몰랐던 것, 곧 "엘리야야, 네가 어찌하여 여기 있느냐?"에 대한 올바른 대답을 알게 하셨다. 올바른 대답은 바로 이것이다. "제가 여기에서 뭘 하고 있는지는 중요하지 않습니다. 핵심은 제 자신이 아니까요."

엘리야의 여정(열왕기상 19장에 기록된 위기 순간에서 영광의 순간까지)과 이스라엘 왕실의 여정이 얼마나 다른지 보라. 아합의 죽음에도 불구하고 아직 상황은 깔끔하게 정리되지 않았다. 바알은 여전히 이스라엘 내에 존재했다. 아합의 후계자 아하시야는 지붕에서 떨어져 큰 부상을 입은 뒤 우상 숭배에 더욱 박차를 가했다. 여느 사람들처럼 그도 자신에게 왜 그런 일이 일어났는지, 앞으로는 괜찮을지 알고 싶었다. 그래서 고민 끝에 이방신인 '바알세붑'에게 사자들을 보냈다. 바알세붑은 문자적으로 '파리의 왕'을 의미한다. 아하시야는 이 오물의 신에게 자신이 죽음을 맞게 될지 물었다. 그런데 그것은 단순히 그릇된 행위를 넘어선 더 큰 잘못이었다(물론 그릇된 예배도 큰 잘못이지만). 한편, 나중에 예수님은 파리 떼의 왕인 '바알세불'의 이름으로 귀신을 쫓아낸다는 누명을 쓰셨다(눅 11:14-19).

그 전에 사울이 엔돌의 무녀를 찾았던 것처럼 이스라엘의 왕이 하나님의 계시가 아닌 다른 수단으로 자신의 미래를 엿보려고 한 것은 뼛속까지 사탄적인 짓이었다. 또한 그것은 무의미한 짓이었다. 나중에 예수님이 지적하신 것처럼 바알세불은 십자가에 달리신 분의 능력으로 무너지고 결박되었다. 한편, 이제 엘리야는 더이상 예전처럼 유약하고 흔들리는 사람이 아니었다. 이제 그는 주어진 빛을 따라 또 다른 산에 이를 때까지 한발자국씩 꿋꿋이 걸어갔다. 그러자 전과 달리 그곳에서는 하나님이 실제로 회오리바람 속에 계셨다.

물론 크리스천들 중에 미래를 알기 위해 점쟁이나 이상한 종교 집단을 찾아가는 사람은 별로 없다(물론 간혹 있기는 하지만). 하지만 우리는 또 다른 방식으로 같은 유혹을 마주한다. 알 수 없는 일은 언제나 두렵기 마련이다. 우리는 미래를 알아서 미리 대비하기를 원한다. 우리는 미스터리에서 벗어나 눈앞을 훤히 보기를 원한다. 그러기 위한 우리의 시도는 대개 무당을 찾아가는 것이 아니라 근심과 걱정을 하는 것이다. 걱정은, 계속해서 고민하면 미래를 어느 정도 통제할 수 있다는 착각으로 여러 가능한 시나리오를 머릿속에서 끊임없이 돌리는 것이다. 예수님이 "아무것도 염려하지 말라"라고 가르치신 것은 걱정이 미래를 조금도 바꿀 수 없을 뿐 아니라 '내일에 대한 생각'이 현재의 현실(공중의 참새들과 들판의 백합화가 번영하는 사실에서 볼 수 있는 하나님의 한결같은 돌보심)과 미래의 목표(하나님 나라)에 모두 집중할 수 없게 방해하기 때문이다(마 6:33).

예수님은 우리의 가까운 미래(많은 슬픔과 거부와 핍박을 겪게 될 것)와 먼 미래(그분과 함께 우주를 다스리게 될 것)에 관해 조금 알려 주셨다. 하지만 많은 것을 알려 주시지는 않았다. 사실, 하나님 나라의 중요한 부분 중 하나는 신비이다. 그래서 우리는 보는 것이 아니라 믿음으로 행해야 하고(고후 5:7) 희미한 거울을 통해 하나님 나라를 바라보아야 한다(고전 13:12). 엘리야의 삶의 미스터리는 마지막까지, 그리고 그가 회오리바람을 타고 사라진 후까지 계속되었다.

그는 어디로 갔을까? 그는 어디서 무엇을 하고 있을까? 과연 때가 되면 돌아올까? 그것을 아무도 알지 못했다. 남은 것은 그의 겉옷뿐이었다. 그래서 차세대 선지자들은 그가 어떤 산이나 계곡에 떨어졌을지 모르기 때문에 서둘러 구조 작업을 펼쳐야 한다고 판단했다(왕하 2:17). 그도 그럴 것이, 엘리야가 전에도 광야로 사라져 거의 죽기 직전의 몰골을 하고 있었으니까 말이다. 저편으로 간 그가 이 세상에서 벌어지는 일을 주시하고 있었다면 이렇게 투덜거렸을지도 모르겠다. "정작 필요할 때는 찾지도 않더니만." 하지만 수색팀은 아무것도 찾지 못했다(왕하 2:17). 그 이전에 모세의 무덤이 발견되지 않은 것처럼 엘리야는 더 큰 미스터리에 둘러싸여 있었다. 생사조차 아는 이가 없었으니까 말이다. 그는 그냥 사라졌다. 그의 영은 세례 요한에게로 넘어가고 성경에 계속 그의 이름이 등장하지만 2천 년 후까지는 그를 볼 수 없다. 그리고 이 미스터리의 순간은 용기를 찾기 위해 필요한 것이 무엇인지를 정확히 밝혀준다.

엘리사가 요단강 너머로 본 것은 불가해한 현상이었다. 하늘로 솟구치는 회오리바람과 불수레들을 보았다. 이 광경이 너무 이상해서 세속주의자들은 이 이야기를 일종의 신화로 치부하고, 음모이론가들은 고대의 외계인 납치 사건으로 보았다. 하지만 이 이미지는 성경의 다른 부분에서 나타나는 '베일 벗기기'(unveiling)라는 상황의 이미지와 일치한다. 엘리사는 영적 세상과 물질적 세상 사이의 경계에 있는 얇은 막과도 같은 지점에서 스승이 떠나는 모습을 볼 수 있었다. 하지만 이런 일이 그때만 일어난 것은 아니다.

나중에 엘리사는 한 종과 함께 수리아 군대에 포위되었다. 종은 공포에 사로잡혔지만 엘리사는 이렇게 말했다. "두려워하지 말라 우리와 함께한 자가 그들과 함께한 자보다 많으니라"(왕하 6:16). 종은 엘리사가 미쳤다고 생각할 수밖에 없었다. 광야에서의 엘리야처럼 그 종은 적의 숫자가 개미 떼처럼 많은 것을 보고 이젠 죽은 목숨이라고 생각했다. 그때 엘리사는 하나님께 종의 "눈을 열어서 보게" 해 달라고 요청했다(왕하 6:17). 순간 "그가 보니 불말과 불병거가 산에 가득하여 엘리사를 둘렀더라"(왕하 6:17). 주목할 점은 엘리사가 이 불병거들을 부른 것이 아니라는 것이다. 불말과 불병거들은 이미 그곳에 있었다. 단지 엘리사는 겁에 질린 종이 이미 영적 영역에서 주변을 가득 메우고 있는 것을 보게 해주었을 뿐이다. 그리고 그가 본 것을 성경의 다른 부분에서는 '영광'이라 부른다.

복음서에서 예수님은 제자들에게 "인자가 아버지의 영광으로 그 천사들과 함께 오리니 그때에 각 사람이 행한 대로 갚으리라"라고 말씀하셨다(마 16:27). 하지만 더 충격적인 것은 바로 이어지는 말씀이다. "진실로 너희에게 이르노니 여기 서 있는 사람 중에 죽기 전에 인자가 그 왕권을 가지고 오는 것을 볼 자들도 있느니라"(마

16:28).

엿새 뒤 예수님은 수제자들인 베드로와 야고보와 요한만 데리고 높은 산에 오르셨다. 엘리사의 기름부음이 엘리야가 영광스럽게 떠나는 것을 '보느냐'에 달려 있었던 것처럼, 제자들은 그리스도가 영광 중에 오시는 것을 '볼' 것이라는 말을 들었다. 그리고 그 산에서 놀라운 일이 벌어졌다. "그들 앞에서 변형되사 그 얼굴이 해 같이 빛나며 옷이 빛과 같이 희어졌더라"(마 17:2).

그때까지 '서 있던' 제자들은 더 이상 서 있을 수 없었다. 그들은 얼굴이 땅에 닿도록 바짝 엎드렸다. 그들은 주변을 온통 덮은 빛나는 구름을 보고 자신들의 랍비가 모세 및 엘리야와 대화하는 모습을 보았다. 이번에도 그 산에서 뭔가가 변했다는 암시는 없다. 이미 있는 것을 베드로와 야고보와 요한이 볼 수 있게 된 것일 뿐이었다. 그들은 하나님의 광채로 우주가 살아 숨 쉬는 것을 보았다. 그들은 보이지 않는 영적 현실을 보았다. 그들은 구름 같이 둘러싼 허다한 증인들을 보았다. 그들은 영광을 엿보았다.

C. S. 루이스는 '영광'이 두 가지를 암시한다고 말했다. 그것은 바로 박수갈채와 빛난 빛이다. 그는 둘 다 처음에는 어리석어 보인다고 인정했다.

> "첫 번째 것의 경우, 유명해진다는 것은 남들보다 더 많이 알려진다는 뜻이기 때문에 명예욕은 경쟁적인 욕구이다. 따라서 천국보다는 지옥의 욕구라고 할 수 있다. 두 번째 것의 경

우, 살아 있는 전구 같은 것이 되고 싶은 사람이 어디에 있겠는
가."[1]

하지만 더 깊은 탐구 끝에 루이스는 바로 이것이 우리 모두가
갈망하는 것임을 깨달았다. 우리 모두는 인정을 받고 남들이 봐 주
기를 원한다. 예를 들어, 빈 스타디움의 한가운데로 걸어가 자신에
게 스포트라이트가 쏠리고 수많은 인파가 자신의 이름을 외치는
상상을 해 보라. 혹은 거대한 무대 한가운데서 우레와 같은 박수갈
채를 받으며 노래를 부르는 공상을 해 보라. 이것이 우리 영혼이 갈
망하는 위대함이다. 그런데 이 갈망은 어디서 오는가? 왜 우리는
이런 것에 끌리는가?

영광의 두 가지 요소가 모두 변화산에서 나타났다. 먼저, 초자
연적인 눈부심, 동방정교에서 '창조되지 않은 빛'이라고 부르는 것
이 나타났다. 그리고 다시 예수님을 사랑하고 기뻐하는 아들이라
고 부르는 하나님의 천둥 같은 음성이 나타났다. 이 영광의 장면
은 그곳에서 예수님과 동행한 두 사람에게 특히 의미가 있었다. 모
세와 엘리야는 둘 다 영광을 엿본 사람이기 때문이다. 모세는 하나
님께 그분의 영광을 보여달라고 간청했고, 영광이 자신의 옆을 지
나가는 동안 바위틈에 숨어 있었다(출 33:18-22). 시내산에서 하나님
을 만난 뒤 모세의 얼굴은 간접적인 빛으로 인해 빛이 났다. 그 빛
이 얼마나 강했던지 사람들이 놀라지 않도록 수건을 쓰고 다녀야
할 정도였다. 엘리야는 또 어떤가. 그는 기도로 하늘에서 불을 내렸

고, 영광 중에 하늘로 들려 올라갔다. 그리고 그들은 이제 예수님의 존전에서 그토록 갈망하던 하나님의 영광을 보았다. 단면적으로만 엿보았던 영광을 직접 보았다. 성경은 이 나사렛 예수에 대해 "하나님의 영광의 광채시요 그 본체의 형상이시라. 그의 능력의 말씀으로 만물을 붙드시며"라고 말한다(히 1:3).

당신과는 거리가 먼 이야기처럼 들리는가? 전혀 그렇지 않다. 당신이 예수님의 제자라면 당신도 그 산에 가본 적이 있다. 모세와 엘리야가 보았던 영광은 하나님의 어떤 비인격적인 잔광이 아니었다. 그 영광은 바로 예수 그리스도 자신이었다.

또 다른 선지자 이사야는 하나님의 영광이 빛과 음성으로 성전을 가득 채운 장면을 보았다(사 6:1-6). 이 구절은 "내가 여기 있나이다. 나를 보내소서"(사 6:8)에서 클라이맥스에 이르기 때문에 흔히 선교 캠페인 기간에 설교 본문으로 자주 등장한다. 하지만 이 영광이 비인격적인 뭔가가 아니라 인격적인 분이라는 말은 좀처럼 듣기 힘들다. 변화산에서 영광을 목격했던 인물 중 하나인 요한은 이렇게 썼다. "이사야가 이렇게 말한 것은 주의 영광을 보고 주를 가리켜 말한 것이라"(요 12:41). 그는 또 이렇게 말했다. "우리가 그의 영광을 보니 아버지의 독생자의 영광이요 은혜와 진리가 충만하더라"(요 1:14). 물론 이는 실로 놀랍고 인상 깊은 '영광 목격'의 사건이다. 하지만 요한은 자신이 영광을 본 것이 그 사건만이 아니라고 말했다. 예를 들어, 가나의 혼인 잔치에서 예수님이 물을 포도주로 바꾸신 기적은 "그의 영광을 나타"(요 2:11)냈다.

미래에 대한 궁금증을 풀 열쇠

예수님을 보는 것은 곧 하나님의 영광을 보는 것이다. 예수님의 음성을 듣는 것은 곧 하나님의 영광을 듣는 것이다. 그리고 당신이 그리스도의 제자라면 이 두 가지를 모두 경험했다. 사도 바울은 하나님의 영광이 복음의 메시지를 듣고 믿는 데서 나타나며, 이 영광은 모세가 본 영광처럼 시간이 지나면 사라지지 않고 그것을 마주한 사람을 변화시킨다고 말했다. "우리가 다 수건을 벗은 얼굴로 거울을 보는 것 같이 주의 영광을 보매 그와 같은 형상으로 변화하여 영광에서 영광에 이르니 곧 주의 영으로 말미암음이니라"(고후 3:18). 복음이 발하는 빛, 우리를 마귀의 권세에서 해방시키는 빛은 "하나님의 형상"이신 "그리스도의 영광의 복음의 광채"다(고후 4:4). 잠시나마 제자들에게 나타났고 역시 엘리야와 엘리사와 모세에게 잠시나마 일부만 나타났던 이 복음의 영광은 믿음을 통하지 않고서는 볼 수 없다.

용기를 향해 가는 우리에게 영광이 중요한 이유는 이렇다. 영광이 광채와 박수갈채를 암시한다는 루이스의 말에 동의하지만 나는 여기에 한 가지 요소를 더하고 싶다. 그것은 바로 줄거리의 결말이다. 성경에서 영광은 시간을 초월한 추상적인 것이 구체화된 뭔가가 아니라 하나의 줄거리이다. 하나님의 영광은 이스라엘과 함께 애굽에서 나와 약속의 땅으로 들어가 장막에 둥지를 틀었다. 이어서 하나님의 영광은 솔로몬의 성전에 들어가 머물다가 바벨론 유수로 갑작스럽게 떠나갔다. 하나님의 영광이 돌아올 것이라고 약속하셨고, 그때 "물이 바다를 덮음 같이 여호와의 영광을 인정하는 것이 세상에 가득"할 것이다(히 2:14). 영광은 사물이 아니라 전 우주적 이야기의 중심 줄거리다.

소설가 레이놀즈 프라이스(Raynolds Price)는 이야기가 위로와 동반자를 원하는 인간의 깊은 욕구에서 비롯했다고 말한다. (개인적인 재난이든 지정학적 재난이든) 재난 앞에서 우리 대부분이 책, 영화, 여타 미디어 등 어떤 형태로든 이야기를 의지한다는 사실을 보면 알 수 있다. 그런데 프라이스에 따르면 이 '갈망'은 단순히 생물학적이고 문화적인 결과가 아니다. 그는 이렇게 말한다.

> "이 욕구는 우리의 뜻이 아쉬운 대로 조금이나마 이루어질 것이라는 최면성 망상에서 위로를 얻는 것이 아니다. 이 욕구는 가끔 비극이 벌어져도 궁극적으로는 우리의 삶이, 전체를 보고 결국 자신의 뜻을 펼치는 신의 마음을 흡족하게 하는 쪽으로 가고 있다는 확실한 소식을 원하는 것이다. 우리는 바로 완벽한 이야기를 갈망한다. 우리는 이 갈망의 소음 속에서 농담과 일화, 소설, 꿈, 영화, 연극, 노래, 서로의 하루에 관해 말하고 듣지만 우리는 오직 참되다고 생각되는 한 가지 짧은 이야기에만 만족한다. 그 이야기는 역사가 우리를 아는 정의로운 신의 뜻이라는 것이다."[2]

프라이스의 요지는 우리가 단순히 자기 삶에 의미를 더해 주는 이야기를 원하는 것이 아니라 그 이야기가 우리 자신의 밖에 있기를 원한다는 것이다. 한 철학자의 표현을 빌자면 "하나의 행동은 언제나 전체 역사 속의 한 에피소드이다."

이는 우리가 우리의 개인적인 이야기들과 집단적인 이야기들이 향하는 결말을 볼 때만 도덕이나 정의나 의미에 대한 관념이 가능해진다는 뜻이다. 그렇지 않으면 사람들은 "말뿐 아니라 행동에서도 대본 없이 걱정스럽게 더듬거리는 자들"일 뿐이다.[3] 우리의 이야기가 남들의 이야기들과 어우러져 하나의 거대한 이야기를 형성한다는 의식이 있어야 그 철학자가 말한 "이야기로 전할 만한 가치가 있는 삶"을 살 수 있다.[4] 다시 말해, 인격적인 하나님만이 아니라 심판의 날에 대한 의식과 영광에 대한 올바른 정의가 필요하다.

하나님은 예수님께 하늘의 빛을 비추고 완벽한 인정을 선포하실 때 세상 모든 것을 지탱하는 미스터리 곧 그리스도에 관한 뭔가를 밝혀 주셨다. 광야와 산에서 엘리야가 두려워한 것은 단순히 이세벨의 손에 자신의 삶이 끝나는 것이 아니라 자기 삶에 의미가 없어지는 것이었다. 하지만 하나님은 그의 삶 자체에 의미가 없지 않다는 점을 보여 주시지는 않았다. 호렙산에서 엘리야는 세미한 음성을 들었다. 하지만 변화산에서는 나사렛 예수에 관한 음성을 더 없이 뚜렷하고 분명하게 들었다. "이 모든 일의 핵심은 네가 아니라 그리스도다!"

그런 순간에는 정신이 혼미할 수밖에 없다. 역시나 시몬 베드로는 혼미한 가운데 어리석은 말을 하고 만다. 마가복음은 그의 순간을 이렇게 기록한다. "베드로가 예수께 고하되 랍비여 우리가 여기 있는 것이 좋사오니 우리가 초막 셋을 짓되 하나는 주를 위하여, 하나는 모세를 위하여 하나는 엘리야를 위하여 하사이다 하니."

그 다음 구절을 읽을 때마다 나도 모르게 웃게 된다. "이는 그들이 몹시 무서워하므로 그가 무슨 말을 할지 알지 못함이더라"(막 9:5-6). 하긴, 이런 상황에서 두려워하지 않고 말문이 닫히지 않을 사람은 없다. 사실, 우리가 베드로의 말을 어리석게 생각하는 것은 그가 하나님께 꾸지람을 당했다는 대목을 읽었기 때문일 뿐이다. 그런 기록이 없다면 우리는 그의 말을 전혀 이상하게 생각하지 않을 것이다.

사실, 베드로의 제안은 꽤 그럴 듯하다. 그곳에서 엄청난 일이 일어났다. 실제로 베드로가 기념하자고 제안할 만한 일이 일어났다. 나아가, 베드로는 이스라엘 역사상 가장 위대한 두 선지자에게 기념할 무덤조차 없다는 사실이 안타까워서 그들에 대한 경의를 표현하고 싶었을지도 모른다. 모세는 높은 산에 올라 약속의 땅을 바라만 보았을 뿐 결국 그 땅에 들어가지 못하고 외국 땅에 묻혔는데 "오늘까지 그의 묻힌 곳을 아는 자가 없"(신 34:6)다. 수색팀은 사흘간 사방을 이 잡듯이 뒤졌지만 엘리야를 발견할 수 없었다. 다만 그가 말세 직전에 돌아올 것이라는 약속만 있었다. 그런데 이곳에 그 두 사람이 나타났다. 베드로는 이 미스터리에서 뭔가 의미를 얻기 위해 기념물을 세우고 싶었다.

"말할 때에 홀연히 빛난 구름이 그들을 덮으며 구름 속에서 소리가 나서 이르시되 이는 내 사랑하는 아들이요 내 기뻐하는 자니 너희는 그의 말을 들으라 하시는지라"(마 17:5). 그때 제자들의 반응은 지극히 인간적이었다. "제자들이 듣고 엎드려 심히 두려워하니 예수께서 나아와 그들에게 손을 대시며 이르시되 일어나라 두려워하지 말라 하시니"(마 17:6-7). 이 이야기 전체의 핵심은 바로 다음 구절이다. "제자들이 눈을 들고 보매 오직 예수 외에는 아무도 보이지 아니하더라"(마 17:8). 나는 이곳에 갔던 제자 중 한 명인 요한이 그리스도의 영광에 관해서 쓸 때 말씀이 육신이 되어 우리 가운데 "거하시매"라고 초막을 연상케 하는 표현을 사용한 것이 결코 우연이 아니라고 생각한다(요 1:14). 그곳에서 하나님은 시몬 베드로에게 이렇게 말씀하고 계셨다. "나를 위해 집을 지을 필요는 없다. 내가 너를 위해 집을 짓고 있으며 그 집은 바로 내 아들이다." 그리고 또한 이렇게 말씀하셨다. "모세와 엘리야를 위한 기념물은 필요하지 않다. 율법과 선지자는 내 아들을 증언하기 위해 있는 것이다. 예수가 그것들에 진정한 의미를 부여해 줄 존재다."

엘리야가 초점이 아니었다. 그곳에서 엘리야는 반사된 영광의 빛을 쬐고 있었을 뿐이다. 그리고 그 영광이야말로 그가 그토록 갈망하던 진정한 영광이었다. 엘리야는 지독히 노력했지만 그의 삶 속의 미스터리는 호렙산에서 풀리지 않았다. 그 미스터리는 다른 산에서, 갈릴리 목수의 면전에서 풀렸다.

우리 삶의 미스터리도 마찬가지이다. 우리가 '영광'이란 단어를 떠올리지는 않더라도 영광이야말로 우리가 추구하는 결말이다.

즉 영광은 결국 모든 것이 해결될 것이라는 증거이다. '빛'은 어둠 속에 무엇이 있었는지 말해 주고, 우리가 안전하다고 말해 준다. 박수갈채는 우리가 인정을 받고 있다고, 우리의 삶이 중요하다고 말해 준다. 영광은 우리의 이야기에 의미를 부여해 주는 결말이다.

오래전, 어려운 시기에 내게 큰 도움이 되었던 책들의 저자와 함께 식사를 하는 영광을 누린 적이 있다. 원래 그는 멀리서만 우러러보던 영웅이었다. 나는 그의 앞에서 넋이 나간 '팬'처럼 굴지 않으려고 했지만 변화산에서의 시몬 베드로처럼 그의 앞에서 더듬거리면서 그의 작품이 내게 얼마나 큰 의미가 있는지를 설명하려고 애썼다. 그러자 이 나이 지긋한 저자는 빙그레 웃으며 말했다. "우리 모두가 이렇게 꼭 필요한 순간에 꼭 필요한 것을 얻곤 하죠. 꼭 필요한 책이 절묘한 타이밍에 나타납니다. 꼭 필요한 때에 꼭 필요한 대화가 이루어지기도 하죠. 꼭 필요한 친구가 꼭 필요할 때 찾아오고요."

그는 잠시 뜸을 들였다가 다시 입을 열었다. "이런 걸 경험해 보지 않았나요? 이게 바로 은혜랍니다." 결과적으로 그 말은 그 순간에 내게 꼭 필요한 말이 되어 주었다. 그 뒤로 오랫동안 나는 그 말을 떠올리며, 내가 그 당시에는 큰 의미가 있다고 생각하지 않았지만 결국 내 삶을 크게 바꾸어 놓았던 사람들과 책들과 대화들에 관해서 자주 돌아보았다.

내 삶을 크게 변화시킨 또 다른 저자인 프레드릭 비크너(Frederick Buechner)는 이렇게 말했다. "얼마 뒤 나 자신의 삶에 줄거리가 있다는 생각이 들기 시작했다. 그리고 다시 얼마 후 삶 자체에 줄거리가 있다는 생각이 들기 시작했다."[5]

그에 따르면, 그렇다고 해서 우리의 삶을 완전히 뒤바꾸어 놓는 극적이고도 급격한 일에서만 의미를 찾아야 하는 것은 아니다. 평범하고 단조로워서 따분하기까지 한 순간들도 우리의 삶 속에서 은혜의 줄거리를 형성한다. "결혼해서 아이가 태어나거나 태어나지 않기도 한다. 한밤중에 문을 두드리는 소리가 나고, 공원을 통과해서 집으로 오는 길에 비둘기 밥을 주는 사람을 보기도 한다. 모든 검사가 음성으로 나와 새로운 삶을 얻기도 한다. 사건에 사건이 정신없이 꼬리를 물어 아무 의미도 없어 보이지만, 가끔씩 목적과 의미와 방향이 엿보인다. 줄거리가 엿보인다. 우리의 삶이 희미하게나마 우리에게 뭔가를 말하려고 한다는, 우리를 어떤 목적지로 데려가려고 한다는 신호가 감지된다."[6]

하지만 이렇게 '자기 삶의 소리에 귀를 기울이는 것'은 '영성'을 추구하는 이들에게서 흔히 볼 수 있는 개인주의적이고 자기중심적인 활동이 아니다. 주로 돈이나 건강이나 관계의 측면에서 '운명을 찾는' 법을 설파하면 순식간에 군중을 끌어 모을 수 있다. 많은 사람이 "나는 이것을 위해 태어났다"라며 직장이나 사랑에 대해 운명을 운운한다. 하지만 이것은 예수님이 우리의 삶 속에서 의미를 찾아주시는 방식이 아니다. 사실, 우리 삶의 구체적인 의미는 대부분의 시간 동안 우리에게서 숨겨져 있다. 미스터리로 남아 있다. 이것이 내가 삶에 쉽게 분간할 수 있는 '교훈'이 아니라 '줄거리'가 있다고 말하는 이유 중 하나이다. 줄거리는 일련의 사실들이 아니라 명료함과 미스터리의 상호작용이다.

어두움 가운데 들리는 세미한 음성에 집중하다

소설가 E. M. 포스터(Forster)는 이 점을 이렇게 설명했다. "왕이 죽고 여왕이 죽었다'는 이야기(story)이다. 반면, '왕이 죽고 여왕이 슬픔으로 죽었다'는 줄거리(plot)이다." 계속해서 그는 줄거리의 개념을 이렇게 보완했다. "여왕이 죽고 아무도 그 이유를 몰랐지만 결국 그것이 왕의 죽음에 대한 슬픔 때문이었다는 사실이 밝혀졌다."[7]

이런 명료함과 미스터리의 상호작용은 우리가 우주를 경험하는 모습과 일치한다. 우주(물리학과 블랙홀의 존재 등)에 관해 알수록 우리가 아는 것이 얼마나 적은지를 더 깊이 깨닫는다. 우주의 대부분을 차지하는 것은 '암흑물질'이다. 하지만 누가 이것을 제대로 정의할 수 있는가? 우리 자신의 삶에 대해서도 마찬가지이다.

그래서 어두운 미래를 향해 걸어가는 우리 모두는 답답할 수밖에 없다. 엘리야는 광야 속으로 걸어가면서 자기 미래의 미스터리에 괴로워했다. 그는 변화되신 그리스도의 영광 앞에서 비로소 그 모든 것의 의미를 온전히 볼 수 있었다. 그만 그런 것이 아니다. 그리고 엘리야가 광야에서 배운 것을 베드로와 야고보와 요한도 배우게 된다. 그것은 삶의 의미가 소유 획득이 아닌 그리스도를 닮는 것에 있다는 것이다. 그것이 유일한 삶의 의미이다. 엘리야의 이야기에 변화산이 그토록 중요한 것은 하나님이 그 광야에서 무엇을 행하고 계셨는지를 바로 변화산에서 알 수 있기 때문이다. 하나님은 엘리야를 자기 이야기의 중심에서 끌어내고 계셨다. 바로 이것이 하나님이 당신과 나를 위해서도 해 주시는 일이다.

이런 역사는 엘리사가 사명을 이어받는 과정에서도 나타났다. 즉 하나님은 자신의 장기적인 계획만 밝히실 뿐 엘리야의 단기적인 운명에 대해서는 아무런 언급을 하시지 않았다. 나아가, 이 역사는 세례 요한이 엘리야의 영을 물려받는 과정에서 더욱 분명하게 나타났다. 변화산에서 영광의 빛을 목격했던 삼인 중 한 명인 사도 요한은 예수님을 세상에 오신 빛으로 소개하면서 자신의 복음서를 시작했다. 그리고 나서 이렇게 썼다. "하나님께로부터 보내심을 받은 사람이 있으니 그의 이름은 요한이라 그가 증언하러 왔으니 곧 빛에 대하여 증언하고 모든 사람이 자기로 말미암아 믿게 하려 함이라 그는 이 빛이 아니요 이 빛에 대하여 증언하러 온 자라"(요 1:6-8).

요한은 내레이터로서 메시지를 전할 뿐 아니라 요지를 전하기 위해 자기 자신을 묘사한다. 그가 받은 첫 번째 질문은 "네가 누구냐?"였다. 이에 대한 그의 답이 배울 만하다. "나는 그리스도가 아니라." 그들이 계속해서 물었다. "그러면 누구냐? 네가 엘리야냐?" 이번에도 대답은 "아니라"였다. 그러자 그들이 또 물었다. "누구냐? 우리를 보낸 이들에게 대답하게 하라. 너는 네게 대하여 무엇이라 하느냐?" 이 인생의 미스터리는 풀려야 했다. 그래서 결국 세례 요한이 답을 알려주었다. "나는 선지자 이사야의 말과 같이 주의 길을 곧게 하라고 광야에서 외치는 자의 소리로라."

　의미를 찾아 나선 사람은 오래지 않아 "네가 누구냐?"라는 질문을 마주해야 한다. 그런데 보통 우리는 이 질문을 이런 식으로 해석한다. "남들의 기대, 그리고 지금 내가 맡고 있는 역할과 직업을 뛰어넘는 나의 진짜 잠재력은 무엇인가?" 물론 이것은 나쁜 질문은 아니지만 '첫' 질문으로는 적합하지 않다. 이 질문만으로는 답이 불가능하다. 우리가 누구인지에 답하기 위해서는 먼저 요한처럼 우리가 '누가 아닌 것'을 고백할 수 있어야 한다. 요한은 그 전에 엘리야가 배웠던 것을 배우고 있었다. "그는 흥하여야 하겠고 나는 쇠하여야 하리라"(요 3:30). 곤충을 먹는 것이나 털옷을 입은 것이 아니라 바로 이 고백이야말로 엘리야를 가장 닮은 면이다. 엘리야는 광야에서 이것을 분명히 배웠다. 그가 광야로 인도된 것은 자기 중심적 줄거리를 내려놓고 다른 줄거리를 찾기 위함이었다.

　처음에 엘리야는 "내가 섬기는" 하나님의 종으로 자신을 정의했다. 그리고 나서 동굴 입구에 조용히 서서 자신의 삶과 미래에 관한 하나님의 말씀이 들려오기만 기다렸다. 하지만 이 산에서 엘리야는 하늘에서 내려온 불을 보고 하나님의 음성을 들었지만 그것은 다 그 자신에 관한 것이 아니라 예수님에 관한 것이었다. 영광의 구름이 엘리야와 일행을 덮었다. 하지만 영광의 구름이 걷혔을 때 오직 예수님만 마지막까지 서 계셨다.

　엘리야가 배운 것을 우리도 배워야 한다. 이것이 변화산 사건이 전체 이야기 속에서 이 위치에 온 이유이다. 엄청난 내빈들이 참석한 이 영광의 순간은 십자가에 관한 두 말씀 사이에 위치한다. 즉 예수님은 제자들 중 일부가 그분의 영광을 보기 전까지는 죽지 않을 것이라고 말씀하신 뒤에 그 말씀을 바탕으로 훨씬 더 중요한 말씀을 하셨다. "누구든지 나를 따라오려거든 자기를 부인하고 자기 십자가를 지고 나를 따를 것이니라 누구든지 제 목숨을 구원하고자 하면 잃을 것이요 누구든지 나를 위하여 제 목숨을 잃으면 찾으리라"(마 16:24-25).

영광과 십자가가 짝을 이루는 원칙은 변화산 사건 자체에서도 분명히 드러난다. 엘리야와 모세가 예수님과 함께 "영광 중에에 나타나서" "장차 예수께서 예루살렘에서 별세하실 것을 말"(눅 9:31)했다. 요란한 일이 벌어졌던 산에서 엘리야는 자신이 살지 죽을지에 관심을 쏟았다. 하지만 이 영광의 산에서는 오로지 십자가만 생각했다. 반면, 예수님의 제자들은 자신들의 목숨을 생각했던 것이 분명하다. 이것이 예수님이 체포되어 죽임을 당한다는 뉘앙스만 풍겼는데도 베드로가 화를 낸 이유이다. 제자들은 잘못된 이야기 속에 들어가 있었다.

엘리야가 사라진 뒤 산에서 내려오는 길에 제자들은 엘리야에 관한 이야기를 나누고 싶었다. 하긴, 나라도 그랬을 것이다. 제자들은 이렇게 물었다. "그러면 어찌하여 서기관들이 엘리야가 먼저 와야 하리라 하나이까"(마 17:10). 그때 예수님은 이렇게 대답하셨다. "엘리야가 과연 먼저 와서 모든 일을 회복하리라 내가 너희에게 말하노니 엘리야가 이미 왔으되 사람들이 알지 못하고 임의로 대우하였도다 인자도 이와 같이 그들에게 고난을 받으리라"(마 17:11-12). 제자들은 이것이 세례 요한을 두고 하신 말씀인 줄 알고서 몸서리를 쳤을 것이다. 그들은 요한의 이야기가 어떻게 끝났는지 잘 알고 있었다.

엘리야처럼 요한도 자신의 아합과 이세벨(헤롯 왕과 헤로디아)에 맞섰다(예수님은 자기중심적인 그들이 가장 원한 것, 즉 자신들의 이름이 기억되는 것을 무시한 채 그냥 "그들"이라고만 언급하셨다). 요한은 엘리야가 아합에게 했던 말을 헤롯에게 그대로 했다. 즉 그가 하나님 앞에서 책임이 있고, 원한다고(아합의 경우에는 농부의 포도원, 헤롯의 경우에는 동생의 아내) 해서 무조건 가질 수 있는 것이 아니라는 점을 분명히 지적했다. 이 일로 요한은 결국 처형을 당했다. '광야에서 외치는 소리'는 결국 은쟁반 위에 놓인 잘린 머리가 되었다. "보라, 세상 죄를 지고 가는 하나님의 어린 양이로다"라고 말했던 입이 쓰레기장에 버려졌다.

하지만 이 이야기의 정말 놀라운 측면은 피와 폭력이 아니라 이 이야기의 마지막 대목이다. "요한의 제자들이 와서 시체를 가져다가 장사하고 가서 예수께 아뢰니라"(마 14:12). 보다시피 이 구절은 전체 이야기, 그러니까 요한의 처형만이 아닌 그의 전체 삶, 나아가 옳은 줄거리 곧 예수님의 줄거리 안에 들어가 있다. 결국 이 현장에 두 나라가 존재했다. 하나는 왕실의 주소와 신하들로 이루어진 눈에 보이는 나라였고, 다른 하나는 아무도 모르게 빵 전체에 퍼지는 누룩처럼 숨겨진 나라였다. 한 나라는 치욕스럽게 멸망할 나라였고, 다른 나라는 영광 중에 일어날 나라였다. 단, 그 일은 십자가의 길을 통해 일어날 것이었다. 십자가, 그곳이야말로 엘리야가 자기 삶의 의미와 영광을 발견한 곳이다. 당신도 그곳에서 당신 삶의 의미와 영광을 발견해야 한다.

시인 크리스천 위먼(Christian Wiman)은 세상이 둘로 나뉘어져 있다고 말했다. 하나는 모든 것이 완벽히 맞아떨어져 있다고 생각하는 사람들이고, 다른 하나는 "피조 세계를 관통하는 틈"이 있다고 생각하는 사람들이다. 첫 번째 그룹은 이 연합에 순응하려고 하고, 두 번째 그룹은 망가진 것을 찾아 고치거나 불쾌한 것에 저항하려고 한다. 위먼은 두 부류의 시각이 모두 옳다고 말한다. 이는 인간의 삶에 경이감과 공포가 모두 포함되어야 한다는 뜻이다. "나는 현실 앞에서 엎드리는 것과 비명을 지르는 것이 둘 다 옳은 반응이라고 생각한다. 삶은 비극적이지만 믿음은 희극적이다."[8] 위먼은 그렇게 말한다.

어떤 시각이든 이 패러독스를 배제하면 세상을 올바로 읽은 것이라고 말할 수 없다. 작곡가 레너드 코헨(Loenard Cohen)은 이런 유명한 표현을 사용했다. "모든 것에는 틈이 있고, 그 틈으로 빛이 들어온다."[9]

십자가는 경이감을 자아내는 우주의 완벽히 통합된 측면과 불쾌하게 망가진 측면을 둘 다 설명해 준다. 십자가에서 (그 산에서 잠시 보였던) 하나님의 영광이 우리의 비극적인 이야기들과 만난다. 바로 십자가에서 우리는 인생 최악의 시나리오와 최상의 시나리오를 모두 마주할 용기를 찾을 수 있다. 십자가에 달리신 그리스도 안에서 우리의 미래를 찾을 수 있기 때문이다. 혹시 우리의 머리를 잃는다 해도 세상의 끝은 아니다.

두려움과의 싸움에 관해서 '긍정적인 생각'을 권장하는 이들이 있다. 좋은 일만 생각하면 실제로 그런 일이 일어난다는 논리이다. 그런가 하면 고대의 금욕주의자들부터 현대의 인지행동치료사들까지 정반대 처방을 내놓는 이들도 있다. 그들은 두려운 것 앞에서 "일어날 수 있는 최악의 상황은 무엇인가?"라고 물어야 한다고 주장한다. 하지만 이 둘보다 훨씬 더 좋은 것은 최악의 시나리오가 지나간 뒤에 그런 상황에서도 결국 살아남은 자신을 바라보는 것이다. 이것이 그리스도의 제자들에게 일어난 일이다.

우리에게 일어날 수 있는 최악의 일은 아합에게 고문을 당하거나 이세벨에게 쫓기나 도망자 신세로 전락하거나 헤롯에게 목이 잘려나가는 것이 아니다. 엘리야는 이 모든 일에서 살아남았고, 궁극적으로는 요한도 마찬가지다. 우리에게 일어날 수 있는 최악의 일은 뭐든 우리가 지금 걱정하고 있는 일이 아니다. 아내가 집을 나가 이혼 서류를 보내오는 것, 평생 다니던 직장에서 해고되는 것, 아이가 괴한에게 납치를 당하는 것, 병원에서 수술이 불가능한 종양을 발견했다는 청천벽력 같은 소리를 듣는 것도 최악까지는 아니다. 우리에게 일어날 수 있는 최악의 일은 바로 지옥이다. 율법의 저주 아래 정죄를 받아 하나님에게서 영원히 끊어져 나가는 것이다. 그런데 당신이 그리스도 안에 있다면 이미 그분과 함께 십자가에 못 박혔다(갈 2:20). 이는 당신에게 일어날 수 있는 최악의 일이 이미 일어났고 더는 반복될 수 없다는 뜻이다.

최상의 시나리오도 지금 우리 앞에 놓여 있다. 그리스도 안에 있는 사람들에게 최상의 시나리오는 꿈에 그리던 직장에 들어가거나 꿈에 그리던 배우자를 맞아들이는 것이 아니다. 화목한 가정을 이루어 병에 걸리지 않고 오랫동안 건강하게 살다가 밤에 조용히 세상을 떠나는 것이 아니다. 크리스천들에게 최상의 시나리오는 바로 제자들이 그 산에서 보았던 것이다. 바로, 영광이다! 절대 사라지지 않고 영원히 지속되는 영광말이다. 그리고 이 일도 이미 이루어졌다. 예수님이 죽은 가운데서 살아나서 하늘에서 하나님의 우편에 앉아 계신다(엡 1:20-21). 그리스도와 그분 안에 있는 사람들의 관계는 서로 붙어 있는 머리와 몸으로서 유기적인 연합이다. 이는 그리스도의 영광이 곧 우리의 영광이라는 뜻이다. 사도 바울은 그렇게 말했다. "이는 너희가 죽었고 너희 생명이 그리스도와 함께 하나님 안에 감추어졌음이라 우리 생명이신 그리스도께서 나타나실 그때에 너희도 그와 함께 영광 중에 나타나리라"(골 3:3-4). 그리스도의 줄거리가 곧 우리의 줄거리이며, 그분의 줄거리는 실로 영광스럽다.

하지만 당신도 나와 같다면 이것만으로는 부족하다고 느낄 때가 많을 것이다. 내 영광이 그리스도 안에 있고 내 미래가 그분 안에 안전하게 확보되어 있다는 사실을 머리로는 잘 알지만 당장 힘들 때는 잘 느껴지지 않을 때가 많다. 두려움이나 의심이 걷잡을 수 없이 밀려올 때면 하나님이 너무도 멀리 계신 것만 같다. 심지어 내게 화가 나서 나를 벌주려고 일부러 나를 버리신 것처럼 느껴지기도 한다. 내 미래를 확실히 볼 수만 있다면 하나님의 섭리 안에서 편히 쉴 텐데 그러지 못해 답답할 때가 많다. 하지만 우리만 그런 것이 아니다. 그리고 이는 우리가 예수님이 이 땅에서 사역하실 때와 시간적으로 너무 멀리 떨어진 시대를 살고 있어서 그런 것이 아니다. 제자들도 변화되신 예수님의 영광을 직접 보기 전에는, 아니 그 후에도 그분과 날마다 동고동락하면서도 그 영광을 보지 못할 때가 많았다. 지금 우리는 오직 믿음으로 영광을 보아야 한다. 우리 자신의 느낌이 아닌 그리스도를 바라보아야 한다. 그리스도의 미스터리가 우리의 삶에서 가장 중요한 요소라는 사실을 받아들일 때 실제로 그 안에서 의미를 찾을 수 있다. 그리고 의미를 찾기만 하면 세상 그 무엇도 견딜 수 있다.

"나를 따라오라"는 부르심

우리는 왜 영광을 볼 수 없을까? 부분적인 답은, 우리가 그것을 이해할 수 없기 때문이다. 지금 우리는 그것을 희미하게 엿볼 수만 있다. 사도 바울은 이렇게 말했다. "생각하건대 현재의 고난은 장차 우리에게 나타날 영광과 비교할 수 없도다. 피조물이 고대하는 바는 하나님의 아들들이 나타나는 것이니 … 그 바라는 것은 … 하나님의 자녀들의 영광의 자유에 이르는 것이니라"(롬 8:18-19, 21).

예수님과 마찬가지로 바울은 이 영광이 눈에 보이기를, 새로운 피조세계가 탄생하기를 간절히 바라며 산통 중에 있는 우주의 비유를 사용했다(롬 8:22-23). 그런데 자궁 속의 아기가 내내 집이었던 곳에서 벗어나 밖으로 나오는 것이 왜 좋은 소식인지 이해할 수 없는 것처럼 우리도 우리 미래의 영광을 온전히 이해할 수 없다.

아기가 자궁 안에 있는 삶과 자궁 밖에 있는 삶을 이해하려고 애를 쓴다고 해 보자. 아기는 이해할 수 없다. 아기에게 피부에 닿는 찬바람과 두 눈에서 느껴지는 따가운 빛은 두려운 것일 뿐이다. 아기가 할 수 있는 일은 이런 것을 이해하려고 애를 쓰는 것이 아니라 그냥 밖으로 나가는 것이다. 어미는 아기를 품에 안고서 나지막이 읊조린다. "괜찮으니까 걱정하지 마렴. 하고 싶으면 소리를 지르고 팔다리를 휘둘러도 돼. 하지만 우리가 너를 사랑하고 원한다는 걸 잊지 마렴. 너를 위해 모든 것을 준비해 놓았단다."

매우 실질적인 의미에서 바로 이것이 하나님이 지금 우리를 위해서 하고 계신 일이다. "그러므로 우리가 낙심하지 아니하노니 우리의 겉사람은 낡아지나 우리의 속사람은 날로 새로워지도다 우리가 잠시 받는 환난의 경한 것이 지극히 크고 영원한 영광의 중한 것을 우리에게 이루게 함이니"(고후 4:16-17).

이 모두는 비교 불가하다. 그래서 인간의 말로 표현할 길이 없다. 우리가 할 수 있는 것은 그저 인내와 경이감으로 기다리는 것이다. 그리고 그 동안 하나님의 영광이 실제로 있는 곳, 바로 예수 그리스도의 얼굴을 바라봄으로 이 미스터리 안에서 의미를 찾는 것이다. 물론 우리는 그 얼굴을 이미 보았다.

변화산 사건은 현재 보이지 않는 것, 언젠가 우주 전체가 가질 새로운 모습의 베일이 벗겨진 사건이다. 그때 제자들은 이런 생각을 했을 것이 분명하다. "그 영광의 구름은 언제 돌아올까?" 하지만 하나님의 메시지는 분명했다. "바로 너희 앞에 있지 않느냐? 저 시냇가에 수염을 씻고 있지 않느냐?" 예수님은 초월적인 빛을 위한 수단이 아니셨다. 오히려 초월적인 빛이 예수님을 위한 것이었다. 당신 인생 이야기의 최종 결말을 알고 싶은가? 모든 것이 어떻게 마무리될지 알고 싶은가? 그렇다면 더도 말고 하나님이 새 예루살렘이라는 변화된 우주에 관해서 요한에게 밝혀 주신 것을 보라. 그것은 바로 요한계시록에 기록되어 있다. "그 성은 해나 달의 비침이 쓸 데 없으니 이는 하나님의 영광이 비치고 어린양이 그 등불이 되심이라"(계 21:23). 우리는 예수님의 이름을 알기에 그분이 다스리는 하늘의 나라가 이 땅에 온전히 이루어지기를 기다리는 동안 다윗처럼 확신 있게 고백할 수 있다. "여호와는 나의 빛이요 나의 구원이시니 내가 누구를 두려워하리요 여호와는 내 생명의 능력이시니 내가 누구를 무서워하리요"(시 27:1).

하지만 더 큰 미스터리는 이것이다. 그것은 우리 각자 삶의 줄거리가 예수님의 생명의 줄거리 속으로 녹아들어가는 것이다. 우리는 자신의 이야기에서 떨어져 나와야 한다. 그래서 예수님이 걸어가신 길을 걸어야 한다. 예수님이 어떤 길을 걸어가셨는가? 예수님은 십자가를 통해 영광으로 걸어가셨다. 이것이 용기로 서기 위해서 엘리야의 시련이 중요한 이유이다. 엘리야는 우리가 따라야 할 모델이다. 그가 간 길을 우리도 가야 한다.

엘리야가 그 산 위에 서서 이제 남은 것은 죽음밖에 없다고 생각했을 때 세미한 소리가 들려왔다. "엘리야야, 네가 어찌하여 여기 있느냐?" 그런데 그 음성에는 그 이상의 어떤 의미가 있는 것처럼 느껴졌지만 엘리야는 그것이 무엇인지 알 수 없었다. 그 음성은 바로 당신과 내가 갈릴리 억양으로 들은 것과 같은 음성이었다. "나를 따라오라." 산에서 내려오는 길에 예수님의 제자들은 엘리야를 보았다는 사실에 흥분해서 그의 출현을 나라의 미래 질서에 꿰맞추려고 시도했다. 하지만 예수님은 내내 그들에게 손을 흔들며 어서 십자가로 가자고 부르시지 않았을까? 예수님은 속으로 이렇게 말씀하시지 않았을까?

"우리가 엘리야를 기다린 것이 아니라 엘리야가 우리를 기다려온 것이다."

거룩한
용기로
다시 일어서며

인생은 의미가 있으며 거대한 미스터리다. 그리고 인생은 그리스도 안에 있다. 예수님은 줄거리이시며, 그 줄거리는 더할 나위 없이 좋다. 우리는 미래를 마주할 용기를 얻을 수 있다. 미래는 이름과 얼굴과 혈액형을 가진 인격적 존재이기 때문이다. 두 팔을 벌려 미스터리를 받아들일 수 있다. 미스터리는 살아 계시고 우리를 위한 계획을 갖고 계시기 때문이다. 사망 기사를 궁금해할 필요가 없다. 우리는 이미 그것을 보았기 때문이다. 우리의 머리 위로는 "유대인의 왕"이라고 쓴 푯말이 있고, 우리의 발아래로는 병사들이 제비뽑기를 했던 자색 옷이 있다. 사망 기사의 내용은 계속해서 빈 무덤을 통과해서 지금 우리가 상상도 할 수 없는 영역으로 뻗어나 간다.

우리의 이야기에는 지금 당장은 알 수 없는 것들이 있을까? 물론이다. 그렇다면 우리의 미래에 지금과 완전히 달라지는 것들이 있을까? 그렇지 않다. "내가 확신하노니 사망이나 생명이나 천사들이나 권세자들이나 현재 일이나 장래 일이나 능력이나 높음이나 깊음이나 다른 어떤 피조물이라도 우리를 우리 주 그리스도 예수 안에 있는 하나님의 사랑에서 끊을 수 없으리라"(롬 8:38-39).

당신의 부고가 화환을 보낼 주소로 끝날지 당신의 이름으로 기부금을 보낼 수 있는 자선단체의 명칭으로 끝날지는 나도 알 수 없다. 하지만 당신의 진짜 부고는 그런 것으로 끝나지 않는다는 것은 장담할 수 있다. 당신의 진짜 부고는 "그의 삶은 이후로 쭉 계속된다"로 끝날 것이다. 당신의 삶은 단순히 '해피엔딩으로 끝나지' 않는다. 당신이 삶이라고 생각했던 것의 끝에서 진정한 삶이 시작될 것이다.

이 책을 마무리하다 보니 가족들이 이미 꿈나라로 들어갔다. 그날 밤 현관 입구에 서서 그 무드등을 쳐다보았다. 그러다 무릎을 꿇고, 열고 닫을 수 있는 나무 문의 조각을 비롯해서 그 작품을 여기저기 유심히 뜯어보았다. 문득, 틈마다 반대편 쪽에서 흘러나오는 빛을 주시했다. 10대 시절 온 우주에 크리스마스는 없고 겨울만 영원히 이어지는 것 같아 자살을 생각했을 때도 저편에서 빛이 들어왔었다. 이번에는 루시의 인형으로 시선이 갔다. 그 시절의 나처럼 어리고 겁 많은 루시는 거기 서서 아직 이해할 수 없는 것을 들여다보고 있다. 루시는 두렵지만 서 있다. 지금의 나도 그렇다. 그리고 당신도 그럴 수 있다.

지금까지 내내 우리를 도와준 가로등들은 우리에게 더 큰 가로등을 가리켜 줄 수만 있을 뿐이다. 바닥에 무릎을 꿇고 있는데 내가 설교하던 교회에서 매주 축도할 때 암송했던 구절이 머릿속에 떠올랐다. "태초에 말씀이 계시니라 이 말씀이 하나님과 함께 계셨으니 이 말씀은 곧 하나님이시니라 그가 태초에 하나님과 함께 계셨고 만물이 그로 말미암아 지은 바 되었으니 지은 것이 하나도 그가 없이는 된 것이 없느니라 그 안에 생명이 있었으니 이 생명은 사람들의 빛이라 빛이 어둠에 비치되 어둠이 깨닫지 못하더라 … 말씀이 육신이 되어 우리 가운데 거하시매 우리가 그의 영광을 보니 아버지의 독생자의 영광이요 은혜와 진리가 충만하더라"(요 1:1-5, 14).

내가 매주 이 구절을 읽은 것은 이 구절이 성경 전체를 요약하고 있다고 믿기 때문이다. 하지만 그보다 더 중요한 사실은 내가 매주 이 말씀을 꼭 들어야 했다는 것이다. 내 삶이 이 진리에 달려 있었다. 물론 지금도 마찬가지다.

잠시, 나를 여기까지 이끄셨고 본향으로 이끄실 빛에 관해 생각했다. 열다섯 살의 내가 지금 나의 삶을 어떻게 생각할지 고민해 봤다. 내가 사춘기 시절의 나를, 혹은 그와 같은 또래의 아이를 본다면 무슨 말을 할까? 이번에는 미래의 내가 지금 내게 무슨 말을 할까 생각해 보았다. 지금 내가 걱정하고 고민하는 것들, 용기에 관해 쓰고 있는 지금도 내 안을 비겁으로 가득 채우는 것들, 그것들에 관해 미래의 나는 뭐라고 말할까? 그런 생각을 하다 보니 어디선가 세미한 소리가 들려오는 듯했다. 아니, 사자의 포효 소리였나? "네가 어찌하여 여기 있느냐?" 누구의 소리였든, 나는 가로등에서 흘러나오는 빛을 잠시 동안 보면서 내가 내일에 관해서는 아는 것이 별로 없어도 내일 이후에 올 '그날'에 관해서는 알아야 할 모든 것을 안다는 사실을 깨달았다. 그러고 나서 나는 일어섰다. 두려워하지 말라.

에필로그

주

PART 1

Chpter 1

1. Laura Miller, *The Magician's Book: A Skeptic's Adventure in Narnia* (New York: Back Bay, 2009), 23.

2. Walker Percy, *Lost in the Cosmos: The Last Self-Help Book* (New York: Macmillan, 1983), 229.

3. James Baldwin, *The Fire Next Time* (New York: Delta, 1964), 30. 제임스 볼드윈, 《단지 흑인이라서, 다른 이유는 없다》(열린책들 역간).

4. 위의 책, 52-53.

5. Fyodor Dostoevsky, *The Brothers Karamazov*, trans. Richard Pevear and Larissa Volokhonsky (New York: Farrar, Straus, and Giroux, 2002), 362-363. 표도르 도스토옙스키, 《카라마조프가의 형제들》(문학동네 역간).

6. N. T. Wright, *Paul: A Biography* (New York: HarperOne, 2018), 64. 톰 라이트, 《바울 평전》(비아토르 역간).

7. Mark Twain, "The Plutocracy," *Mark Twain in Eruption: Hitherto Unpublished Pages About Men and Events by Mark Twain,* Bernard DeVoto ed. (New York: Harper & Brothers, 1922), 69.

8. 위의 책, 70.

9. C. S. Lewis, *The Voyage of the Dawn Treader* (New York: HarperCollins, 1952), 247. C. S. 루이스, 《새벽 출정호의 항해》(시공주니어 역간).

PART 2

Chpter 2

1. Art Spiegelman, "In the Dumps," *New Yorker*, 1993년 9월 27일, 80-81.

2. David Quammen, *Monster of God: The Man-Eating Predator in the Jungles of History and the Mind* (New York: W.W. Norton, 2004). 데이비드 쿼멘, 《신의 괴물》(푸른숲 역간).

3. David Whyte, *Consolations: The Solace, Nourishment, and Underlying Meaning of Everyday Words* (Langley, WA: Many Rivers Press, 2016), 42-43.

4. Josef Pieper, *The Four Cardinal Virtues: Prudence, Justice, Fortitude, Temperance* (South Bend: University of Notre Dame Press, 1966), 117.

5. Herman Bavinck, *Reformed Ethics*, vol. one, John Bolt ed. (Grand Rapids: Baker, 2019), 247.

6. Walker Percy, *The Moviegoer* (New York: Farrar, Straus & Giroux, 1960, 2019), 100.

7. Eugene Peterson, *When Kingfishers Catch Fire: A Conversation on the Ways of God Formed by the Words of God* (Colorado Springs: WaterBrook, 2017), 247-248. 유진 피터슨, 《물총새에 불이 붙듯》(복있는사람 역간).

8. J. R. R. Tolkien, *The Fellowship of the Ring* (Boston: Houghton Mifflin Harcourt, 1954), 83. J. R. R. 톨킨, 《반지 원정대》(동서문화사 역간).

9. Flannery O'Connor, *Mystery and Manners: Occasional Prose, ed. Sally and Robert Fitzgerald* (New York: Farrar, Straus & Giroux, 1969), 118.

Chpter 3

1. Seth Stephens-Davidowitz, *Everybody Lies: Big Data, New Data, and What the Internet Can Tell Us About Who We Really Are* (New York: HarperCollins, 2017). 세스 스티븐스 다비도위츠, 《모두 거짓말을 한다》(더퀘스트 역간).

2. Blaise Pascal, *Penséees*, A. J. Kraislheimer ed. (New York: Penguin, 1995), 37-43. 블레즈 파스칼, 《팡세》(두란노 역간).

3. David Brooks, *The Road to Character* (New York: Random House, 2015). 데이비드 브룩스, 《인간의 품격》(부키 역간).

4. Ziyad Marar, *The Happiness Paradox* (London: Reaktion, 2003), 32-33. 지야드 마라, 《행복의 패러독스》(대원사 역간).

5. Ziyad Marar, *Judged:, The Value of Being Misunderstood* (London: Bloomsbury, 2018). 지야드 마라, 《평가받으며 사는 것의 의미》(현암사 역간).

6. Seth Godin, *The Icarus Deception: How High Will You Fly?* (New York: Penguin, 2012), 124. 세스 고딘, 《이카루스 이야기》(한국경제신문사 역간).

7. Seth Godin, *Linchpin: Are You Indispensable?* (New York: Penguin, 2010), 94. 세스 고딘, 《린치핀》(21세기북스 역간).

8. Søren Kierkegaard, *Provocations: Spiritual Writings of Kierkegaard*, ed. Charles E. Moore (Walden, NY: Plough, 2002), 236.

Chpter 4

1. Oliver Sacks, *Everything in Its Place: First Loves and Last Tales* (New York: Knopf, 2019), 140-143. 올리버 색스, 《모든 것은 그 자리에》(알마 역간).

2. Ellen F. Davis, *Opening Israel's Scriptures* (New York: Oxford University Press, 2019), 209.

3. 위의 책, 214.

4. Abraham Joshua Heschel, *I Asked for Wonder: A Spiritual Anthology*, ed, Samuel H. Dresner (New York: Crossroad, 1983), 104.

5. Stanley Milgram, *Obedience to Authority: An Experimental View* (New York: HarperCollins, 1974), 228. 스탠리 밀그램, 《권위에 대한 복종》(에코리브로 역간).

6. Eitan Hersh, *Politics Is for Power: How to Move Beyond Political Hobbyism, Take Action, and Make Real Change* (New York: Scribner, 2020), 181.

7. Alan Moore and Dave Gibbons, *Watchmen* (New York: DC Comics, 1986-87). 앨런 무어, 《왓치맨》(시공사 역간).

8. Jaron Lanier, *Ten Arguments for Deleting Your Social Media Accounts Right Now* (New York: Henry Holt & Co., 2018), 47-51. 재런 러니어, 《지금 당장 당신의 SNS 계정을 삭제해야 할 10가지 이유》(글항아리 역간).

9. Marilynne Robinson, *What Are We Doing Here?: Essays* (New York: Farrar, Straus and Giroux, 2018), 20.

10. Eudora Welty, "Must the Novelist Crusade?", Eudora Welty, *On Writing* (New York: Modern Library, 2002), 82.

11. 위의 책, 100.

12. Samuel L. Perry, *Addicted to Lust: Pornography in the Lives of Conservative Protestants* (New York: Oxford University Press, 2019).

13. Eugene Peterson, *As Kingfishers Catch Fire: A Conversation on the Ways of God Formed by the Words of God* (Colorado Springs: Waterbrook, 2017). 유진 피터슨, 《물총새에 불이 붙듯》(복있는사람 역간).

14. Vaclav Havel, "New Year's Address," in *Open Letters: Selected Prose, 1965-1990*, ed. Paul Wilson (London: Faber & Faber, 1991), 391.

15. Cass R. Sunstein, *Conformity: The Power of Social Influences* (New York: New York University Press, 2019), x.

16. 위의 책.

17. Peter L. Berger, *The Noise of Solemn Assemblies: Christian Commitment and the Religious Establishment in America* (Garden City, NY: Doubleday, 1961), 85.

18. 위의 책, 123.

19. Margaret J. Wheatley, *Who Do We Choose to Be?: Facing Reality, Claiming Leadership, Restoring Sanity* (Oakland: Berrett- Koehler, 2017), 280.

20. William Bridges, *Transitions: Making Sense of Life's Changes*, second edition (New York: Perseus, 2004), 153-154.

21. Shirley Braverman and Joel Paris, "The Male Midlife Crisis in the Grown-up Resilient Child," *Psychotherapy* 30.4 (1993년 겨울), 651-657.

Chpter 5

1. Peter De Vries, *The Blood of the Lamb* (Chicago: University of Chicago Press, 1961, 2005), 96.

2. Max Oelschlaeger, *The Idea of Wilderness: From Prehistory to the Age of Ecology* (New Haven: Yale University Press, 1993), 42-43.

3. Jonathan Sacks, *Radical Then, Radical Now: On Being Jewish* (London: Bloomsbury, 2000), 84.

4. Robert Nisbet, *The Quest for Community: A Study in the Ethics of Order and Freedom* (San Francisco: Institute for Contemporary Studies, 1953, 1990), xxvi.

5. Peter Berger, *The Noise of Solemn Assemblies: Christian Commitment and the Religious Establishment in America* (New York: Doubleday, 1961), 131.

6. David Foster Wallace, *This Is Water: Some Thoughts, Delivered on a Significant Occasion, about Living a Compassionate Life* (New York: Little, Brown and Company, 2009), 109. 데이비스 포스터 월리스, 《이것은 물이다》(나무생각 역간).

7. Dietrich Bonhoeffer, *Ethics* (New York: Simon & Schuster, 1995), 76-79.

PART 3

Chpter 6

1. Bill Bishop, *The Big Sort: Why the Clustering of Like-Minded America Is Tearing Us Apart* (New York: Mariner, 2009).

2. Robert M. Sapolsky, *Behave: The Biology of Humans at Our Best and Worst* (New York: Penguin, 2017), 472-473.

3. Seth Godin, *We Are All Weird: The Rise of Tribes and the End of Normal* (New York: Penguin, 2011), 56. 세스 고딘, 《이상한 놈들이 온다》(라이스메이커 역간).

4. C. S. Lewis, *The Weight of Glory and Other Addresses* (New York: HarperOne, 1949, 2001), 159. C. S. 루이스, 《영광의 무게》(홍성사 역간).

5. Wendell Berry, *The Unsettling of America: Culture and Agriculture* (San Francisco: Sierra Club Books, 1997), 174. 웬델 베리, 《소농, 문명의 뿌리》(한티재 역간).

6. Will Herberg, *Protestant, Catholic, Jew: An Essay in Religious Sociology* (Chicago: University of Chicago Press, 1955), 260-261.

7. Eun Lee, Fariba Karimi, Claudia Wagner et al., "Homophily and Minority-Group Size Explain Perception Biases in Social Networks," *Nature Human Behavior 3* (2019): 1078-1087.

8. Peter L. Steinke, *Uproar: Calm Leadership in Anxious Times* (Lanham, MD: Rowman & Littlefield, 2019), 72.

9. Tom T. Hall, *The Storyteller's Nashville* (Spring House Press, Rev., Exp. ed., 2016), 146.

Chpter 7

1. Ian Johnson, T*he Souls of China: The Return of Religion After Mao* (New York: Vintage, 2017), 27.

2. Henri Nouwen, *In the Name of Jesus: Reflections on Christian Leadership* (New York: Crossroad, 1992), 28-30. 헨리 나우웬, 《예수의 이름으로》(두란노 역간).

3. Fyodor Dostoevsky, *The Brothers Karamazov*, trans, Richard Pevear and Larissa Volokhonsky (New York: Everyman's Library, 1992), 320-321. 표도르 도스토옙스키, 《카라마조프가의 형제들》(문학동네 역간).

300

Chpter 8

1. C. S. Lewis, *The Weight of Glory and Other Addresses* (New York: HarperCollins, 1949), 36. C. S. 루이스, 《영광의 무게》(홍성사 역간).

2. Reynolds Price, *A Palpable God: Thirty Stories Translated from the Bible with an Essay on the Origins and Life of Narrative* (New York: Atheneum, 1978), 14.

3. Alasdair MacIntyre, *After Virtue: A Study in Moral Theory* (Notre Dame, IN: University of Notre Dame Press, 2007), 216. 알래스데어 매킨타이어, 《덕의 상실》(문예출판사 역간).

4. 위의 책, 217.

5. Frederick Buechner, T*he Alphabet of Grace* (New York: HarperCollins, 1970, 1985), 51.

6. 위의 책, 10.

7. E. M. Forster, *Aspects of the Novel* (New York: Harcourt, Brace & World, 1954), 86-94.

8. Christian Wiman, "The Cancer Chair," *Harper's Magazine*, 2020년 2월, 56-57.

9. Leonard Cohen, "Anthem," *The Future* 중 5번 곡, Columbia, 1992년.

THE COURAGE TO STAND

☰

오직

십자가에 달린 사람에게서만

절망에서 일어설 용기를

찾을 수 있다.